21世纪高职高专规划教材·经贸类通用系列

管理学

原理与实务

主　编　万胜利
副主编　李　强　李　晓
　　　　组文红　和西芳
主　审　张建昌

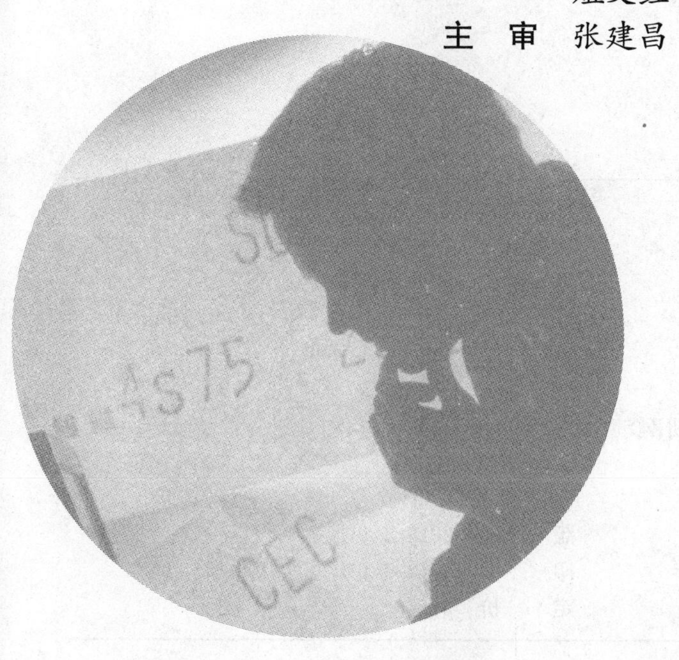

中国人民大学出版社
·北京·

图书在版编目（CIP）数据

管理学原理与实务/万胜利主编.—北京：中国人民大学出版社，2014.5
21世纪高职高专规划教材.经贸类通用系列
ISBN 978-7-300-19037-2

Ⅰ.①管…　Ⅱ.①万…　Ⅲ.①管理学-高等职业教育-教材　Ⅳ.①C93

中国版本图书馆CIP数据核字（2014）第080834号

21世纪高职高专规划教材·经贸类通用系列
管理学原理与实务
主　编　万胜利
副主编　李　强　李　晓　俎文红　和西芳
主　审　张建昌

出版发行	中国人民大学出版社		
社　　址	北京中关村大街31号	**邮政编码**	100080
电　　话	010－62511242（总编室）		010－62511770（质管部）
	010－82501766（邮购部）		010－62514148（门市部）
	010－62515195（发行公司）		010－62515275（盗版举报）
网　　址	http：//www.crup.com.cn		
	http：//www.ttrnet.com（人大教研网）		
经　　销	新华书店		
印　　刷	北京七色印务有限公司		
规　　格	185 mm×260 mm　16开	**版　　次**	2014年9月第1版
印　　张	16	**印　　次**	2014年9月第1次印刷
字　　数	365 000	**定　　价**	32.00元

前　言

《管理学原理与实务》是高职高专管理类基础教学用书，是西安翻译学院高职高专工商企业管理专业建设项目重点建设教材之一。

本教材的编写，以高职高专学生“知识够用，能力为主”的培养思想为宗旨，突出“实务、实用”，以“案例导入，激发兴趣”为出发点，以“培养能力，倡导创新”为落脚点。教材编写中删繁就简，根据管理及管理学的基本原理、原则、技术、方法，以管理的基本职能为主线，将全书分为十章：管理与管理学概论、管理理论历史演进、计划、决策、组织工作、人力资源管理、领导与沟通、激励、控制、创新。每一章首先提出学习目标，点明本章的知识点和技能点，再以引例导入，每一节插入大量的小阅读，在每章均安排有互动话题、管理故事、管理定律、知识测试、素质拓展、案例分析等。教材中的知识点和技能点能使学生了解学习的目标；小阅读在教学实践中能较好地增加学生的学习兴趣，可有效提升教材的可读性和趣味性；互动话题能有效提高学生应用管理理论探讨现实问题的能力；管理故事、管理定律可有效拓展学生的知识范围和阅读范围；知识测试可以让学生掌握本章所学的管理知识；素质拓展能够展现互动参与式场景，便于在课堂上组织一些模拟教学；案例分析使得生涩的理论在现实应用中显得生动、通俗，并能使学生应用自己所掌握的管理理论和语言去分析、总结。

本教材由西安翻译学院万胜利担任主编，对教材内容选取、编撰风格等做通盘规划，并编写了第一、第二章，对全书进行统稿、定稿；李强编写了第三、第四章，李晓编写了第五、第六章，组文红编写了第七、第八章，和西芳编写了第九、第十章；教材精美的电子课件由李晓制作；西安翻译学院诒华分院院长张建昌教授担任本教材的主审，并对全书文字润色和校对付出了艰辛的劳动。在本教材的编写过程中，西安翻译学院的领导和同仁给予了大力的支持和帮助，在此表示感谢，本教材在编写中参考了众多国内外专家、学者的著作，在此向他们致以真诚的谢意。

在本书出版之际，对西北大学经济管理学院茹少峰教授和中国人民大学出版社的编辑们表示谢意，感谢他们的鼓励和无私的帮助。

由于作者水平有限，书中缺点和错误在所难免，敬请读者提出宝贵的意见。

编者

目　录

第一章
管理与管理学概论

学习目标

知识点

- 掌握管理的含义及特征
- 了解管理学的发展
- 理解管理的性质和管理的二重性
- 理解管理的职能
- 认识对不同管理者的角色要求
- 理解管理学的特点和管理学学科的特点
- 掌握管理环境的因素
- 了解管理道德观和社会责任观

技能点

- 有意识地培养学生作为管理者应具备的技能

引例

求　道

有一位年轻人经过千山万水的跋涉来到某寺院，请求寺院里德高望重的住持收他为徒。住持郑重地告诉他："如果你真要拜我为师追求真道，你必须履行一些义务和责任。""我必须履行哪些义务和责任呢？"年轻人急切地问。"你必须每天从事扫地、煮饭、劈柴、打水、扛东西、洗菜……""我拜你为师是为了修习正道，而不是来做琐碎杂工、无聊粗活的。"年轻人一脸不悦地说。住持答道："得道四要：第一，以恒观诚；第二，以苦观行；第三，以舍观德；第四，以德观性。要真正修行并不是一件容易的事，首先不能好于奢求。一个修道的人，就是修正自己的涵养道德，修道之行在日常，为道而道，那不是修道的目的所在，道与德是在修行过程中自然而然产生的。以修道为目的的人不会刻意地去追求道。真人难露相，真法难际遇，真道难成书，真书难行世！上士传道，中士传法，下士传术！”年轻人听完悻然离开了寺院。

正道不是高不可攀或莫测高深的理论，它隐藏在日常的工作琐事及生活细节中。同样，管理的道理，随处可得，只要认真做事，用心体验，工作过程中自可体会管理的奥秘及意义。

第一节 管理的含义与特征

自从有了人类，就出现了管理，它起源于人类的共同劳动。当人们组成一个集体去实现共同目标时，就必须进行管理，其目的是协调集体中每个成员的活动。

管理的范围很广，大到管理一个国家，小到管理自己。管理是我们这个现实世界普遍存在的现象，社会上的生产、工作、学习，甚至于日常生活、衣食起居处处都受到管理活动的影响，以至于有人认为 20 世纪最伟大的发明，不是汽车、火箭、计算机，而是管理学。

管理自古有之，但在工业革命以前，由于早期管理活动的简单性和经验性，对理论要求不高，所以没有形成一门学科。

管理学诞生于工业化之后的西方，但管理正式作为一门学科仅有一百余年的历史。在管理学的发展历程中，形成了众多的学派，每个学派都有其独到之处，以至于“诸侯林立”、“群雄并起”。这些犹如热带雨林般的众多学派，共同促进了管理学的不断发展。

在我国，管理学的建设则是在 20 世纪 80 年代以后，随着改革开放才开始进行的。尽管起步较晚，但我国管理学的发展仍取得了令人瞩目的成就，对于管理的认识也逐步深化。

管理学是一门综合性学科，也是争议较大的学科。经过一百余年的风雨涤荡，管理学已由颗粒之种长成了参天大树。然而，它依然年轻，每一个细节都值得进一步深入研究，但如果一开始就从比较具体的细节入手学习，未免会失之于零碎，所以，有必要首先从整体上对于管理学加以鸟瞰式考察。

盲人与跛脚人

一个盲人迷失在森林里，被东西绊倒了。盲人在地面上摸索，发现自己是被一个跛脚人绊倒的。于是俩人便开始交谈，悲叹自己的命运。

盲人说：“我已经在这个森林里徘徊很久了，因为我看不见，所以我找不到出去的路。”

跛脚人说：“我也躺在森林的地上很久了，因为我站不起来，所以无法走出去。”

当他们谈话的时候，跛脚人突然大声叫起来：“我想到了，你把我背在背上，我来告诉你往哪里去，我们联合起来就能找到走出森林的路。”

这个小故事告诉我们：组织内部各种资源通过整合、优势互补，达到资源最佳配置，就可以发挥更大的功效，实现 1＋1＞2 的效果。

一、管理的含义

“管”的本义为管状物和乐器，因其细长中空，引申为钥匙。《左传》记载：“杞子自郑使告于秦曰：‘郑人使我掌其北门之管，若潜师以来，国可得也。’”其注云：“管：籥也”。籥即钥匙，引申为管治、管理。“理”的本义为对玉石进行加工。韩非子曾言：楚人何氏得含玉之璞于山中，献于楚王，王乃使玉人理其璞而得宝也。《说文》曰：“理，治玉也。”宋代徐铉注：“物之脉理，惟玉最密，故从玉”；“治玉治民皆曰理”。可见，管理就是对事物的管治和处理，更偏重于控制。

管理一词的英文是 Management，它是从意大利文 Manegiare 和法文 Manage 演化而来的，原意是“训练和驾驭马匹”，美国人最早将该词用于管理学中。管理的概念本身具有多义性，不仅具有广义和狭义之分，更因为其时代的不同，产生了不同的解释和理解，现将有代表性的管理的概念归纳如下：

“科学管理之父”泰勒（Frederick Winslow Taylor）认为：管理就是要“确切了解你希望工人干些什么，然后设法使他们用最好、最节约的方法去完成它”。

雷恩（D. A. Wren）认为：“给管理下一个广义而确切可行的定义，可把管理看成是发挥某些职能，以便有效获取、分配和利用人的努力和物质资源，来实现某个目标的活动。”

法约尔（Henri Fayol）认为：“经营和管理是两种不同的东西，经营是引导企业实现它的目的，设法从它所拥有的一切财力和人力资源中获得最大的好处，即确保六个重要职能的实现，而管理是六大职能中最特殊、地位最重要的一个。”

梅奥（Elton Mayo）指出：“管理是在力图达到经济目标的同时，维持社会组织的平衡。使个人在贡献其劳务以达成共同目标的过程中，获得个人的满足，愿意与他人进行协作。”

决策学派代表人、诺贝尔经济学奖获得者西蒙（Herbert Alexander Simon）指出：“管理就是决策。”

霍德·盖茨（R. M. Hodgetts）认为：“管理就是经由他人去完成一定的工作。”

哈罗德·孔茨（Harold Koontz）指出：“管理就是设计并保持一种良好环境，使人在群体里高效率地完成既定目标的过程。”

德鲁克（Peter Drucker）认为：管理是一种工作，因此它有其技能、工具和技术；管理是一门学术，是一门到处均可运用的系统化知识；管理是一种文化，它包含在价值、风格、信仰与传统之中；管理还是一种任务，它主要不在于“知”，而在于“行”。

上述定义是管理学界对管理定义中具有代表性的一些主要观点，综合各家之说，本书认为管理是指一定组织中的管理者，通过实施计划、组织、人员、领导、控制、创新等职能优化各类资源配置，协调人、财、物、信息等资源来保持组织的良好环境，以便高效地实现组织目标的过程及文化。

小阅读

管理者的贡献

人们所熟悉的管理者：苹果公司已去世的史蒂夫·乔布斯（Steve P. Jobs），福特汽车公司的小比尔·福特（Bill Ford，Jr.），微软公司的比尔·盖茨（Bill Gates），Facebook的创始人马克·扎克伯格（Mark Elliot Zuckerberg），中国IT业的“教父”：联想集团董事长柳传志，引领海尔走向世界的张瑞敏，阿里巴巴的创建者马云，因“娃哈哈”而“笑哈哈”的宗庆后，“QQ帝国”的缔造者马化腾等都是管理者，无需赘言，所有的管理者都为他们所在的组织和企业目标的实现做出了重要的贡献。

二、管理的特征

管理是引导人力和物质资源进入动态的组织，以实现组织目标的过程。自从有人类组织以来，便存在管理活动。管理活动之所以不同于文化活动、科学活动和教育活动等，是因为它有自己的特性。

（一）管理所面对的环境不可模拟、不可重复

管理所面对的环境不可模拟、不可重复是因为即使所有的技术条件、硬性条件都是可以模拟或重复的，但时间因素、人的因素是不可重复的，因此对于同一管理问题既具有决策与实施并举的特征，又具有一旦决定行动就必须承担后果的风险，不论成功与否，都不可从头再来。犯了错误，只能总结教训，提高管理水平，下次修正，而本次的后果是决策者及其群体所必须承担的。这类问题大到诸如埃及阿斯旺大坝的生态性灾难，小到一家生产纽扣的企业的产品和客户定位。

阿斯旺大坝

尼罗河上所筑的阿斯旺大坝，为世界七大水坝之一。大坝长3 830米，高111米。建成历时10年多，耗资约10亿美元，是一项集灌溉、航运、发电于一体的综合性水利工程。大坝建成后，其南面形成一个群山环抱的人工湖。湖长500多千米，平均宽10千米，面积5 000平方千米，是世界第二大人工湖，深度和蓄水量则居世界第一。阿斯旺大坝曾是埃及民众和政府的骄傲，阿斯旺大坝一改尼罗河泛滥性灌溉为可调节的人工灌溉，从此埃及结束了依赖尼罗河自然泛滥进行耕种的历史，同时，水位落差产生的巨大电力也成为埃及迈向现代工业文明的重要动力，可以说阿斯旺大坝是埃及现代化的起点。

可是这个大坝建成之后不久，它对环境的不良影响即开始显现，并逐渐改变了人们最初对它的评价。

在大坝建成后，虽然通过引水灌溉可以保证农作物不受干旱威胁，但由于泥沙被阻于库区上游，下游灌区的土地得不到营养补充，所以土地肥力不断下降。修建大坝后沿尼罗河两岸出现了土壤盐碱化，由于河水不再泛滥，也就不再有雨季的大量河水带走土壤中的盐分，而不断的灌溉又使地下水位上升，把深层土壤内的盐分带到地表，再加上灌溉水中的盐分和各种化学残留物的高含量，导致了土壤盐碱化。土地肥力下降迫使农民不得不大量使用化肥，化肥的残留部分随灌溉水又回流到尼罗河，使河水的氮、磷含量增加，导致

河水富营养化，以河水为生活水源的居民的健康受到危害。河水性质的改变使水生植物及藻类到处蔓延，不仅消耗掉大量河水，还堵塞了河道、灌渠等，增加了灌溉系统的维护开支，据埃及灌溉部估计，每年由于水生杂草的蒸腾所损失的水量就达到可灌溉用水的40%。尼罗河下游的河床遭受严重侵蚀，尼罗河出海口处海岸线内退。

（二）管理所面对的核心是协调

人是最复杂的个体，尤其是在知识经济时代的今天，人的知识水平与基本素质日益提高，人的行为更加难以预测与控制。

人的复杂性不仅表现在其具有自我意识和选择能力上，而且表现在需求与期望的多样性上：既要有明确的目标与分工，又要有个人独立自主开展工作的权力；既要有成就个人事业与发挥个人能力的舞台，又要有满意的报酬与福利；既想与组织共享其品牌与信誉以增加个人的经验与财富，又不想受组织各类规章制度的约束；既追求经济利益，还期望愉快的工作环境……对管理而言，这些期待与要求有时候的确是相互矛盾，不可能同时满足的。

除此之外，人或者管理面对的人，都不是、也不可能是一般意义上的人，而是个性化的人。但管理不得不在追求公平的层面上把他们视为一般的人，并基于此制定规章制度，形成组织的文化和理念，这也就为管理带来了各式各样的问题。协调组织目标与个人目标始终是管理者的主要工作之一，也是组织获得良好绩效的关键因素之一。

社会组织是一个合作系统，人们在这个系统内相互合作、协助，达成个人无法实现的整体效果，显然，人们彼此的协作有效与否直接关系到组织目标的实现程度和效果，因此管理者的主要工作就是协调人际关系。协调组织人员在方法、时机、努力程度或者利益方面所存在的差异以及促使个人目标服务于群体目标，也就成为了管理人员的核心任务。

（三）管理既有规律可循，又无一成不变的规律可依

首先，管理的规律性表现在可以根据管理理论的研究成果和管理实践的结果总结归纳一些原则、原理、方法和定律。这些原则、原理、方法和定律往往是具有一般意义的、解决一般意义上的管理问题的、可以通过讲授的方式进行学习的内容，其在很大程度上是将管理的理论研究成果与实践经验的总结融为一体的，且很多已经被实践证明是有效、可行的。但是所有这些有效性和可行性是基于某些基本假设即某些特定条件和环境的，然而管理的背景不是可以由管理者选择和控制的，因而无论谁去使用这些规律，都必须根据自己所面临的现实环境因地制宜、因人制宜地使用。

其次，管理的规律是否有效不仅在于如何总结与归纳其形成的过程及其研究者是否有科学的工作态度与方法，而且在于执行它的人如何去理解它、贯彻它。

最后，“管理没有一成不变的规律可以遵循”具体表现在：管理时在借鉴和汲取别人的成功管理经验时不能照搬照抄，必须与自身环境和条件等结合，实事求是地去学习。

第二节　管理的性质与职能

一、管理的性质

（一）管理的二重性

管理的二重性是马克思主义管理学说的重要观点。马克思曾明确指出，凡是直接生产过程具有社会结合过程的形态，而不是表现为独立生产者的孤立劳动的地方，都必然会产生监督和指挥的劳动，不过它具有二重性。这里的监督劳动和指挥劳动就是指管理，二重性具体是指管理所具有的自然属性和社会属性。

1. 管理的自然属性

管理的自然属性，一方面是指管理活动的产生具有客观必然性，是由人们的共同协作劳动引起的。任何社会，只要存在有组织的集体活动，分工与协作就不可缺少，管理活动就普遍存在，这是不以人的意志为转移的。另一方面是指管理具有与生产力、社会化大生产相联系的属性，该属性表明管理是有效组织共同劳动所必需的，因此管理活动的主要任务之一就是要处理好人与自然、自然与自然之间的关系，合理组织生产力，而不受社会制度、生产关系性质等影响。这些管理理论、方法与技术是无国界的，国外能用，我们也能用，因为它们是为提高社会生产力服务的，这体现了管理的共性的一面。

2. 管理的社会属性

管理的社会属性是指管理具有与生产关系、社会制度相联系的属性。任何管理都是一定社会制度下的管理，都反映一定的生产关系。

首先，管理者不是抽象的管理者。在阶级社会中，他们总是某阶级的成员，是某一阶级利益的代表，他们会自觉不自觉地为维护与实现本阶级的利益服务。

其次，在现代社会中，管理的权力是基于财产的权力。哪一个阶级是生产资料的所有者，哪一个阶级就是社会的统治者、管理者。管理的权力就是为这个阶级服务的。

最后，生产关系是一个抽象的表述，它必须通过生产、交换、分配和消费等活动来体现。开展这些活动，都离不开管理，所以说管理也是社会生产关系的实现方式之一。

管理的社会属性表明，组织处于不同的社会制度和社会生产关系性质下，其用于改善、维护与发展生产关系方面的管理理论、方式和手段往往存在差异，社会生产关系的性质决定了组织管理的目的，决定了管理方式、管理手段的选择和运用。这体现了管理的个性的一面。

明确管理的二重性，对于我们正确认识管理的地位与作用，科学运用管理理论与方法指导社会实践活动，不断提高我国各类组织的管理水平，建立具有中国特色的管理科学理论体系，具有重要的现实意义。

首先，管理的二重性理论有利于人们全面认识管理人员的素质结构。管理体现的是生产力与生产关系的辩证统一关系，它一方面要合理组织生产力，致力于生产效率的提高；

另一方面要不断改善与维护生产关系，努力提高组织成员对工作的满意度、个人价值的实现度及不同成员之间的和谐相处度。这要求管理人员必须有合理的知识、能力与素质结构。作为一名优秀的管理者应该成为“复合型人才”，既要具备组织生产力方面的技术、知识和能力，又要掌握处理各种人际关系与社会关系方面的知识、能力与技巧。任何人要想成为优秀的管理者就应当加强管理理论知识的学习和人际关系协调能力与技巧的培养及训练。

其次，管理的二重性理论有利于我们正确对待发达国家的管理经验。我们必须客观对待发达国家的管理理论、方法与经验，既不能全盘复制，也不能盲目排外，应当根据国情去其糟粕，取其精华，为我所用。只有这样，才能在引进发达国家的资金与先进技术的同时，引进发达国家的先进管理理论知识与经验，并在与我国国情相结合的过程中实现管理的共性与个性的统一。

从被动管理到自主管理

齐鲁石化公司是一个现代石油化工生产企业，由于这种行业具有特殊性和危险性，公司一开始就实行从严从实管理，制定岗位操作要求，实行公司、厂两级检查和奖惩制度。

经过一段时间后，公司所属烯烃厂裂解一班工人提出“自我管理，让领导放心”的口号，并提出“免检”申请。

公司抓住这一契机，在全公司推广“免检”活动，并细化为一套可操作的行为准则，这就是：(1) 工作职责标准化；(2) 专业管理制度化；(3) 现场管理定量化；(4) 岗位培训星级化；(5) 工作安排定期化；(6) 工作过程程序化；(7) 经济责任和管理责任契约化；(8) 考核奖惩定量化；(9) 台账资料规格化；(10) 管理手段现代化。

齐鲁石化公司开展“信得过”活动，使企业基层以及整个企业的管理水平有了显著提高。主要表现在：

(1) 职工的主人翁意识普遍增强，实现了职工从“我被管理”到“我来管理”，群众性从严管理蔚然成风。

(2) 基层建设方面明确了专业管理制度、管理人员职责范围和工作标准、班级岗位十项规章制度等，基层管理水平有了显著提高。

(3) 星级管理使职工主动学习技术、技能，努力成为多面手，全面了解了管理装置工艺流程，提高了处理本岗、本系统突发事件的应变能力，事故发生率大幅度降低。

(4) 企业经济效益显著提高。

通过以上描述我们可以看出，管理工作只有“以人为中心”，才能使整个企业的管理水平有显著提高。管理者从管理的自然属性角度出发，要用科学、理性、制度、规范的方法管理组织，用运筹、数理、统计、系统的方法进行企业决策。从管理的社会属性角度说，要按照心理学、社会学关于人性、人本的原则，创造组织的良好氛围，极大地调动员工的积极性，通过自觉自愿、互帮互助实现组织目标。因此正确认识管理的二重性可以挖掘管理的潜力，合理利用管理手段，在促进企业生产的同时，推动企业的人文环境发展，最终达到相互促进的效果。

（二）管理的科学性和艺术性

1. 从实践性和知识性上来看

管理是科学与艺术的结合。管理的科学性在于管理作为一个活动过程，其间存在着一系列基本客观规律，有一整套分析问题、解决问题的科学方法论，并在实践中得到不断的验证和丰富，可复制和学习，并可指导人们实现有效管理。管理的科学性强调人们必须按照管理科学规律进行管理，强调管理专业知识的重要性。许多管理的问题都可以用理性的、逻辑的、客观的和系统的方法来解决，是有章可循的。

管理的艺术性就是强调实践性和创新性。要有效地实现管理，管理者必须在管理实践中发挥积极性、主动性和创造性，因地制宜地将管理知识与具体的管理活动相结合。管理的艺术性强调管理者仅凭书本上的管理理论，或者背诵原理和公式来进行管理活动是不能保证其成功的，还要灵活运用管理知识，讲究管理技巧。尽管管理研究者们一直在探索管理的规律性法则，管理的实践者们也总是尽可能地采取科学的管理方法，但人们仍不得不经常基于直觉、经验、本能和个人观察做出决策和提出解决问题的方法。例如，管理者有时必须在看似可行的几个方案之间进行选择，或者有时管理者必须在众人的反对声中，做出正确的决策，此时管理者必须将直觉和个人观察力同客观数据和事实相结合才能成功。

董事长的“妙计”

一个蒸蒸日上的企业，当年盈余竟然大幅度下滑。马上就要过年了，往年的年终奖金至少为两个月的工资，有的时候更多，可这次不行，算来算去，只能多发一个月的工资作为奖金。按照常规的做法，实话告诉大家，很可能导致士气低落。董事长灵机一动，没过两天，公司传来小道消息“由于经营不佳，年底要裁员”。顿时人心惶惶，但是总经理却宣布：“再怎么艰苦，公司也绝不愿意牺牲同甘共苦的员工，只是年终奖可能就无力发放了。”总经理的一席话使员工放下了心，只要不裁员，没有奖金就没有吧。人人都做了过穷年的打算。除夕将至，董事长宣布：“有年终奖金，整整一个月工资，马上发下去，让大家过个好年。”整个公司大楼，爆发出一片欢呼声。

2. 从管理活动的分类来看

管理活动可以分为程序性活动和非程序性活动两大类。程序性活动就是指有章可循，照章运作便可以取得预期效果的管理活动；非程序性活动是指无章可循，需要边运作边探索的管理活动。管理的科学性要求不断地实现管理活动由非程序性向程序性的转化，这种转化的过程就是人们对这类活动进行规律性科学总结的过程。管理的科学性要求管理者在管理活动中遵循客观规律，不断建章立据，实施科学管理。

管理虽然有一定的规律可循，但它绝不是“按图索骥”的照章操作行为。管理理论作为普遍使用的原理、原则，必须结合实际应用才能奏效。管理者在实际工作中面对千变万化的管理对象，要灵活多样地、创造性地运用管理艺术与技艺，这就是管理的艺术性。管理的艺术性要求管理者必须掌握实际情况、因势利导、总结经验、理论联系实际、边干边摸索。

由上可知，管理既是一门科学，又是一门艺术，是科学与艺术的有机结合体。管理的科学性是管理艺术性的前提和基础，管理的艺术性是管理科学性的补充与提高。有成效的管理是以管理者对它所依据的管理理论的理解为基础的，出色的管理者必须通过大量的实践来提高自身的管理水平，创造性地灵活运用科学知识，以保证管理的成功。

小阅读

子贱为官

孔子的学生子贱奉命担任某地方的官员。当他到任以后，却时常弹琴自娱，不管政事，可是他管辖的地方却治理得井井有条，百兴业旺。这使那位卸任的官吏百思不得其解，因为他终日起早贪黑，从早忙到晚，也没有将该地区治理好。于是他请教子贱："为什么你能治理得如此之好，还如此得轻松?"子贱回答道："你只靠自己的力量去治理，所以十分辛苦，而我是借助别人的力量来完成治理任务的。"

二、管理的职能

管理活动是通过一系列具体的职能来完成的。所谓管理的职能是指管理活动所具有的功能及其所体现出的不同性质、不同类型的工作内容。历史上最早系统提出管理职能思想的是法国管理学者、实业家亨利·法约尔，他在 1916 年出版的《工业管理与一般管理》中提出：管理可以分为计划、组织、指挥、协调和控制五项职能。

之后，尽管有许多管理学者站在各自不同的角度，对管理职能的划分提出了自己不同的见解，例如，20 世纪 30 年代，戴维斯（Ralph Currier Davis）提出管理职能包括计划、组织和控制三项；20 世纪 40 年代，布雷克（Blake）提出管理职能包括计划、协调、控制和激励四项；20 世纪 50 年代，孔茨提出管理职能包括计划、组织、指挥、控制与人事五项等。但就本质而言，这些划分都是对法约尔管理五职能论的一种微调和修改。

进入 20 世纪 70 年代以后，尤其是 20 世纪 80 年代以来，随着科学技术的飞速发展，生产力水平不断提高，组织的内外环境发生了根本性变化，管理活动的内容也日趋复杂化、多样化，一些学者对管理职能又增添了不少新内容。综合国内外一些学者的观点，我们将管理职能划分为计划、组织、领导、控制和创新。

小阅读

迈克尔·戴尔的故事

1984 年，19 岁的迈克尔·戴尔通过组装个人电脑并直接卖给消费者，发现了进入个人电脑市场的机会。戴尔开始计划实现自己的想法。首先，他确定了自己的目标是销售价格便宜的个人电脑，以瓦解 IBM、苹果等公司的价格垄断。其次，戴尔使目标细化，决定绕过昂贵的电脑商店而直接用电话向消费者销售电脑，并以低成本获得电脑组件，扩大产品的知名度。最后，戴尔分配有限的资金来购买劳动力和其他资源，执行计划，使得自己制造销售个人电脑的梦想成真。

戴尔的理念非常简单：按照客户要求制造计算机，并向客户直接发货，使戴尔公司能够最有效和明确地了解客户需求，继而迅速做出回应。这种直接的商业模式消除了中间商，减少了不必要的成本和时间，可以更好地满足客户的需要。这种直接模式允许戴尔公司能以富有竞争性的价位，为每一位消费者定制并提供具有丰富配置的强大系统。通过平均三天一次的库存更新，戴尔公司能够把最新相关技术带给消费者，而且远远快于那些运转缓慢、采取分销模式的公司。

第三节　管理者与管理对象

一、管理者的含义及分类

（一）管理者的含义

史蒂芬·P·罗宾斯（Stephen P. Robbins）认为：管理者是在组织中工作的，是指挥别人活动的人，是有下级的人。亨利·明茨伯格（Henry Mintzberg）则通过对总经理们工作内容的研究，以事实证明管理者的角色是多元的。其工作内容既丰富多彩，又琐碎繁杂。我们认为管理者应是泛指所有执行管理职能，并对组织目标的实现做出贡献的人。

（二）管理者的分类

1. 按管理人员所处的组织层次划分

（1）高层管理者。高层管理者是指组织中的高级领导人，对管理负有全面责任。其主要任务是：制定战略目标、把握发展方向、拥有资源分配权等。如学校的校长、企业的董事会成员、城市的市长等就属于高层管理者。

（2）中层管理者。中层管理者介于高层与基层管理者之间。其主要职责是：执行重大决策和管理意图、监督和协调基层管理者的工作活动、进行具体工作的规划和参谋。如学校中的系主任、处长，企业中计划、生产、财务等部门的负责人，政府中的主任、局长等就属于中层管理者。中层管理者一般可以分为三类：行政管理人员、技术性管理人员和支持性管理人员。

（3）基层管理者。基层管理者是指最直接的一线管理人员，是直接监察实际作业人员的管理者。其主要职责是：直接给下属分派任务、直接指挥和监督现场作业活动、保证上级下达的各项计划和指令的完成。如工长、领班、小组长等就是基层管理者。

上述三个不同层次的管理人员，其工作内容和性质存在很大的差别。一般来说，一线管理者所关心的主要是具体的战术性工作，而高层管理者所关心的则主要是抽象的战略性工作。

2. 按管理人员所从事的工作领域划分

（1）综合管理人员。综合管理人员指负责管理整个组织或组织中某个事业部全部活动的管理人员。

（2）专业管理人员。专业管理人员是指负责管理组织中某一类活动（或职能）的管理人员，如生产部门的管理人员、营销部门的管理人员、人事部门的管理人员、财务部门的管理人员、研究部门的管理人员等。

小阅读

关心牛的丞相

西汉有个丞相叫丙吉，有天他到长安城外视察民情，走到半路就有人拦轿喊冤，查问之下原来是有人打架斗殴致死，家属来告状。丙吉回答说："不要理会，绕道而行。"走了没多远，发现有一头病牛在路上直喘气，丙吉下轿围着牛查看了很久，问了很多问题。人们议论纷纷，觉得这个丞相不称职，死了人不管，对一头病牛却那么关心。

皇帝听到传言后就质问丙吉为何如此去做，丙吉回答："这很简单，打架斗殴是地方官员该管的事情，他自会按律法处理，如果他渎职不办，再由我查办官员。丞相应关心天下大事，天气还不热，但牛喘气，怕有瘟疫，因此我必须了解原因。"一番话让皇帝连连点头。

二、管理者的角色和技能要求

（一）管理者的角色

管理者可以分为三类十大角色。

1. 人际角色

管理者在处理与组织成员和其他利益相关者的关系时，他们就扮演人际角色。

（1）代表人角色。作为所在单位的领导，管理者必须行使一些具有礼仪性质的职责，如出席集会、宴请重要客户等。

（2）领导者角色。由于管理者对所在单位的成败负重要责任，因此他们必须在工作小组内扮演领导者角色。

（3）联络者角色。管理者无论对内对外都起着联络者的作用。

2. 信息角色

管理者确保和他一起工作的人具有足够的信息，从而能够顺利完成工作，这时他们扮演的就是信息角色。

（1）监督者角色。作为监督者，管理者应持续关注组织内外环境的变化以获取对组织有用的信息。

（2）传播者角色。作为传播者，管理者应把重要的信息传递给工作小组成员。管理者有时会因特殊目的向工作小组隐藏特定的信息，但管理者必须保证员工具获得必要的信息，以便切实有效地完成工作。

（3）发言人角色。管理者把信息传递给单位或组织以外的个人。

3. 决策角色

管理者在处理信息并得出结论的过程中扮演着决策角色。

（1）企业家角色。管理者对所发现的机会进行投资以利用这种机会，如开发新产品、提供新服务、发明新工艺。

（2）干扰对付者角色。管理者必须善于处理冲突或解决问题，如平息客户的怒气、同不合作的供应商进行谈判或者调节员工之间的争端等。

(3) 资源分配角色。管理者决定资源用于哪些项目。

(4) 谈判者角色。研究表明，管理者会把大量的时间花费在谈判上。谈判对象包括员工、供应商、客户、其他工作小组等。

买饭的知县老爷

南宋嘉熙年间，江西一带山民叛乱，身为吉州万安县令的黄炳，调集了大批人马，严加守备，一天黎明前，探报来说，叛军即将杀到。

黄炳立即派巡尉率兵迎敌。巡尉问道："士兵还没吃饭怎么打仗？"黄炳却胸有成竹地说："你们尽管出发，早饭随后送到。"黄炳并没有开"空头支票"，他立刻带上一些差役，抬着竹箩木桶，沿着街市挨家挨户叫道："知县老爷买饭来啦！"当时城内居民都在做早饭，听说知县亲自带人来买饭，便赶紧将刚做好的饭端出来。黄炳命手下付足饭钱，将热气腾腾的米饭装进木桶就走。这样，士兵们既吃饱了肚子，又不耽误进军，打了一个大胜仗。这个县令黄炳，没有亲自捋袖做饭，也没有兴师动众、劳民伤财，他只是借别人的力，做自己的饭。县令买饭之举，算不上高明，看来平淡无奇，甚至有些荒唐，但却取得了很好的效果。

一个优秀的管理人员，不在于你多么会做具体的事务，因为一个人的精力毕竟是有限的，只有发动集体的力量才能战无不胜、攻无不克。管理人士尤其要注意加强培养自己驾驭人才的能力，知人善任，了解什么时候什么力量是可以利用以助自己取得成功的。更多的时候，要学会调动一切可以利用的力量，发挥团队的能力使目标更高效地实现。

团结才有力量

在某一个地方，人们很喜欢吃鸡肉。一户人家的一个笼子里面关着十几只鸡，每次有人打开笼门，鸡都会十分恐惧，争先恐后地往笼子的角落里钻。总有一只被选中，当它们中间的一只被选中拎出笼子时，其余的鸡就会放下心来，快乐地在笼子中嬉戏……

鸡越来越少，最终只剩下一只了，当笼门再打开时，这只鸡拼命躲向角落，试图离那只抓它的手远一点，无奈的是，它只要逃不出笼子，就一定会被抓到。在出笼门的一瞬，鸡啄了抓着自己脖子的那只手一口，鲜红的血流淌了出来，手的主人十分愤怒，一刀结果了鸡的性命而后说："多亏只是一只来咬我，要是多来几只恐怕还没有办法对付呢。"

一个好的集体必须是一个优秀的团队，在同一个团队中，大家彼此相互配合，心往一处想，劲往一处使，往往事半功倍。

(二) 管理者的技能

1. 技术技能

技术技能是指与特定工作岗位相关的专业知识和技能，如生产技能、财务技能、营销技能等。管理者不必成为精通某一领域的技能专家，但需要了解并初步掌握与其管理相关的基本技能，否则很难与他所主管的组织内的专业技术人员进行有效的沟通，从而无法对所辖业务范围的各项工作进行具体指导。

2. 人际技能

人际技能是指与处理人际关系相关的技能，即理解、激励他人并与他人共事的能力，包括领导能力，但其内涵远比领导能力广泛。因为管理者除了领导下属外，还要与上级领导和同级同事打交道，所以得学会说服上级领导、领会领导意图、与同事合作等。

3. 概念技能

概念技能是指综观全局、认清为什么要做某事的能力，是把观点设想出来并加以处理，以及将关系抽象化的思维能力。即管理者在任何复杂的环境之中，都能敏锐地厘清各种要素之间的相互关系，准确地抓住问题的实质，果断地做出正确决策的能力。

各层次管理所需要的管理技能比例如图 1—1 所示。概念技能对于高层管理最为重要，对于中层管理比较重要，而基层管理者最需要的是技术技能。作为管理者，无论处于哪个层级，人际技能都同等重要。

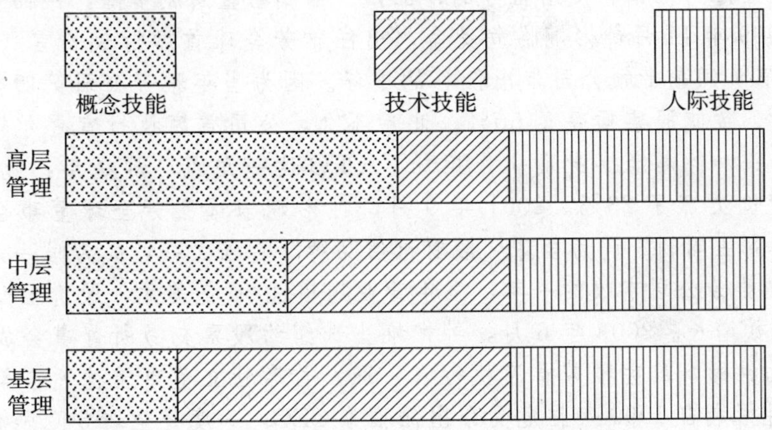

图 1—1　各层次管理所需要的管理技能比例

"谁要这 20 美元"

在一次讨论会上，一位著名的演说家没有讲一句开场白，手里却高举着一张 20 美元的钞票。

面对会议室里的 200 个人，他问："谁要这 20 美元？"一只只手举了起来。他接着说道："我打算把这 20 美元送给你们中的一位，但在这之前，请允许我做一件事。"他说着将钞票揉成一团，然后问："谁还要？"仍有人举起手来。他又说："那么，假如我这样做又会怎样呢？"他把钞票扔在地上，又踏上一只脚，并且用脚碾它。而后他拾起钞票，钞票已变得又脏又皱。"现在谁还要？"还是有人举起手来。"朋友们，你们已经上了一堂很有意义的课。无论我如何对待那张钞票，你们还是想要它，因为它并没有贬值，它依旧值

20美元。人生路上，我们会无数次被自己的决定或碰到的逆境击倒、欺凌甚至碾得粉身碎骨。我们会觉得自己似乎一文不值，但无论发生什么，或将要发生什么，在上帝眼中，你们永远不会丧失价值，永远是无价之宝。”

要成为有效的管理者，必须具备上述三种技能，缺一不可。但不同层次的管理者，对各类管理技能的要求程度是不同的。

小阅读

优秀的管理者——钟彬娴

钟彬娴，1958年生于加拿大多伦多一个中产阶级移民家庭里，美籍华人，雅芳总公司总裁和首席执行官，她曾在《财富》杂志公布的“全美最有影响力的50位商界女性”排行榜中，连续6年榜上有名。钟彬娴2岁的时候，父亲得到了麻省理工的教授职位，全家移居韦尔兹立。20岁时她从普林斯顿大学毕业。1994年，钟彬娴加入雅芳，1999年，在美国有史以来最大的经济繁荣期，雅芳的股票却一落千丈，公司很不景气。越来越少的女性愿意推销和使用雅芳的产品，产品销售量急剧下降，产品似乎已经与时代脱节了。1999年11月钟彬娴临危受命，出任雅芳全球首席行政长官（CAO）。她出任CAO时，肩负的是带领公司步出低谷的重任。因为当年雅芳公司第四季度的销售和盈利急剧下滑，致使股票猛跌了50%。此后不久，公司首席执行官查尔斯·佩林引咎辞职。紧急关头，钟彬娴挺身而上，担任了CEO这一角色。那一年，她41岁。2000年，雅芳的股价上涨了23%。2001年9月，钟彬娴当选雅芳全球董事会主席。2001年，雅芳被《商业周刊》评为全球“最有价值品牌”百强之一，成为唯一入选的化妆品牌。2002年是雅芳公司丰收的一年，全年营业额超过60亿美元，股价上升19%，每股盈利取得两位数增长。2003年6月，钟彬娴当选纽约股票交易所董事会成员。2013年年初，55岁的钟彬娴辞去雅芳首席执行官一职，首席独立董事雷德·哈桑（Fred Hassan）接任。钟彬娴自1999年临危受命出任雅芳CEO，一度是全球500强企业中在任时间最长的女CEO。

（三）管理对象

管理对象是管理者为实现管理目标，通过管理行为作用其上的客体。

管理总是对一个群体或组织实施的，所以管理对象首先可以理解为不同功能、不同类别的社会组织。而任何社会组织为发挥其功能，实现其目标，必定拥有一定的资源或要素。管理正是通过对这些资源或要素进行配置、调度、组织，促使管理目标得以实现的。因而，这些资源或要素就成为管理的直接对象。同时，任何组织要实现其功能或目标，就必须开展一些职能活动，形成一系列工作或活动环节，只有对这些职能活动或工作环节进行有效的组织与协调，才能保证目标的实现。这样，这些职能活动或工作环节也成了管理的对象。因此，管理的对象应包括各类社会组织、组织要素与职能的各类活动。

组织、资源与职能活动作为管理对象是一体的。资源要素是构成组织的细胞，其动态组合与运行构成了职能活动；资源与活动又共同构成了完整的组织及其行为。组织、资源与职能活动作为管理对象都受管理行为的作用，共同影响管理成效和组织目标的实现。

（四）管理者的基本素质

管理者具备的素质可以从以下方面进行考虑。

1. 个性和爱好

一个人的个性和爱好是影响他做出职业选择的重要决定性因素。约翰·霍兰的研究表明，通过职业偏好测试，几乎所有的成功的管理者至少符合以下两种个性类型中的一种。

（1）社会型。社会型的人喜欢从事能够为他人提供帮助的职业。此类职业一般包括管理者、心理咨询医生和社会工作者。一般而言，社会型的人会发现自己很容易与各种人交谈，善于帮助遇到麻烦的人，能巧妙地解释一些事情，而且也乐于帮助他人解决个人问题，喜欢教育他人以及结交陌生人。

（2）企业型。企业型的人喜欢为实现某一目标，而去说服他人或者监督他人工作，尤其喜欢用语言来影响他人。企业型的人认为自己有雄心壮志并且做事果断，善于在公众场合演讲，善于与难相处的人打交道，能够成功地组织他人工作。他们喜欢影响他人，善于推销产品或观点，喜欢作为团队的领导并监督他人的工作。

2. 能力的倾向

能力倾向也是决定一个人能否成为一个优秀的管理者的重要因素之一。埃德加·沙因认为，职业生涯规划是一个不断了解自我的过程。在这个过程中，人们了解自己具有的天分、能力、动机以及价值观，慢慢形成自己的职业认定，一旦做出选择，就不会轻易放弃。

3. 以往的成就

研究表明，可以通过仔细回顾一个人的成就，来对他的未来进行预测。在对美国电报电话公司进行了两项长期研究后，有关学者得到了一些有意义的结论。比如，他们发现，在刚刚被聘任为中层或中层以上管理岗位时，读过大学的员工比没有读过大学的员工显示出更好的发展潜力；八年以后，这两组区别更加明显。大学的成绩也很重要，在职业生涯早期，大学成绩较好的员工比大学成绩较差的员工具有更大的晋升潜力，在后来的管理层级中，也是前者更高。

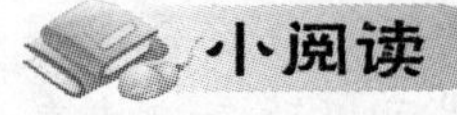

管理者应具备五大能力和十大素质

管理者需要具备一些比非管理者更出色的能力，而这些能力并不神秘，只要注意了，我们每一位都可以做到，这些管理能力是：

1. 激励的能力

优秀的管理者不仅要善于激励员工，还要善于自我激励。要让员工充分发挥自身的才能努力工作，就要把员工的“要我去做”变成“我要去做”，实现这种转变的最佳方法就是对员工进行激励。如果用激励的方式而非命令的方式向员工安排工作，更能使员工体会到自己的重要性和工作的成就感。激励的方式并不会使你的管理权力被削弱。相反，你会更加容易地安排工作，并能使他们更加愿意服从你的管理。作为一个管理者，特别是高层管理者，每天有很多繁杂的事务甚或有大量棘手的事务需要解决；还要思考公司的发展和未来，即便如此，管理者还必须始终保持良好的心情去面对员工和客户，管理者的压力可想而知。自我激励是缓解这种压力的重要手段，通过自我激励，可以把压力转化成动力，增强工作成功的信心。

2. 控制情绪的能力

一个成熟的领导者应该有很强的情绪控制能力。当一个领导者情绪很糟的时候，很少有下属敢向其汇报工作，因为担心他的坏情绪会影响到对工作和自己的评价，这是很自然的。一个高层管理者情绪的好坏，很容易影响到整个公司的气氛。如果他经常控制不了自己的情绪，甚至还会影响到整个公司的工作效率。从这点来讲，当你成为一个管理者时，你的情绪已经超越私事这一层面了，你的情绪会影响到你的下属及其他部门的员工。你的职务越高，这种影响力越大。当管理者在批评一个员工时，也要控制自己的情绪，尽量避免让员工感到你对他的不满。为了避免在批评员工时情绪失控，最好在自己心平气和的时候再找他谈话。另外，有些优秀的管理者善于使用生气来进行批评，这种批评方式可能言语不多，但效果十分明显，特别适用于屡教不改的员工。这种生气与情绪失控不同，它是有意的，情绪处于可控状态。虽然控制情绪如此重要，但真正能很好地控制自己情绪的管理者并不多，特别是对于性情急躁和追求完美的管理者而言，控制情绪显得尤为困难。有一个简单的方法可能会对控制情绪起到一些作用。当你非常气愤的时候，你可以这样做：默念数字，从1到20，然后到户外活动5分钟。

3. 幽默的能力

幽默能使人感到亲切。幽默的管理者能使他的下属体会到工作的愉悦。管理者进行管理的目的是为了使他的下属能够准确、高效地完成工作。轻松的工作气氛有助于达到这种效果，幽默可以使工作气氛变得轻松。在一些令人尴尬的场合，恰当的幽默也可以使气氛顿时变得轻松起来。此外，可以利用幽默批评下属，这样不会使下属感到难堪。幽默不是讽刺，讽刺别人会使人厌恶，甚至产生对抗。讽刺式的幽默会让别人感觉你在利用别人的弱点或短处，会产生很不好的影响。

4. 演讲的能力

优秀的领导者都有很好的演讲能力。演讲的作用在于让他人明白自己想法的观点，并鼓动他人认同这些观点。从这点出发，任何一名管理者都应该学会利用演讲表达自己。管理者演讲的对象不一定是很多人，可能仅仅是自己个别的下属；演讲的场所不一定是在会场上，很可能是在与下属沟通时。演讲的意义并不局限于演讲本身，演讲可以改善口头表达能力、增强自信、提高反应能力。这些素质会使你在对外交往和管理下属时游刃有余。一个人的演讲能力主要与他的演讲次数相关。

5. 倾听的能力

善于倾听的两大好处：(1) 让别人感觉你很谦虚；(2) 你会了解更多的事情。

每个人都认为自己的声音是最重要、最动听的，并且每个人都有迫不及待地表达自己想法的愿望。在这种情况下，友善的倾听者自然成为最受欢迎的人。如果管理者能够成为下属的倾听者，他就能满足每一位下属的需要。如果你没有这方面的能力，就应该立即去培养。培养的方法很简单，你只要牢记一条：当他人停止谈话前，决不开口。

出色管理者应该具备的十大素质：

1. 处事冷静，但不优柔寡断

出色管理者都具有处事冷静的特点，他们善于考虑事情的多个方面或问题涉及的各个利害关系方，不易冲动行事。优秀管理者虽然处事冷静，但并不优柔寡断，他们往往会在周密思考后果断做出决定或清晰地阐明自己的观点。具有这种特征的管理者往往能使事情或问题得到比较妥当的处理，同时又有利于形成良好的人际关系。

2. 做事认真，但不事事追求“完美”

出色管理者深知经商和科研不一样。科研追求的是严谨、精益求精；经商追求的则是效益、投入产出比。出色管理者做事非常认真仔细，但他们同时也非常懂得什么事情需要尽善尽美，什么事情达到基本标准即可。具有这种特征的管理者往往能把事情“做对”，并且能比一般人更容易创造出价值。

3. 关注细节，但不拘泥于小节

出色管理者善于关注事情的细节，善于留意观察身边的人和事。他们善于抓住问题的要害，善于将问题“扼杀”在萌芽状态。出色管理者虽然善于关注细节，但他们不会过分拘泥于小节，不会在意别人的一点小过错或小过失。具有这种特征的管理者往往能大幅度减少“问题”的发生，日常管理工作也会井然有序。

4. 协商安排工作，绝少发号施令

管理者不是发号施令的“监工”。一个能让下属主动“追随”的管理者，依赖的是他（她）的个人魅力和领导力，而不是他（她）手中的“权力”。出色管理者绝少对下属发号施令，他们往往采用和下属商量的方式布置和安排工作。具有这种特征的管理者往往能让下属真正“心甘情愿”地完成好被安排的任务，这样的管理者也往往能营造出和谐团结的团队氛围。

5. 关爱下属，懂得惜才爱才

出色管理者善于尊重和关爱下属，他们往往视同事如“兄弟”，懂得去珍惜和爱护与自己朝夕相处、共同拼搏的“战友”。具有这样特征的管理者往往会让下属有一种“家”的感觉，无形中也让大家更积极、更主动、更无怨无悔地付出。

6. 对人宽容，甘于忍让

出色管理者胸怀宽广，对人宽容、甘于忍让，他们善于将心比心，善于考虑别人的难处和利益，善于“挖起荆棘并种下玫瑰”。具有这种特征的管理者往往易于形成良好的人际关系，并往往能在需要时，得到别人最真诚的支持和帮助。

7. 严于律己，以行动服人

出色管理者不会让自己独立于各种规章制度之外，他们往往身体力行、为人表率，用自己的实际行动来影响和带动身边的人。具有这种特征的管理者往往“其身正，不令而行”。

8. 为人正直，表里如一

出色管理者往往对人一视同仁、处事公平公正，没有暗箱操作，也不会当面“抹蜜饯”，背后“捅刀子”。具有这种特征的管理者往往使人有“安全感”并能得到别人充分的信任。

9. 谦虚谨慎，善于学习

出色管理者不会把自己已有的知识和技能作为管理的资本。他们往往谦虚谨慎，乐于向自己的上司、同事和下属等学习。具有这种特征的管理者往往具有比较强的能力并且能够使自己的能力得到持续的提高。

10. 不满足于现状，但不脱离现实

出色管理者不满足于当前的业绩，他们都有比较高远的目标和追求。他们不满足于现状，但决不会脱离现实，他们总是一步一个脚印为更高更远的目标而奋斗。他们非常清楚自己的将来会是什么样的，而怎样才能实现他们想象中的将来。

第四节　管理学

管理学是一门系统研究管理活动的基本规律和一般方法的科学。它以一般组织为研究对象，研讨和研究管理的基本概念、原理、方法和程序。近些年，随着社会的不断进步、科学技术的飞速发展以及管理内容的日益丰富，管理在人们的实际生活和生产过程中的作用越来越受到广泛关注和重视。这为全面、系统研究管理过程中的客观规律和一般方法提供了必要的条件和基础，使管理学的研究不断得到充实和发展。

一、管理学的特点

一般来说，管理学具有三个特点：一般性、综合性、实践性。

（一）一般性

管理学以管理学科的基本原理、基本理论作为研究对象，研究管理的一般问题，对各层次、不同组织、不同专业内容的管理具有一定的普遍适用性。

（二）综合性

管理学的综合性表现在内容和方法两方面。

（1）在内容上，它需要从社会生活的各个领域、各个方面以及各种不同类型组织的管理活动中概括和抽象出对各门具体管理学科都具有普遍指导意义的管理思想、原理和方法。

（2）在方法上，它需要综合运用现代社会科学、自然科学和技术的成果，来研究管理活动过程中普遍存在的基本规律和一般方法。

（三）实践性

管理学的实践性表现在其理论来源的实践性和应用的实践性。管理学是为管理者提供从事管理有用的理论、原则和方法的实用性科学。

管理学的各种理论都来源于实践，管理学的应用也归于实践。

二、管理学学科的特点

（一）管理学是一门交叉学科

管理学的内容十分广泛，其理论基础包含了自然科学和社会科学两大门类学科的理论知识，是一门交叉学科。

（二）管理学是一门应用学科

科学可以分为基础科学、技术科学和应用科学三个门类。基础科学是以自然现象和物质运动为研究对象探索自然界发展规律的科学，如数学，物理学等；技术科学是研究技术理论和专业技术的科学，如计算机科学、化学工程学、海洋工程学等；应用科学则是直接服务于生产或其他社会实践的科学，包括研究应用理论和应用技术的科学。

管理学是研究应用管理理论和管理方法直接促进生产力发展的学科，属于应用科学的范畴。

（三）管理学是一门软学科

人们将具有物质形态的工程学科称为硬学科。而将具有智能形态的信息学科称为软学科。管理学是研究人、财、物等有形资源和信息、规划、决策、预测等无形资源的合理利用的科学，但研究对象及其成果却不是有形物质本身，而是合理利用这些资源的原理、定理、战略、方案、程序和方法，因而是一门软学科。

（四）管理学是一门不精确的学科

在设定条件下能得到确定结果的学科称之为精确的学科。例如数学就是一门精确的学科。管理则不同，在管理条件和环境完全一致的情况下，也可能产生相差甚远甚或截然相反的结果，是一门不精确的学科。

第五节　管理环境、管理道德和社会责任

一、管理环境

组织的生存与发展以人、财、物等内部条件为基础，并受到一系列外部环境因素的影响和制约。管理人员是在一个个充满着代表不同利益群体的多元社会中从事经营活动，在组织内外环境因素相互作用、相互影响的过程中不断成长的。作为管理者，正确地认识组织的内外环境因素，协调多元社会里各个群体的利益，把握其变化发展规律，做出正确决策，进行有效的管理活动，这一切都离不开对组织环境的分析与把握。

（一）管理环境的含义

管理环境是指影响组织生存和发展的各种内外因素的总称。

（二）管理环境的因素

通常，构成组织管理环境的因素分为两大类：一类是组织可控的因素，构成组织的内部环境；另一类是组织不可控的因素，构成组织的外部环境。

1. 外部环境

外部环境一般可分为一般环境和具体环境。

(1) 一般环境。一般环境是指对某一特定社会所有企业和其他经济组织都会产生影响的环境因素，主要包括政治和法律环境、社会文化环境、经济环境、伦理道德环境、技术环境、自然环境等。

小阅读

尿布大王

在日本的福冈市由多川博开创的日本尼西奇公司，仅凭 2 000 余名员工和 1 亿日元的资本，竟创造出年销售额高达 70 亿日元且以 20%的速度递增的辉煌成就。它的产品既不是什么紧俏商品，也不是高科技商品，而是专为婴儿屁股服务的尿布。

它的创始人兼总经理，专门从婴儿屁股寻找钱路的多川博，被人们赞誉为“尿布大王”。多川博是一个敢于冒险、富有想象力的人。在他“出道”之初，就创办了一个生产、销售毛巾、防雨斗篷、卫生带、尿布等日用橡胶制品的综合性企业——尼西奇公司。当时也难说得上什么是企业的主导产品，反正市场上什么好卖，它就生产什么。

20 世纪 60 年代末，由于生产毛巾的厂家较多，所以生意不太景气。一天，这家小厂的老板闲暇时随手翻看一本日本人口杂志。他被其中的一篇人口统计资料吸引，这篇统计资料说，日本战后出生了一大批婴儿。于是这位老板联想到：这一大批婴儿二十年后都要结婚生子，于是会有一个婴儿高峰期到来，这些婴儿需要什么呢？尿布！于是这位老板决定转产尿布。结果，他的尿布不仅畅销日本，而且还打入国际市场，销往西欧各国，成了日本有名的“尿布大王”。

(2) 具体环境。外部具体环境往往称为产业环境或行业环境，是指那些对管理者的决策和行动会产生直接影响并与实现组织目标直接相关的要素。不同的组织所面临的具体环境常常不同，从企业角度看，绝大多数企业都面临的具体环境因素有顾客、竞争者、供应商、政府、公众、消费者协会、企业所在社区机构等。

组织的外部环境如图 1—2 所示。

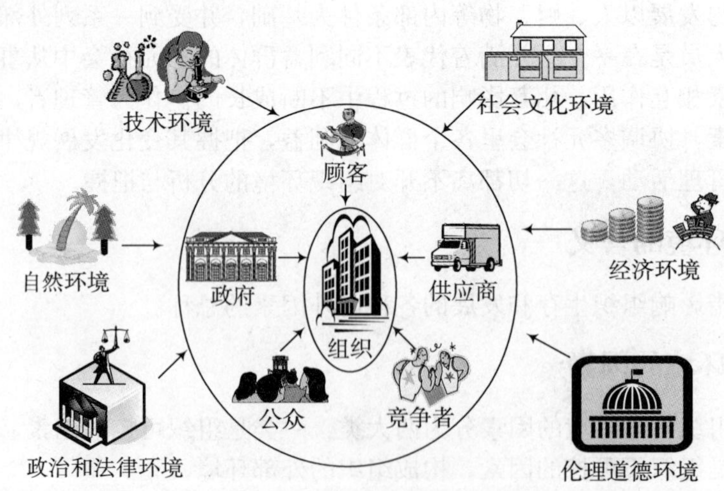

图 1—2　组织的外部环境

2. 内部环境

内部环境由组织内部的物质环境和文化环境构成。内部物质研究要分析组织内部各种资源的拥有状况和利用能力，内部文化研究则要考察组织文化的构成要素及其特点。

(三) 组织与环境的关系

(1) 对组织的认识。组织的构成要素有四个：组织的目的、组织中的人、组织的硬环境(资源)、组织的结构。这四个要素是一个完整的整体，相互依赖，相互补充，缺一不可。

在组织的基本构成要素基础上，组织还需要一些基本的条件才能够生存。这些条件包括组织的决策、组织的战略、组织的机制以及组织的文化。

不仅如此，组织还处于大环境即宏观环境中，这些就构成了组织系统，如图 1—3 所示。

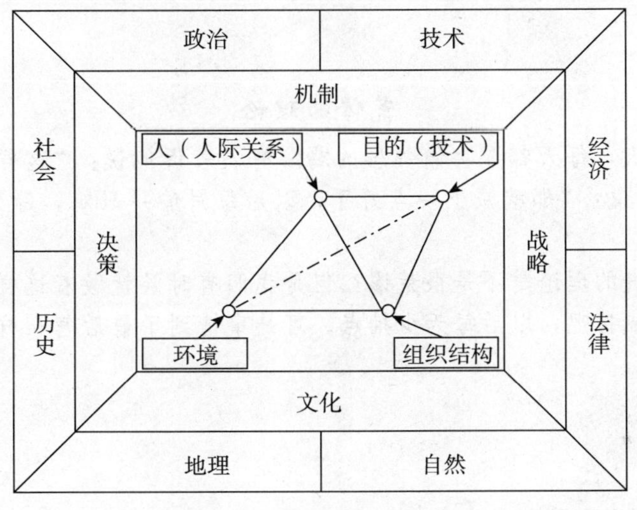

图 1—3 组织系统示意图

(2) 理解组织所处的环境及构成要素固然重要，同时也应注意分析环境对管理者的影响。组织所处的环境的复杂程度和变化程度并不全都相同，即组织环境具有不确定性，这一特点影响着组织的管理者。依据环境的复杂程度和变化程度可将组织的外部环境划分为四类，如图 1—4 所示。

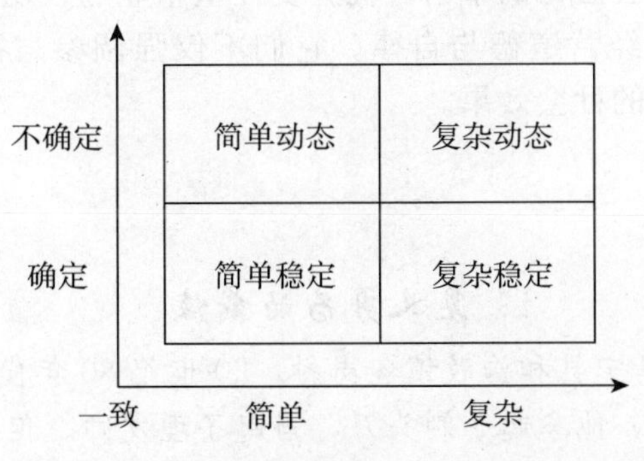

图 1—4 组织外部环境的类型

二、管理道德

道德就是依靠社会舆论、传统习惯、教育和信念的力量去调整人与人、人与社会之间关系的一种特殊行为规范，是一些用来明辨是非的规则或原则。这些规则或原则旨在帮助人们判断某种行为是正确的还是错误的，或这种行为是否为社会所接受。企业的道德标准应与社会的道德标准兼容，与社会前进的方向一致。对于个人来说，其道德水平的高低不仅体现在日常行为之中，更体现在一个人遭受困境的时刻。

管理道德是组织在管理过程中自觉遵守的各种行为准则和规范的总和。道德规范是组织文化的重要内容，可以帮助人们在管理工作过程中做出符合道德标准的反应和决策，可以指导管理人员在不同的情况下做出合理的决策，也可以帮助管理人员做出能维护不同利益相关者根本利益的最佳决策。

小阅读

荒谬的理论

曾有这样一个人，每天都要去偷邻居的鸡。有人告诉他说："这样的行为，不符合君子之道。"那人回答说："那就减少一点好了，以后每月偷一只鸡，等到明年的这个时候，就完全不偷了。"

这一种循序渐进的理论是不是很荒谬？但是我们有时候就做着这样的事情，吸烟有害身体，怎么办呢？戒掉吧，以后每天少抽点。可是事情到了最后怎么样？仍然在吸烟，依然没戒掉。

三、社会责任

（一）社会责任的含义

企业的社会责任是指企业在从事生产经营活动中对社会所要承担的义务。企业应该在追求自身利益的同时，认真考虑企业的一举一动对社会产生的影响，考虑企业在保护和增加社会福利方面承担的责任。

社会责任要求企业分清什么是对的，什么是错的，促使人们从事使社会变得更美好的事情，而不做那些有损社会公德的事情。社会责任型企业的一切经营活动和决策都着眼于长远利益，高度重视企业经营道德与自律。它们不仅强调参与社会事业的义务性和自觉性，而且还力求取得良好的社会效果。

小阅读

见义勇为的戴俊

戴俊1964年出生在阜宁县和沟敦镇各岗村，20世纪80年代初，戴俊高中毕业后，因一分之差与大学失之交臂。他拿起了剃头刀，当起了理发师。但当时农村理一次发只有三毛钱的收益，加上3个弟弟上学及父母体弱多病，理发挣来的钱根本不够维持生计。不久，一股时尚风“刮”到了阜宁，女性开始流行烫卷发，戴俊就跑到县城学习烫发手艺，殊不知，由于烫发价格高，在农村不受欢迎，生意惨淡。1987年秋，他拉上堂弟戴成和另外两位朋友，揣着借来的1 000元，踏上北去的火车到陕西打工，四个人在韩城租了两间门面，办了一家铝合金装饰厂，开始闯荡大西北。经过十多年艰苦奋斗，他们的企业越做越大。

2000年，戴俊从韩城搬至西安，并成立了宝马装饰工程有限公司，戴俊担任董事长，公司注册资金达千万元。

戴俊为人耿直，在生意场上诚信经营，受到大家的一致好评。为了发展事业、提升自我，他勤奋好学，自强不息，自费读完电大专科和本科，又到西北大学攻读MBA，取得西北大学经济管理学院国民经济学研究生学历。

事业有成的戴俊，致富后常怀感恩之心，不忘反哺家乡，经常扶贫济困、捐资助学。他在阜宁中学设立助学基金会，常年扶助家乡几十户孤寡老人和特困户，对家乡的建设和福利事业满怀热诚。他慷慨解囊，深受群众爱戴和社会好评。

2007年6月26日晚10时许，陕西省扶风县17岁的打工女孩孙蓉下班回家途中遭遇抢劫。案发地点位于西安市环城西路（自来水公司对面）人行道边。当时，孙蓉由南向北步行，16岁的陈庆华、18岁的孙震和17岁的武金峰3名歹徒对孙蓉进行拦截。他们持刀威逼并抢劫孙蓉挎包。途经附近准备回家陪女儿期末复习的戴俊见状喝止，三名歹徒见有人“管闲事”恼羞成怒，立刻放开孙蓉围攻戴俊。歹徒持刀将戴俊捅伤，戴俊当场不幸身亡。作案后，3名歹徒向西门方向逃跑。

6月30日17时许，西安市公安局局长丁健专门召开“6·26抢劫杀人专案组”会议，7月5日8时许，三名杀人犯均悉数落网。

江苏省阜宁籍商人戴俊在西安市见义勇为光荣牺牲的事迹经媒体报道后，引起全社会的广泛关注，古城西安数万群众自发含泪相送；时任江苏省省长的梁保华在省公安厅上报的信息上做出批示：要大力弘扬戴俊同志见义勇为的精神，并请阜宁县委、县政府转达他对戴俊同志家属的慰问。

2007年7月，阜宁县政府将戴俊的骨灰按照烈士规格安葬在阜宁县烈士陵园，接受人们瞻仰，9月，陕西省政府追授戴俊“陕西省见义勇为先进个人”称号。

2008年6月26日，戴俊去世一周年纪念日，满怀对英雄的憧憬和怀念，数字影片《戴俊》在西安首映，影片塑造了一位出身贫寒、立志高远、乐善好施的新时代企业家形象。

（二）社会责任的两种观念

1. 古典社会责任观

古典社会责任观认为，企业管理者唯一的社会责任就是实现利润的最大化，就是为出资人（股东）谋求最大的投资回报。除此之外的其他社会目的、行为都会增加经营成本，这些成本或是以高价转嫁给消费者，或是通过较低的边际利润由股东们承担，或是减少员工的工资和福利。这会影响企业的正常经营活动，甚至产生企业生存危机。持这种观点的企业把自身的经济利益和社会利益对立起来，淡化了自身经济利益和社会利益之间的相容性和一致性。他们反对企业承担社会责任的理由主要有：企业承担社会责任违反利益最大化原则；淡化企业使命；提高经济成本；缺乏必要技能和明确规定的责任。

2. 社会经济观

社会经济观认为企业不应是一个只对股东负责的经济实体，它应当为所有企业的利益相关者、自然环境和整个社会福利事业负责。管理者应当关心企业长期的资本收益率最大化，并将确保企业生存作为首要问题，其次才是利润。做到这一点，企业必须承担社会义务以及由此产生的成本，它们必须以不污染、不歧视、不欺骗等行为来保护社会福利。该观点支持企业承担社会责任的理由主要有：公众的期望、长期利润、道德义务、公众形象、更好的环境和减少政府调节。

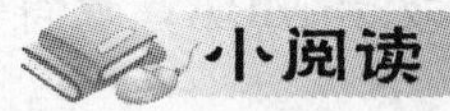
小阅读

市场的惩罚

2008 年，三鹿集团被发现在婴幼儿奶粉中添加化工原料三聚氰胺，并导致使用该奶粉的婴幼儿患上肾结石。其后此事件进一步扩大，越来越多乳制品厂的奶制品被揭发也含有三聚氰胺。根据官方公布的数字，截至 2008 年 9 月 21 日，因使用婴幼儿奶粉而接受门诊治疗且已康复的婴幼儿累计 39 965 人，正在住院的有 12 892 人，此前已治愈出院 1 579 人，死亡 4 人。事件引起全国的高度关注和对乳制品安全的担忧。国家质检总局公布国内厂家生产的婴幼儿奶粉的三聚氰胺检验报告后，事件迅速恶化，包括伊利、蒙牛、光明在内的 22 个厂家的 69 批次产品中都检出三聚氰胺。该事件亦重创乳品制造商的声誉。2008 年 9 月 24 日，国家质检总局表示，牛奶事件已得到控制，9 月 14 日以后新生产的酸乳、巴氏杀菌乳、灭菌乳等主要品种的液态奶样本的三聚氰胺抽样检测均未检出三聚氰胺。2009 年 1 月 22 日，社会关注的三鹿系列刑事案件，分别在河北省石家庄市中级人民法院和无极县人民法院等 4 个法院一审宣判，其中原三鹿集团董事长田文华被判处无期徒刑；被告人张玉军、耿金平被判处死刑；其他 18 名被告人各获刑罚；被告单位三鹿集团股份有限公司犯生产、销售伪劣产品罪，判处罚金人民币4 937.482 2万元。

一个不遵守道德、缺少社会责任感的企业终究会受到市场的惩罚。

互动话题

在中国农村实行家庭联产承包责任制的改革是改变了管理的社会属性还是自然属性？谈谈它的巨大成就。

管理故事

纪昌学箭

纪昌向飞卫学射箭，飞卫没有传授具体的射箭技巧，却要求他必须学会盯住目标而眼睛不能眨动，纪昌花了两年时间练就了即使锥子向眼角刺来也不眨一下眼睛的功夫。飞卫又进一步要求纪昌练眼力，标准是要达到将体积较小的东西清晰地放大，就像在近处看到一样，纪昌苦练三年，终于能将最小的虱子看成车轮一样大。纪昌此时张弓，一举便将虱子射中。飞卫考核过后，对这个徒弟极为满意。

学习射箭必须先练眼力，基本功练扎实了，应用就可以千变万化。企业的经营也是一样，基本的知识、财务、技术、业务一定要好好掌握，这样后续阶段才可以大展宏图。经营企业有如修塔，如果只想往上砌砖，而忘记打牢根基，总有一天塔会倒塌。

管理定律

木桶法则——在薄弱环节上下工夫

木桶法则的意思是：一只沿口不齐的木桶，它盛水的多少，取决于木桶上最短的那块木板。要想多盛水——提高木桶的整体效应，不是应增加最长的那块木板的长度，而是要下工夫补齐木板上较短的那些木板。木桶法则告诉企业管理者：在管理过程中，要在薄弱环节上下工夫，促使企业整体效益的提高。

知识测试

1. 管理者在进行经营决策时扮演的角色是（　　）。

   A. 发言人　　B. 领导者　　C. 企业家　　D. 联络者

2. 根据亨利·明茨伯格的研究，下列不属于管理扮演的人际角色内容的是（　　）。

   A. 代表人　　B. 领导者　　C. 企业家　　D. 联络者

3. 按管理者所处的组织层次划分，管理者可分为（　　）。

   A. 高层管理者　　B. 中层管理者　　C. 职能管理者　　D. 基层管理者

4. 一个管理者所处的层次越高，越无先例可循，就越需要具备的管理技能是（　　）。

   A. 技术技能　　B. 人际技能　　C. 概念技能　　D. 诊断技能

   E. 分析技能

5. 管理环境中的一般环境包括（　　）。

   A. 政治和法律环境　　B. 社会文化环境　　C. 经济环境　　D. 科技环境

   E. 自然环境

6. 关于管理的应用范围，人们的认识不同，你认为下列哪个说法最好？（　　）

   A. 只适合于营利性工业企业

   B. 普遍适合于各类组织

   C. 只适合于非营利性组织

   D. 只适合于营利性组织

7. 人类活动具有怎样的特点？为什么管理实践与人类历史同样悠久？
8. 谈谈你对管理含义的理解？管理的特征是什么？
9. 如何理解管理的二重性？有何重要意义？
10. 为什么说管理工作既有科学性又有艺术性？
11. 为什么说管理理论普遍适用于任何类型的组织？
12. 管理具有哪些主要职能？当前对管理职能最主要的表述是什么？

13. 管理者与一般基层工作者的道德要求有什么异同？

14. 管理者应该肩负怎样的社会责任？

素质拓展

拓展项目之一：调查与访问——了解管理者的职责与素质

【实训目标】

1. 与管理者交流。
2. 了解管理的职责与素质。

【实训内容与要求】

1. 事先与学校某些管理部门联系好，告诉他们在某个时候会有学生来访问。在预定时间带同学进入校办公大楼，拜访相关管理部门负责人。学生自愿组成小组，每组 6～8 人。在调查访问之前，每组须根据课程所学知识经过讨论制定调查访问的主题，并把具体步骤和主要问题计划好。

2. 具体问题可参考下列问题。

(1) 各部门管理工作的职责和权力有哪些？

(2) 做好这些管理工作需要哪些素质？如何培养？

3. 调查访问结束后，组织一次课堂交流与讨论，时间为 2 节课。

【成果与检测】

1. 在各小组讨论的基础上，每个同学把自己调查访问所得到的重要信息如照片、文字材料、影音资料等制作成宣传册展出，之后交指导教师保存。

2. 每个小组上交一份简单的调查报告。

3. 指导教师根据各小组的表现进行评估打分。

拓展项目之二：突破自己

【实训目标】

1. 培养学生对自己优点的认识。
2. 培养学生的自信，帮助其克服心理障碍，使其敢于在人多的场合讲话。

【实训内容与要求】

1. 先给 5 分钟，让每位同学思考自己从出生到现在做得最成功和最失败的两件事。
2. 总结自己身上的优点和缺点，条理清晰地整理出来。
3. 每个学生发言 5 分钟，对自己的优点和缺点在全班同学面前进行陈述。
4. 要求学生认真聆听每位同学的发言，并加以评论。
5. 要求学生认真思考如何发扬自己的优点，使其成为自己学业、事业成功的必备品质。

【成果与检测】

1. 每个人写出反思书面报告。
2. 对每个学生的表现进行评价，从态度、自信等角度打分。

案例分析

百年医院的现代管理启蒙

北京同仁医院是一所以眼科闻名中外的“百年老店”，走进医院的行政大楼，会惊奇地发现其大堂的指示牌上清楚地标明：五楼 MBA 办公室。目前该医院已经从北大、清华聘请了十一位 MBA，另外还有一名学习会计的研究生，而医院的常务副院长毛羽就是一位留美的医院管理 MBA。

根据我国加入世贸组织达成的协议，2003 年，我国正式开放医疗服务业。2002 年年初，圣新安医院管理公司对国内数十个城市的近 30 家医院及其数千名医院职工进行了调查访谈，得出结论：目前国内大部分医院还处于极低层次的管理启蒙状态，绝大多数医院并没有营销意识，普遍缺乏现代化经营管理常识。更为严峻的竞争现实是：医院提供的服务不属于那种单纯通过营销可以扩大经营规模的市场——医院不能指望通过市场手段刺激每年病人数量的增长。

内忧外患迫使同仁医院下定决心引进职业经理人并实施规模扩张，希望建立一套行政与技术相分离的现代医院管理制度。

同仁医院显然是同行中的先知先觉者。2002 年，医院领导层在职代会上对同仁医院的管理做过“诊断”：行政编制过大、员工队伍超编导致流动受限；医务人员的技术价值不能得到体现；管理人员缺乏专业培训，管理方式、手段滞后，经营管理机构力量薄弱。同时他们开出药方：引入 MBA，对医院进行大手笔改造，涉及岗位评价及岗位工资方案、医院成本核算、医院工作流程设计、经营开发等。

目前，国内几乎所有的医院都没有利润的概念，只计算年收入。但在国外，一家管理有方的医院，其利润率高达 20%。这也是外资对国内医疗市场虎视眈眈的重要原因。

同仁医院在医院中引入现代市场营销观念、启动品牌战略和人事制度改革；树立“以病人为中心”的服务观念：以病人的需求为标准，简化就医流程，降低医疗成本，改善就医环境；建立长期利润观念，走质量效益型发展的道路；适应环境、发挥优势、实行整合营销；通过扩大对外宣传、开展义诊咨询活动、开设健康课堂等形式，有效地扩大潜在的医疗市场。

医院职业化管理至少包括市场营销管理、人力资源管理、财务管理、科研管理、全面医疗质量管理、信息策略应用及管理和流程管理 7 个方面的内容。这些职能管理与医学专业相关但非医学专业。同仁医院所引进的 MBA 背景各异，绝大多数都缺乏医科背景。同仁医院将 MBA 们“下放”到手术室 3 个月之后，都悉数调回科室，单独辟出 MBA 办公室，以课题组的形式，研究医院的经营模式和管理制度，主要包含医院经营战略、医疗市场服务营销、医院服务管理、医院成本控制、医院人力资源、医疗质量管理、医院信息系统和医院企业文化等多方面内容。其中，医院成本控制研究与医院人力资源研究是当务之急。

几乎所有的中国医院都面临着成本控制的难题，如何堵住成本漏洞，进行成本标准化设计，最后达到成本、质量、效益的平衡是未来中国医院成本控制研究的发展方向。另外，现有医院的薪酬制度多为“固定工资＋奖金”的模式，而由于现有体制的限制，并不能达到有效的激励效果，医生的价值并没有得到真实的体现，导致严重的回扣与红包问题。如何真正体现员工价值，并使激励制度透明化、标准化成为当前首先要解决的问题。

这一切都刚刚开始。指望几名 MBA 就能改变中国医院现代管理的现状是不可能的。不过，医院现代管理启蒙毕竟已经开始，这就是未来中国医院管理发展的大趋势。

思考题

1. 结合案例说明你对管理及管理职能的理解。

2. 同仁医院为什么要引进如此多的 MBA？你认为 MBA 们能否胜任医院的管理工作？

第二章

管理理论历史演进

学习目标

知识点

- 了解管理理论的萌芽
- 了解中国早期管理思想
- 掌握泰勒科学管理理论的精髓
- 理解行为科学理论的主要内容
- 了解管理理论丛林及管理理论新发展

技能点

- 培养我国古代管理思想在现代企业管理、个人工作和生活中的运用意识
- 培养泰勒标准化思想在现代企业管理、个人工作和生活中运用的意识

引例

搬萝卜

几只爱吃萝卜的小兔开垦了一块土地，种了好多萝卜。到了收获的季节，几只小兔看着那一大堆红红的萝卜，心里乐开了花。眼看就要下雨了，几只小兔决定自己把萝卜收回住地。

小兔甲试了试自己一次可以抱两只萝卜，于是便每次抱着两只萝卜往返田地与住地之间。虽然有点吃力，但他还是越干越起劲。

小兔乙找来一根绳子，把五个萝卜捆在一起，然后背着向住地走去。虽然背了五个萝卜，可他的速度一点也不比小兔甲慢。

小兔丙找来一根扁担，用绳子把萝卜捆好，前面五个，后面五个，走起来比小兔甲和小兔乙都快。

小兔丁和小兔戊找来一只筐，装了满满一筐萝卜，足有三四十个，然后抬着筐向住地走去。

同样都在努力工作，可五只小兔的工作效率和工作成果却有显著的差别。因为工作方式的不同，有人虽然看起来忙忙碌碌，工作却难见成效；有人虽然显得悠闲，却成绩显著。好的工作方法可以有效地提高工作效率。管理理论可以给人们有效的指导。

到目前为止，管理理论从萌芽阶段开始，先后经历了古典管理理论、行为科学理论、管理科学理论和现代管理理论等几个大的发展阶段。本章将对这些理论做详细的介绍。

第一节　中外早期管理思想

一、中国早期管理思想

中华文明是人类历史上唯一没有中断过的古老文明，具有延续几千年的丰富的社会管理经验。当我们回顾中国管理思想的发展史时，我们发现，我国古代及近代的某些管理思想早已蕴涵了被现代管理者公认的某些管理的原理、原则和观念，甚至可以挖掘出与现代管理相近的某些具体的管理方法。

（一）儒家的管理思想

以孔子思想为代表的儒家伦理，在很长一段时期内是我国的主导伦理思想，对中国的管理思想产生了深刻的影响。《大学》上载："古之欲明明德于天下者，先治其国；欲治其国者，先齐其家；欲齐其家者，先修其身；欲修其身者，先正其心；欲正其心者，先诚其意；欲诚其意者，先致其知。致知在格物。"这段文字反映的管理思想是由远及近、由小至大，从提高自身的修养做起，从完成近前可行小事进而实现平天下的高远目标。

1. 修身

"修身"被看作是儒家进行社会管理的逻辑起点，这里主要是指个人道德修养的重要性以及如何提高修养。"修身"包含三层意思：

（1）强调个人道德修养的重要性。《大学》上载："所谓齐其家在修其身者，人之其所亲爱而辟焉，之其所贱恶而辟焉，之其所畏敬而辟焉，之其所哀矜而辟焉，之其所敖惰而辟焉。故好而知其恶，恶而知其美者，天下鲜矣！"孟子也说："天下之本在国，国之本在家，家之本在身。"

（2）强调"教化"的重要性。孔子曰："善教民七年，亦可以即戎"，"不教而杀谓之虐"，"道之以德，齐之以礼，有耻且格"等，反映出孔子十分重视道德教化。

（3）强调统治者个人道德修养的重要性。孔子说："其身正，不令而行；其身不正，虽令不从。"孟子也说："君子之守，修其身而平天下。"强调的就是修身与管理者权威之间的关系。

2. 齐家、治国、平天下

"齐家、治国、平天下"是"修身"所要达到的目的。《大学》视家为国之本，认为家庭道德是国家安治和社会和谐的根本，它指出"孝者，所以事君也，弟者，所以事长也，慈者，所以使众也”，所以“一家仁，一国兴仁；一家让，一国兴让”。

“齐家先修身”，而修身的目的不是为了发展个人的独立人格和人格自由，恰恰相反是把个人束缚在家庭道德上，并进而受制于君臣上下的等级制度。

（二）法家管理思想

以韩非子为代表的法家，以“法”为管理中心，讲求“法、术、势”相结合，在管理的制度、技巧、权威方面提出了独特的见解。

关于管理的制度，就执法而言，法家主张“法治”，反对“人治”。当然，就立法而言，法家以君主为中心，说到底也是“人治”。

关于管理的技巧，法家所谓的“术”相当复杂，韩非子提出了统治者所必须采用的“七术”：一曰众端参观，二曰必罚明威，三曰信赏尽能，四曰一听责下，五曰疑诏诡使，六曰挟知而问，七曰倒言反事。

关于管理的权威，韩非子认为，帝王之所以为帝王，关键在于有“势”。他指出“势者，胜众之资也”。韩非子更重视“人为之势”，特别强调管理者充分发挥自己的主体能动作用，以保证管理措施的积极推行。

（三）兵家管理思想

《孙子兵法》不仅是我国文化宝库中的一颗明珠，而且在世界军事文库中也占有重要的地位，受到了国内外的普遍重视。《孙子兵法》被尊为“历代兵家之祖”、“世界古代第一兵书”、“兵学盛典”。宋代时，它被列为《武经七书》之首，并且在全世界广为传播，有英、法、德、捷、俄、芬等多种语言译本。日、美等国管理者研究《孙子兵法》者较多，美国哈佛大学商学院和日本的许多公司都把《孙子兵法》作为培训管理人员和中层以上管理人员的必读教材。美国管理学家乔治在《管理思想史》中甚至说：“你若想成为管理人才，就必须读《孙子兵法》。”

兵家的活动领域主要在于军事，以孙子为代表的中国兵家思想十分丰富。军事管理作为人类社会管理的一个组成部分，其基本原则对于任何类型的社会组织和任何类型的社会管理活动都普遍适用。兵家思想以“谋略”为中心，主要讲求“谋攻妙算”、“因变制胜”、“令文齐武”，对于管理的战略、策略、方略均有一定的启发作用。

关于管理成败的关键，孙子指出：“兵者，国之大事，死生之地，存亡之道，不可不察也。故经之以五事，校之以计而索其情：一曰道，二曰天，三曰地，四曰将，五曰法。”（《孙子·始计篇》）

关于管理的战略，孙子强调“上兵伐谋，其次伐交，其次伐兵，其下攻城”，“知己知彼，百战不殆；不知彼而知己，一胜一负；不知彼，不知己，每战必殆。”（《孙子·谋攻篇》）认为优秀的战争指挥员应该具备五德，即智、信、仁、勇、严，依靠计谋取胜。

关于管理的策略，孙子指出：“水因地而制流，兵因敌而制胜。故兵无常势，水无常形。能因敌变化而取胜者，谓之神。”（《孙子·虚实篇》）

关于管理的方略，孙子提出了分组管理的原则，即：“凡治众如治寡，分数是也。”（《孙子·兵势篇》）认为要使管理多数人像管理少数人一样，就要依靠组织和编制的作用。

孙子又提出“令文齐武”的原则，指出要形成富有战斗力的组织，需要用思想教育的手段，对下属晓之以理，动之以情，同时要用制度控制的方法，严明纪律，严肃法度。这一套方略，对于任何管理都是适用的。

（四）道家管理思想

老子曰：“执古之道，以御今之有。”意即明古之理，可治今之事。现代中国人的思想深处有许多根深蒂固的观念，因此明了被管理者的思想轨迹就显得十分重要。从老子的言论中，可以悟出许多管理理念和深刻的道理。

“无为”是老子管理哲学的最高原则，“无为”的哲学性体现在治国之道、认识世事、做事与管理以及做人等老子学说的方方面面。

1. 无为的原则适用于所有人

对统治者和管理者而言，治理国家、管理组织都需要使用“道是根本、无为而治”的理念，自己要尽量俭朴，活动和应酬要少，不首先享受社会文化、技术进步的成果，以免形成领导者奢侈浮华的享乐之风；政治上要减政、轻刑，要有长期稳定的政策，要给下级自主工作的权利等，这就是无为。上级无为，下级就无不为了。

对一般人而言，要“千里之行，始于足下”，更要“图难于其易，为大于其细”。从大处上无为了、踏实了，于小事上也就无不为了。这也就是说，假如一个人好高骛远，不从小事做起，注定他将“无为”；反之注重从小事做起，从表面上看似“无为”，实际上却会达到无不为的境界。

2. 无为原则适用于任何管理过程

“无为”是一个普遍适用于任何管理过程的原则，不论是政治管理、经济管理、军事管理或社会文化管理，都概莫能外。但是，老子却首先把“无为”作为一个政治管理原则提出来。老子所主张的“无为”，首先是在政治活动方面的“无为”。

（五）商家管理思想

中国古代关于经商的理论较之治国和做战的理论要少得多，而且没有系统的继承与发展。比较著名的是范蠡、计然的“积贮说”和“计然之策”。下面就“计然之策”做一简单介绍。

1. 贵出如粪土，贱取如珠玉

“论其有馀不足，则知贵贱。贵上极则反贱，贱下极则反贵。贵出如粪土，贱取如珠玉”，这句话则精辟地解释了商品价格与市场需求之间的平衡关系。

2. 知斗则修备，时用则知物

“知斗则修备，时用则知物，二者形则万货之情可得而观已。”意思是说要有目的地进行自己的经营活动，认识市场规律，有预见地储备物资。范蠡曾提出“六岁穰，六岁旱，十二岁一大饥”，“旱则资舟，水则资车”，“夏则资裘，冬则资絺”，认为掌握此规律方可获得更多利润。

3. 财币欲行如流水

“财币欲行如流水”、“无息币”，即在营销过程中，要特别注意保持资金流转的通畅，不要把过多的资金积聚在自己手中，此谓“无息币”。不要看轻薄利，在资金加速运转的情况下，实际上已经达到了增加利润的效果。而一味地囤积居奇，抬高物价，则可能血本无归，此谓“无敢居贵”。

4. 务完物

“务完物”意为一定要保证所经营的货物的质量。在采购货物时，对易腐烂的东西，切勿长期存储，贪图高价；还要防止以次充好，坑害消费者。“务”指一定，是强调的意思。

5. 择人任时

“择人任时”是范蠡的经营策略。商业经营需要认真选择贸易伙伴和良好的贸易时机。

“计然之策”具有很强的实践性，“计然之策七，越用其五而得意”。范蠡用“计然之策”中的五策，在十年之中将越国建设得国富民强，战胜了强大的吴国，成为历史上著名的以弱胜强的实例。范蠡在功成名就之后退隐陶地定居，将“计然之策”用于家庭的经营活动，“十九年之中三致千金”，获得“陶朱公”的称誉。

二、外国早期管理思想

(一) 20世纪以前西方的管理思想及其发展

在工业革命时期，人们已经开始注意到对管理活动的研究。但在这一时期，对管理活动的研究是夹杂在经济研究中进行的，管理科学处于萌芽阶段。

欧洲产业革命的爆发，对20世纪以前管理思潮的发展影响很大，工厂体制的逐步确立，使处于萌芽状态的管理思想得到了实质的发展。产业革命除了带来生产技术的转变外，也涉及生产制度的转变。工厂的分工制度及流水作业式生产，增加了经济效益。由于分工的关系，工厂的制成品比家庭作坊制作的产品更为经济，因而更具竞争力。工业的发展，使管理人员开始面对大型企业组织的管理工作，例如分配员工的职责、指挥日常事务、协调不同的工序、制定财务预算及生产计划等。在这一背景下，研究管理人员怎样处理所面对的各种管理问题，便成了西方管理学的起点。

(二) 管理理论萌芽时期的代表性人物及其管理思想

管理理论萌芽时期的代表性人物是亚当·斯密（Adam Smith)，作为古典政治经济学的奠基人之一，其在《国富论》一书中提出了一些重要的管理思想。

1. 劳动分工和协作可以提高劳动生产率

亚当·斯密指出劳动分工是带来劳动生产率提高的主要因素。他认为劳动分工对劳动生产率的作用主要体现在：

（1）劳动分工能增强劳动者的熟练程度。

（2）劳动分工使每个人从事专门的某项作业，节省工人工序转换损失的时间。

（3）劳动分工使专门从事某项作业的劳动者更容易改良工具和发明新的机械。

2. 提出“共同利益”的观点

亚当·斯密认为：经济活动是产生于私人利益基础上的共同利益，人们参与经济活动的目的是追求个人利益的实现，而任何个人利益的实现都需要他人的协助。这个观点对以后西方经济理论各学派的发展都具有深远的影响。

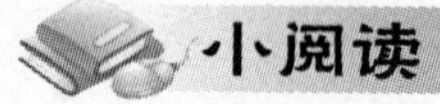

看不见的手

“看不见的手”（Invisible Hand）是一个隐喻，亚当·斯密用来描述这样一种原理：由于个人行为的非故意的结果，一种能产生善果的社会秩序出现了。虽然斯密在他的著作中从这种意义上使用“看不见的手”这个词只有两次：一次是在《道德情操论》中，另一次是在《国富论》中，但是这个隐喻所表达的思想是渗透在他的全部社会和道德理论之中的。的确，正是“看不见的手”这个概念，使得斯密能够建立一种将经济看作是一个相互联系的社会制度的开创性综合理论。说“看不见的手”使理论的社会科学本身成为可能，并不夸张。在《道德情操论》中，在解释追求财富和奢侈的欲望怎样促使人们去从事巨大的工业生产活动时，斯密指出，通过所有这种努力而变得富有的人们，在真正重要的尘世物品的享受方面，并不比为生产这些物品而劳动的穷人处境更好。例如，富有的地主想要得到无足轻重的奢侈品，就只能消费他的努力所生产的粮食的一小部分，而其余的粮食须支付给为他服务的人们。富有地主“尽管生性自私和贪婪，虽然他们只图自己的方便，虽然他们从其所有雇用的千百万人的劳动中所要达到的唯一目的就是满足自己无聊的和无厌的欲望，他们却同穷人分享他们所获得的全部改进的产品。他们被一只‘看不见的手’引导着去进行生活必需品的分配，这种分配差不多同假设土地在其所有居民中分割成相等的部分时所能有的分配一样；这样，没有打算去做，没有真正去做，却促进了社会的利益，为人类的繁衍提供了生活资料”。

在《国富论》中，斯密在说明为什么对进口或对使用自己的资本进行限制不必要时，使用了“看不见的手”一词，“因此，当每一个人企图尽可能地使用他的资本去支持本国工业，从而引导那种工业使它的产品可能有最大的价值时，每一个人必然要为使社会的每年收入尽可能大而劳动。的确，他一般既无心去促进公共利益，也不知道他对之正在促进多少。他宁愿支持本国工业而不支持外国工业，只是想要确保他自己的安全；他指导这种工业去使其产品能具有最大的价值，只是为了他自己的利益，也像在许多其他场合一样，他这样做只是被一只‘看不见的手’引导着，去促进一个并不是出自他本心的目的”。

管理理论萌芽时期的代表人物还有罗伯特·欧文（Robert Qwen）以及查尔斯·巴贝奇（Charles Babbage）等。

第二节　古典管理理论

古典管理理论形成于19世纪末20世纪初的欧美，其核心代表人物及理论是美国管理学家泰勒及其科学管理理论、法国法约尔及其组织管理理论和德国韦伯及其行政组织管理理论。

一、科学管理理论

（一）泰勒及科学管理理论的创立

泰勒（Frederick W. Taylor）出生于美国费城的一个律师家庭，受父亲职业和家庭的影响，中学毕业后，他考上哈佛大学法律系。但由于他不幸得了眼疾，被迫辍学。1875年，泰勒进入费城的一家小型水泵厂当学徒工，22岁转入费城的米德维尔钢铁公司，先后当过技工、工长、总机械师、总绘图师，1883年，他通过自学获得了斯蒂文斯技术学院机械工程学位，28岁升任米德维尔钢铁公司的总工程师。1898年，他独立开业从事工厂管理咨询工作。1901年后他利用大部分时间从事著书、讲学，宣传他的科学管理方法。1906年担任美国机械工程师学会主席职务，在生产技术方面，他所完成的技术革新和发明创造不胜枚举，先后获得100多项专利，在机械制造的高速切削和精密切削方面做出了突出的贡献。1915年泰勒因病去世，泰勒的代表作有：《计件工资制》（1895年）、《车间管理》（1903年）、《科学管理原理》（1911年），其中《科学管理原理》是管理学作为一门科学诞生的标志。

（二）科学管理理论的主要内容

泰勒的科学管理理论主要有以下几个观点。

（1）科学管理的中心问题是提高劳动生产率。

（2）必须为每项工作选择“第一流的工人”。

（3）标准化管理。

（4）实行“差别计件工资制”。

（5）强调雇主与工人合作的“精神革命”。

（6）主张计划与执行相分离。

（三）科学管理理论的其他代表人物

泰勒的科学管理理论在20世纪初得到了广泛的传播和应用，在西方的理论界和实业界产生了巨大的影响。在泰勒的同时代和他以后的年代，许多人都为科学管理做出了贡献，其中较为突出的有吉尔布雷斯夫妇（Frank B. Gilbreth & Lilliml M. Gilbreth）和甘特（Henry L. Gantt）。

科学管理

——管理界的一场思想革命

泰勒自己把科学管理称作一场思想革命，这一思想革命最根本的内容就是用劳资双方的合作取代对抗。泰勒所说的思想革命，就是要使管理人员认识到，管理者与工人之间的关系不是对立关系而是合作关系，没有管理者与工人同心协力的合作，也就没有科学管理。

泰勒著名的搬运钢铁试验不仅说明了标准化的动作管理，也体现了劳资双方的合作。

当时，泰勒所在的钢铁公司有一个生铁搬运小组，每人每天装货约 12.5 吨，泰勒通过对工时和动作的研究，把工作分成若干基本动作逐项研究后，对工人的负荷、时间、动作等进行精密设计，以科学的方法合理安排工作程序和劳动速度，减少不必要的消耗，省略多余动作，节约工人的劳动，最后计算出每个搬运工每天能够搬运的定额是 47～48 吨。然后，他挑选了一名叫斯密特的工人，让他严格按照管理人员的指示工作，由一名拿着秒表的管理者掌握斯密特工作中的动作、程序和间隔休息时间，这样，斯密特在一天之内完成了 47.5 吨的生铁搬运，其工资也由过去的 1.15 美元增加到 1.85 美元。泰勒强调，工时研究和工作分析绝对不是让工人拼命，而是要找一个工人正常工作时的标准定额。

当时，一个名叫厄普顿·辛克莱的年轻人对泰勒提出抗议："泰勒把工资提高了 61%，而工作量却增加了 362%。"辛克莱认为这就是剥削。泰勒则提出，在他的管理办法下，斯密特挣到了更多的钱，但是力气花得并不比过去大。这里面的关键在于，斯密特被教会了如何干活，这个方法提高了劳动生产率，使工人省去了无用的劳动。更重要的是，过去是斯密特干活、工头监督，现在是取代了旧式工头的新式管理者与斯密特一起干活。过去工头的作用仅仅是防止工人偷懒，劳资双方是对立的；现在管理人员的脑力劳动，已经渗透到斯密特的体力劳动中，劳资双方是合作的。

美国工程师弗兰克·吉尔布雷斯与夫人莉莲·吉尔布雷斯在动作研究和工作简化方面做出了突出的贡献。他们致力于通过减少劳动中的动作浪费来提高效率，被人们称为"动作专家"。

甘特是泰勒在米德维尔工厂和伯利恒钢铁公司的一位同事，后来从事企业管理的技术咨询工作。甘特对管理理论发展的贡献颇多，有两点十分突出：第一点是设计了一种用线条表示的计划图，后人称之为"甘特图"。这种图目前仍然被企业广泛用于编制生产进度计划。第二点是提出了计件奖励工资制，除了支付日工资外，超额完成定额部分，再计件发给资金，完成不了定额的，只能拿日工资，这相当于目前较为流行的"底薪+提成"。

二、组织管理理论

组织管理理论几乎是与科学管理理论同时创立的，但与科学管理理论主要集中在车间管理从而提高劳动生产率不同，组织管理理论则着重研究管理职能和整个组织结构。这里介绍该理论的主要代表人物法约尔及其组织管理理论。

（一）法约尔

亨利·法约尔是法国一位著名的企业家，他于 1860 年从圣艾帝安国立矿业学院毕业后，进入康门塔里—福尔香堡采矿冶金公司，成为一名采矿工程师，他从一名工程技术人员逐渐成为专业管理者，并担任总经理长达 30 年之久，在长期的生产实践中形成了自己的管理思想和管理理论。

法约尔一生的管理经验和管理思想集中体现在他于 1916 年出版的代表作《工业管理与一般管理》之中。法约尔认为他的管理理论虽然以大企业为研究对象，但也可以适用于政府、慈善团体以及其他各种事业团体。因此，后人把法约尔称为"一般管理理论之父"。

（二）法约尔对企业活动的分类

法约尔认为任何企业都存在六种基本活动，即技术活动、商业会计活动、财务活动、会计活动、安全活动和管理活动。管理只是六种经营活动中的一种。

管理活动是区别于其他五项经营活动的重要活动，包括计划、组织、指挥、协调、控制五大职能，这一思想成为管理理论的重要基础之一。

(三) 法约尔认为管理者应具备的六种能力

法约尔认为成功的管理者应该具备与从事其他经营活动所不同的能力，即职业管理能力，它包括六个方面：

(1) 身体。管理者要健康、精力旺盛、行动敏捷。

(2) 智力。管理者要有较强的理解和学习能力、判断力，头脑灵活，思维敏捷，专注。

(3) 品质。管理者要有毅力、坚强、勇于承担责任，还要有创新精神、忠诚、有自知之明等。

(4) 一般文化。管理者的知识面要宽、能写会算。

(5) 专业知识。对与自己工作相关的技术、商业、财务、会计、安全和管理等方面的专业知识要有较深入的了解。

(6) 经验。优秀的管理者要有丰富的经验，必须通过参加实际管理来从实践中体验管理。

(四) 法约尔管理的十四条原则

法约尔根据自己的工作经验，归纳出十四条管理原则。

(1) 分工。专业化分工是组织管理的必要手段。

(2) 权力与责任。权力与责任是互为依存、互为因果的。权力是指"指挥他人的权以及促使他人服从的力"。而责任则是随着权力而来的奖罚。委以责任而不授以相应的权力就是组织上的缺陷，当然权力也不可滥用。

(3) 纪律。纪律是管理所必需的，是"对协定的尊重，这些协定以达到服从、专心、干劲以及尊重人为目的"。也就是说，组织内所有成员通过成文协议对自己在组织内的行为进行控制。纪律应当尽可能明确和公正。

(4) 统一指挥。无论什么时候，组织内每一个人只能服从一个上级并接受他的命令。

(5) 统一领导。这一条原则与统一指挥不同，它是指具有同一目标的全部活动，仅应有一个领导者和一套计划。只有这样，资源的应用与协调才能指向实现同一目标。

(6) 个人利益服从集体利益。个人和小集体的利益不能超越组织的利益。当两者不一致时，领导者必须使个人利益和集体利益保持一致。

(7) 合理的报酬。薪酬制度应当公平，对工作成绩与工作效率优良者应有奖励，但奖励不应超过某一适当的限度。

(8) 适当的集权和分权。提高下属重要性的做法就是分权，降低这种重要性的做法就是集权。应当根据各种情况来决定"产生全面的最大利益"的集中或分散的程度。这种集中或分散应当具有一定的弹性，具体根据组织的性质、问题和所有人员的能力而决定。

(9) 跳板原则。管理中的等级制度是指从最高层管理人员直至最基层管理人员的领导系列。它显示出执行权力的线路和信息传递的渠道。从理论上说，为了保证命令的统一，各种沟通都应按层次逐步进行。但在特殊情况下，这样可能会产生信息延误现象。为了解决这个问题，应当适当变动。

（10）秩序。所谓秩序是指“凡事各有其位”。这一原则既适用于人力资源，也适用于物质资源，如设备、工具要排列有序，人员要有自己确定的位置。合理的秩序是按照事物的内在联系来确定的。

（11）公平。领导人对其下属表现出善意和公平，就可能使下属对上级表现出忠诚和热心。

（12）保持人员稳定。一个人要有效地、熟练地从事某项工作需要相当长的时间。如果人员不断变动，工作将收不到良好的效果。

（13）首创精神。首创精神是创立和推行一项计划的动力。除领导人要有首创精神外，还要使全体人员发挥首创精神。这样将促使职工提高自己的敏感性和能力，对整个组织来说将是一种巨大的动力。领导人要在不违背职权和纪律的情况下，鼓励和发挥下级的首创精神。

（14）集体精神。一个机构内集体精神的强弱取决于这个机构内职工之间的和谐和团结情况。在组织中，全体成员的和谐与团结是这个组织发展的巨大力量，领导者应尽一切可能保持和巩固人员的和谐与团结。

（五）管理教育的必要性

法约尔探讨了管理教育的可行性、必要性和管理理论的普遍性。他认为人的管理能力是可以通过教育来传授，通过学习来获得的，即可以先在学校里学习管理方面的基本知识，先知后验、先学后予。法约尔开创了管理教育的先河。

小阅读

“混沌”之死

传说南海的君王叫“倏”，北海的君王叫“忽”，中央的帝王叫“混沌”。倏与忽经常做客于混沌的国土，接受混沌丰盛的招待。倏与忽欲报答混沌这样热情的款待，想着人都有七窍而混沌却没有，就想一天凿出一窍，让混沌也能跟他们一样享受美食、音乐、怡人的景色等，没想到等七天凿完七窍后，混沌却也因此死了。

其实每个人都有他的体质与活动的条件，很难将其他人的条件硬套在另一个人的身上；同样，每一个企业有它不同的组织形态与资源，所有的管理制度、经营策略都是无法套用的，只能通过学习，由经营者谨慎地找出一个适合自己的经营方式。

三、行政组织管理理论

马克斯·韦伯（Max Weber），德国著名社会学家，现代社会学的奠基人，在管理学上的主要贡献是提出了理想的行政组织体系。

韦伯认为，理想的行政组织必须通过职位和职务来管理，而不能通过传统的世袭地位来管理。他认为，这种理想的行政组织最符合理性原则，在精确性、稳定性、纪律性和可靠性上均优于其他组织形式。

（一）理想的行政组织体系的特点

韦伯的理想行政组织强调的是一种高结构、正式的人格化的组织体系。理想的行政组织体系的特点有：

（1）机构是根据明文规定的制度组成的，并有确定的目标。

（2）为实现目标，组织成员必须有明确的任务分工，明确规定权利和义务。

（3）组织内各种职务和职位按照等级制度的体系来划分，形成自上而下的指挥链。

（4）组织中人员的任用，要根据职务的要求，通过正式教育培训，考核合格后任命，严格掌握标准。

（5）管理与资本经营分离，管理者应成为职业工作者，而不是所有者。

（6）组织内人员之间的关系是工作与职位的关系，是非人格化的。

（二）韦伯对权力的分类

韦伯认为权力是一切社会组织形成的基础。他把组织中存在的权力划分为三种。

（1）法定的权力，是指依法任命，并赋予行政命令的权力。

（2）传统的权力，是以古老的、传统的不可侵犯性和执行这种权力的人的地位的正统性为依据的。

（3）超凡的权力，是建立在对管理者个人特殊的、神圣的英雄主义或模范品德崇拜基础上的。

韦伯认为，法定的权力是行政组织体系的基础。

第三节　行为科学管理理论

古典管理理论的广泛流传，大大提高了劳动生产率，但古典管理理论过分地强调科学性和精密性，把人作为机器的附属物，激起了劳工方的强烈不满，导致劳资关系紧张。于是，一些学者开始从心理学、生物学、社会学等方面出发，研究企业中有关人的一些问题，行为科学管理理论由此应运而生。

行为科学管理理论开始于20世纪20—30年代初的霍桑试验。1949年，在美国芝加哥大学召开了一次有哲学家、精神学家、心理学家、生物学家和社会学家等参加的跨学科的科学会议，这次会议第一次提出了“行为科学”这一名词。此后，行为科学进入了一个新的研究时期。

一、霍桑试验和梅奥的人际关系论

梅奥（George Elton Mayo）是美籍澳大利亚行为科学家。1924—1932年，美国国家科学研究委员会和西方电气公司合作，在西方电气公司下属的霍桑工厂进行了著名的霍桑试验，梅奥是主要负责人。

(一)霍桑试验的背景

霍桑试验从 1924 年开始，延续了 8 年。当时，美国工业面临以下问题。

(1) 泰勒制和福特生产流水线的推行，使工人处于异常紧张、单调、疲劳和乏味的状态，劳动士气低落。

(2) 第一次世界大战以后，国际工人运动迅速发展，工人组织程度、文化水平有所提高，加上俄国十月革命的巨大影响，工人觉悟提高很快，工人阶级作为一个新的政治力量在保卫本阶级利益的斗争中开始崭露头角。

(3) 生产实践显示出人的士气、积极性对提高劳动生产率的影响和作用，使管理学者和从事实际管理的有识之士逐步认识到发挥人的作用和潜力的重要。欧文、吉尔布雷斯夫妇、甘特以及梅奥等人都从理论角度关注工业中的人、人性、人的积极性等问题。

在上述情况下，1924 年美国国家科学研究委员会决定在西方电气公司下属的霍桑工厂进行试验。

(二)霍桑试验的过程

霍桑试验是一项以科学管理的逻辑为基础的试验。从 1924 年开始到 1932 年结束，在 8 年的时间内，前后共进行过两个回合：第一个回合从 1924 年 11 月开始，至 1927 年 5 月结束，在美国国家科学委员会的赞助下进行；第二个回合从 1927 年开始至 1932 年结束，由梅奥主持进行。整个试验前后经过了四个阶段。

1. 照明试验(1924—1927 年)

照明试验的目的是为了弄明白照明的强度对生产效率所产生的影响。因此，该试验选择一批工人分成两组：一组为“试验组”，让工人在不同的照明强度下工作。这项试验前后共进行了两年半的时间。然而照明试验进行得并不成功，其结果令人感到迷惑不解，因此有许多人都退出了试验。

2. 福利试验(1927—1928 年)

福利试验也称为继电器装备试验，进行工作方法、材料供应、工作时间、监督和指导方法等各种因素的变化对工作效率的影响试验，目的是为了能够找到更有效地影响职工积极性的因素。梅奥他们对试验结果进行归纳，排除了四种假设：在试验中改进物质条件和工作方法，可导致产量增加；安排工间休息和缩短工作日，可以解除或减轻疲劳；工间休息可减少工作的单调性；个人计件工资能促进产量的增加。最后得出“改变监督与控制的方法能改善人际关系，能改进工人的工作态度，促进产量的提高”的结论。

3. 访谈试验(1928—1931 年)

既然福利试验表明管理方式与职工的士气和劳动生产率有密切的关系，那么就应该了解职工对现有的管理方式有什么意见，为改进管理方式提供依据。试验者在这个阶段开展了全公司范围的普查与访问，在 1928 年 9 月到 1930 年 5 月不到两年的时间内，研究人员与工厂中的两万名左右的职工进行了访谈。在访谈计划的执行过程中，研究人员对工人在交谈中的怨言进行分析，发现引起他们不满的事实与他们所埋怨的事实并不是一回事，即工人表述的自己不满与隐藏在心里深层的不满情绪并不一致。比如，有位工人对计件工资率过低不满意，但深入了解以后发现，这位工人是在为支付妻子的医药费而担心。通过这些研究发现：影响生产力最重要的因素是工作过程中发展起来的人际关系，而不是工作环境和待遇。为了进一步证实试验的结果，试验进入了第四阶段。

4. 继电器绕线室试验（1931—1932 年）

该试验也称为群体试验，这是一项关于工人群体的试验，其目的是要证实在以上的试验中研究人员的一种感觉：在工人当中存在着一种非正式的组织，而且这种非正式组织对工人的态度有着极其重要的影响。试验者为了系统地观察在试验群体中工人之间的相互影响，在车间挑选了 14 名男工，包括 9 名绕线工，3 名焊接工，2 名检验工，让他们在一个单独的房间内工作。

试验开始时，研究人员向工人说明，他们可以尽力地工作，因为在这里实行的是计件工资制。研究人员原以为，实行这一套办法会使职工更为努力地工作，然而结果却出乎意料。试验发现，工人既不会超过定额，也不会完不成定额，他们达到自认为“过得去”的产量时就会松懈下来。其原因是生产小组无形中形成了一种默契，即工作不要做得太多，也不要做得太少；既不告诉监工任何会损害同伴的事，也不企图对别人保持距离或多管闲事等。他们形成这种默契最根本的原因是，怕因工作好而标准再度提高、对失业的恐惧和保护速度慢的同伴。

研究者为了了解他们之间能力的差别，还对试验组的每个人进行了灵敏度和智力测验，发现 3 名生产最慢的绕线工在灵敏度的测验中得分是最高的。其中 1 名最慢的工人在智力测验上排行第一，灵敏度测验排行第三。测验的结果和实际产量之间的这种关系使研究者联想到群体对这些工人的重要性。1 名工人可以因为提高他的产量而得到小组工资总额中较大的份额，而且减少失业的可能性，然而这些物质上的报酬却会带来群体非难的惩罚，而每天只要完成群体认可的工作量就可以相安无事了。即使在一些小的事情上也能发现工人之间有着不同的派别。绕线工就一个窗户的开关问题常常发生争论，久而久之，就可以看出他们之间不同的派别了。

这一阶段的试验还发现了“霍桑效应”，即对于新环境的好奇和兴趣足以导致较佳的成绩，至少在最初阶段是如此。

霍桑试验前后经历了 8 年时间，获得了大量的一手资料，为人际关系理论的形成以及后来行为科学的发展奠定了基础。

（三）梅奥的人际关系理论的主要观点

1933 年，梅奥总结霍桑试验的结果，在出版的《工业文明的社会问题》中提出了与古典管理理论不同的新观点，具体内容如下。

1. “社会人”假设

早期科学管理理论把工人描述为只追求金钱的“经济人”，认为金钱是刺激积极性的唯一动力；霍桑试验证明人是“社会人”，是复杂的社会关系的成员，因此，要调动工人的生产积极性，还必须从社会、心理方面去努力。

2. 职工的心理、情绪等与生产效率

以前的管理认为生产效率主要受工作方法和工作条件的制约，霍桑试验证实了工作效

率主要取决于职工的积极性，取决于职工的家庭和社会生活及组织中人与人的关系，心理和社会因素所形成的动力对生产效率的影响更大。

3. 非正式组织的地位和作用

梅奥认为企业中不仅存在“正式组织”（为了实现企业目标所规定的企业成员之间权责关系的一种结构），而且还存在着人们在共同劳动中形成的“非正式组织”（基于共同的感情而构成的一个体系），这是在一些工作以外的联系中自发形成的。非正式组织有着自己的规范、感情和倾向，并且左右着组织内每个成员的行为。非正式组织与正式组织相互依存，并通过影响工人的工作态度而影响劳动生产效率。这种无形组织有它的特殊情感和倾向，左右着成员的行为，对生产效率的提高有举足轻重的作用。

霍桑试验最初的研究是探讨一系列控制条件（薪水、车间照明度、湿度、休息间隔等）对员工工作表现的影响。研究中意外发现，各种试验处理对生产效率都有促进作用，甚至当控制条件回归初始状态时，促进作用仍然存在。这一现象发生在每一名受试者身上，对于受试者整体而言，促进作用的结论亦为真。

很显然，试验假设的各项条件并非是唯一的或决定性的生产效率影响因素。

梅奥以及他的助手们所做的解释是，受试者对于新的试验处理会产生正向反应，即由于环境改变（试验者的出现）而改变行为。所以绩效的提高，并非由试验操控造成。这种效果就是我们所称的“霍桑效应”或“霍索恩效应”（Hawthorne Effect）。

二、行为科学学派的主要理论

经过三十余年的发展，人际关系学派已形成了完善的行为科学理论。这一理论流派的主要理论包括以下几个方面。

（一）马斯洛的需要层次理论

马斯洛（Abraham Maslow）的需要层次理论是西方广为流传的激励理论，其有两个基本论点：一个观点认为每个人是有需求的，只有尚未满足的需求能够影响行为；另一个观点是认为人的需求有轻重层次。

不知足

终日奔波只为饥，方才一饱便思衣；
衣食两般皆俱足，又想娇容美貌妻；
娶得美妻生下子，恨无田地少根基；
买到田园多广阔，出入无船少马骑；
槽头扣了骡和马，叹无官职被人欺；
县丞主簿还嫌小，又要朝中挂紫衣；
一品当朝为宰相，还想山河夺帝基；
心满意足为天子，又想长生不老期；

一旦求得长生药，再跟玉帝论高低；
若要世人心田足，除是南柯一梦西。

马斯洛将需要由低到高分为五级，即生理需要、安全需要、社交或情感需要、尊重需要以及自我实现需要。有关马斯洛需要层次理论的详细内容，将在激励理论中进一步阐述。

（二）赫茨伯格的双因素理论

赫茨伯格（Frederick Herzberg）于1959年提出了著名的双因素理论。当年，赫茨伯格在广泛调查的基础上出版了他的代表作《工作的激励因素》。赫茨伯格在该书中提出了两大因素：保健因素和激励因素对人们行为的影响。

保健因素与工作的外部因素有关，保健因素对员工的影响类似于保健对人身体的影响。当保健工作达到一定水平时，可以预防疾病，但不能治病；当保健因素低于一定水平时，员工会产生不满；当这类因素得到改善时，员工的不满就会消除。但保健因素对员工起不到激励作用。激励因素与工作内容和工作成果有关，这类因素的改善可以使员工获得满足感，产生强大的工作动力。其详细内容，将在激励理论中进一步阐述。

（三）麦格雷戈的"X—Y"理论

麦格雷戈（Douglas McGregor）于1957年首次提出"X—Y"理论。1960年，他又在《企业的人性面》中对两种理论进行了比较。

1. X理论的主要观点

X理论的观点总的来说是"人之初，性本恶"。具体内容包括以下几种观点。

（1）多数人十分懒惰，他们总是想方设法逃避工作。

（2）多数人没有雄心大志、不愿负责任，而心甘情愿地接受别人的指导。

（3）多数人的个人目标与组织目标是相矛盾的，必须用强制、惩罚的方法，才能迫使他为实现组织目标工作。

（4）多数人干工作都是为了满足基本需要，只有金钱和地位才能鼓励他们工作。

（5）人大致可以分为两类，多数人都是符合上述设想的人；另一类则是能够自己鼓励自己，克制感情冲动的人，这些人应承担管理责任。

2. Y理论的主要观点

Y理论与X理论相反，其观点总的来说是"人之初，性本善"。其主要观点如下。

（1）一般人都是勤奋的，如果环境条件有利，工作就如同游戏或休息一样自然。

（2）控制和惩罚不是实现组织目标的唯一手段，人们在执行任务中能够自我指导和自我控制。

（3）在适当的条件下，一般人不但会接受某种职责，而且还会主动寻求职责。

（4）大多数人在解决组织面临的困难问题时，都能发挥出高度的想象力、创造性和聪明才智。

（5）有自我满足和自我实现需求的人往往以达到组织目标作为自己致力于实现目标的

最大报酬。

（6）在现代社会条件下，一般人的智能潜力只能得到一部分的发挥。

第四节　管理理论丛林

进入20世纪50年代，现代管理思想的发展异常活跃。众多学者从不同的角度、用不同的方法研究管理问题，各树一帜，建立了许多管理理论学派，形成了管理理论研究的分散化局面。美国管理学者哈罗德·孔茨和西里尔·奥唐奈将这种现象称为“热带的丛林”，该时期主要包括以下学派。

一、管理过程学派

管理过程学派是在法约尔管理思想的基础上发展起来的。该学派的代表人物有美国的哈罗德·孔茨和西里尔·奥唐奈，其代表作为两人合著的《管理学》。

这一学派主要研究管理者的管理过程及功能，并以管理职能作为其理论的概念结构，其主要观点为：

（1）认为管理是一种普遍而实际的过程，尽管各类组织的性质不同，不同类型与层次管理者的实际差别巨大，但他们所履行的基本管理职能是相同的，即履行计划、组织、人事、领导、控制各职能。

（2）他们深入分析每一项管理职能，如该职能的特点与目的、职能的基本结构、职能的过程与技术方法、实施的障碍及排除方法等，以总结出管理的原理、原则、方法技术，以便更好地指导管理实践。

（3）该学派设计出一个按管理者实际工作过程管理职能建立管理理论的思想构架，把一些新的管理原则与技术容纳在计划、组织、人事、领导及控制等职能框架之中，从而建立起更加实用的理论体系。

二、经验主义学派

经验主义学派又称为案例学派，其代表人物主要是美国的管理学家彼得·德鲁克(Peter Drucker)，其代表作有《管理实践》、《管理：任务、责任和实践》、《卓有成效的管理者》等。

经验主义学派的主要观点是古典管理理论和行为科学都不能完全适应企业发展的实际需要。其所提倡的主要观点有：

（1）最关注的是管理者的实际管理经验，认为管理学就是管理经验，成功的组织管理者的经验是最值得借鉴的，远比那些纯理论更有价值。

（2）他们主张通过对实际经验进行研究来概括管理理论。通过分析大量组织或管理者成功或失败的实例，研究在类似情况下，如何采用有效的策略和方法来达到管理目标。在对实际经验研究基础上，寻找成功经验中具有共性的、规律性的东西，进行科学抽象，实现系统化、理论化，以建立一套完整的理论技术体系。

（3）在对实际经验研究的基础上，归纳出经理的管理职责包括为企业确定目标；建立组织，选拔人员；鼓励人们做好工作；对企业成果与人员的工作进行评价；促进员工的成长与发展。

（4）提出了目标管理等现代管理方法与技术。

三、行为科学学派

现代行为科学学派是在早期人际关系论的基础上发展起来的。行为科学的主要代表人物有美国的马斯洛（A. Maslow）、赫茨伯格（F. Herzberg）、道格拉斯·麦戈雷戈（Douglas M. Mcgregor）等。行为科学理论的主要观点有：

（1）重视人在组织中的关键作用，注重探索人类行为的规律，积极推进人力资源开发。

（2）强调个人目标和组织目标的一致性。主张调动积极性必须从个人因素和组织因素两方面着手，要使组织目标包含更多的个人目标；要改进工作设计，把员工对其所从事的工作的满意作为最有效的激励因素。

（3）主张打破传统组织结构和传统组织关系造成的紧张气氛，在组织中恢复人的尊严，实行民主管理，使上下级之间的关系由命令服从变为支持帮助，由监督变为引导，使员工自我控制，自主管理。

四、社会系统学派

社会系统学派从社会学观点研究管理。该理论把组织看成是一个社会系统，是一个群体之间相互作用的体系；组织受社会环境各个方面因素制约，是更大的社会系统的一部分。社会系统学派的代表人物是美国著名管理学家切斯特·巴纳德（C. D. Barnard），其代表作是《经理人员的职能》。他将社会学的概念引入管理，在组织的性质和理论方面做出了杰出贡献。其主要观点为：

（1）组织是一个协作系统。组织是由两个或两个以上的人有意识协调活动的系统，每个组成部分都以一定形式与其他部分相联系。

（2）组织无论规模大小、层次高低，都存在共同的目标、协作意愿和信息沟通三个基本要素。

（3）组织效力与组织效率是组织发展的两项重要原则。

（4）管理者的权威来自下级的认可，即管理人员的权限取决于指挥下属的命令是否为下属所接受。

（5）经理人职能。经理人作为信息沟通系统中相互联系的中心，通过信息沟通来协调组织成员的协作活动，以保证组织的协作与目标的实现。

五、决策理论学派

决策理论学派认为管理的关键在于决策，管理必须采用一套制定决策的科学方法及合理的决策程序。决策理论学派的代表人物是美国卡梅隆大学的教授赫伯特·西蒙（H. A. Simon），其代表作为《管理决策新科学》。赫伯特·西蒙由于在决策理论方面的贡献，曾荣获1978年的诺贝尔经济学奖。其观点是：

(1) 认为“管理就是决策”，强调决策行为贯穿于整个管理过程之中，且是管理活动成败的关键。

(2) 对决策的程序、准则、类型及决策技术等做了科学的分析，提出在决策中应该使用“令人满意”的准则代替“最佳化”准则。

(3) 强调不仅要注意在决策中应用定量方法、计算技术等新的科学方法，而且要重视人的心理因素、人际关系等社会因素在决策中的作用。

六、系统管理学派

系统管理学派的代表人物是美国管理学家卡斯特（F. E. Kast）、罗森茨威克（J. E. Rosenzweig）等，他们将贝塔朗菲（L. V. Bertalanffy）的一般系统理论和维纳（N. Wiener）的控制论，应用于企业管理领域，出版有《系统理论和管理》、《组织与管理：系统与权变的方法》等著作，形成了系统管理理论。该理论侧重于对企业的组织结构和模式进行分析，并从系统概念和特征（整体性、层次性、关联性、目的性等）出发来考察计划、组织、控制等管理职能。系统管理学派认为：从系统的观点来考察和管理企业，有助于提高企业的效率，使各个系统和有关部门的相互联系网络更加清楚，能更好地实现企业的总体目标。理论要点有：

(1) 企业是一个人造的开放系统，它同外界环境之间存在动态的相互作用，并具有内部和外部的反馈网络，能够不断地进行调节，以适应环境和本身的需要。

(2) 企业的组织结构是一个完整的系统，同时也是一个管理信息系统。

系统管理理论在20世纪60年代最为盛行，它的许多内容为自动化、控制论、管理信息系统以及权变理论的发展奠定了基础。

七、权变理论学派

权变理论是在20世纪70年代开始形成并发展起来的，其代表人物是美国管理学家卢桑斯（Fred Luthans）以及英国学者琼·伍德沃德（Joan Woodward）等人。所谓权变就是具体情况具体分析、具体处理。权变理论的核心思想是，认为不存在一成不变的、无条件适用于一切组织的最好的管理方法，强调在管理中要根据组织所处的内外环境的变化而变化，针对不同情况寻找不同的方案和方法。权变理论在提出以后的几十年里，其理论价值和应用价值日益为管理实践所证明，因而得到了越来越多的人的支持，成了具有重大影响的管理学派之一。其主要观点有以下几点。

(1) 环境变量与管理变量之间存在着函数关系，即权变关系。这里所说的环境变量，既包括组织的外部环境，也包括组织的内部环境。管理变量则指管理者在管理中所采用的管理观念和技术。

(2) 在一般情况下环境是自变量，管理观念和技术是因变量。因此如果环境条件一定，为了更快地达到目标，必须采用与之相应的管理原理、方法和技术。

(3) 管理模式不是一成不变的，要根据不断变化的环境而有所变化，要根据组织的实际情况来选择最适宜的管理模式。

八、管理科学学派

管理科学学派也叫做数量学派或运筹学派，它的特点是把现代自然科学和技术科学的最新成果应用于管理研究，制定管理决策的数学和统计学模式，通过计算机等现代科技手段评估及优化决策。

一般认为，该学派的创始人是英国物理学家布莱克特和美国的伯法（E. S. Buffa）。布莱克特在第二次世界大战期间领导了一个科学小组，在解决雷达合理布置、反潜艇战等问题中，创立和发展了运筹学的数学分析和计算技术。管理科学学派反对只凭借经验、直觉、主观判断等进行管理，主张应用科学的方法，探索最有效的工作方法和最优方案。管理科学学派的主要内容可简要概括为以下几个方面：

（1）组织是由“经济人”组成的一个追求经济效益的系统，同时又是一个由物质技术和决策网络组成的系统。

（2）管理科学学派进行研究的目的在于把科学的原理、方法和工具应用于管理的各种活动，以取得最大的经济效益。

（3）管理科学的应用范围。它着重于解决管理过程中计划、控制职能的问题。

（4）管理就是制定和运用数学模型与程序的系统，就是用数学符号和公式来表示计划、组织、控制、决策等合乎逻辑的程序，以便于求出最优的解答，以实现企业的目标。管理科学解决问题的7个步骤是：观察和分析、确定问题、建立一个代表所研究系统的模型、根据模型得出解决方案、进行验证、建立解决方案、把解决方案付诸实施。

第五节　管理理论新发展

随着计算机尤其是个人计算机的广泛普及，以及互联网的广泛运用，人类进入了信息化的新经济时代。信息化、网络化、知识化和全球化是新经济时代，尤其是20世纪90年代以来的显著特征。20世纪90年代以来，产生了一些体现时代特征的管理理论，其中学习型组织、业务流程再造、核心能力理论无疑是受关注较高的三个理论。

一、三个基本理论

（一）学习型组织

学习型组织是指具有持续不断学习、适应和变革能力的组织。当今管理者所面临的最大挑战是变化，正如管理学大师彼得·德鲁克所言：“当今世界，唯一不变的就是变化。”学习型组织与传统组织具有明显的不同，表现在以下几个方面：

（1）在对待变革的态度上，传统组织认为，只要还管用就不要改变它；而学习型组织认为，如果不变革那就不管用了。

（2）在对待新观点的态度上，传统组织认为，如果不是产生于此时此刻就拒绝它；而学习型组织认为，如果是产生于此时此刻就拒绝它。

（3）关于谁对创新负责的问题，传统组织认为，创新是研发部门的事；而学习型组织认为，创新是组织中每位成员的事。

（4）传统组织的主要担心是发生错误；而学习型组织的主要担心是不学习、不适应。

（5）传统组织认为产品和服务是组织的竞争优势；而学习型组织认为学习能力、知识和专门技术是组织的竞争优势。

（6）在管理者的职责上，传统组织认为，管理者的职责是控制别人；而学习型组织认为，管理者的职责是调动别人、授权别人。

彼得·圣吉（Peter M. Senge）博士在《第五项修炼：学习型组织的艺术与实务》中指出，企业应成为一个学习型组织，并提出了建立学习型组织的四项标准：人们能不能不断检验自己的经验；人们有没有生产知识；大家能否分享组织中的知识；组织中的学习是否和组织的目标息息相关。他提出了建立学习型组织的技能，即五项修炼：自我超越、改善心智模式、建立共同愿景、团体学习和系统思考。彼得·圣吉还提出，在学习型组织中，领导者是设计师、仆人和教师。他们负责建立一种组织，能够让其他人了解复杂性、愿景和改善共同心智模式，也就是领导者要对组织成员的学习负责。

（二）业务流程再造

传统的组织结构建立在职能和等级职能的基础上。虽然这种模式过去曾经很好地服务于企业，但是面对知识经济时代竞争环境的要求，它的反应已经显得缓慢和笨拙。业务流程再造对许多的传统组织结构原则提出了挑战，将流程推到管理日程表的前列。通过重新设计流程，可以在绩效的改善上取得飞跃，激发和增强企业的竞争力。迈克尔·哈默（Michael Hammer）和詹姆斯·钱皮（James A. Champy）在1993年出版的《企业再造》中，主张采取上述方法对变化和为提高产品和经营的质量而付出的努力进行管理。他们把“再造”定义为“对经营流程彻底进行再思考和再设计，以便在业绩衡量标准（如成本、质量、服务和速度等）上取得重大突破”。采取再造方法的公司应迅速学会必须做什么，然后确定它如何做。“‘再造’不把任何事想当然，它对‘是什么’有所忽视，而对‘应该是什么’相当重视。”再造中最关键的部分是在公司的可信竞争力和经验的基础上确定它应该做什么，即确定它能做的最好的是什么，之后确定需要做的事最好是由本组织来做还是由其他组织来做。采取再造方法的结果是公司规模的缩小和外包业务的增多。

破解“温州宿命”

在肯尼思·普瑞斯、罗杰·内格尔等美国学者于1991年最早提出“虚拟企业”概念仅仅7年后，美特斯邦威就运用“虚拟经营”之道，成功地打破了温州家族式民营企业通常发展至5亿元左右年营利规模就徘徊不前的“温州宿命”。

2002年8月23日，一个专家组来到美特斯邦威集团，考察其电子商务的应用情况。在这里已经看不到一台缝纫机，初步具备了虚拟品牌运营商概念的美特斯邦威集团，竟然自行研究开发了包括ERP在内的全部信息系统！专家组认为，在目前的国内企业中，美特斯邦威在信息技术运用上已处于领先地位，真正把信息技术成功运用到了生产、管理、流通、销售等各个环节。

（三）核心能力理论

核心能力理论是在20世纪80年代的资源基础理论上发展而来的。在20世纪50年代，斯尔兹尼克（Selznick，1957）提出“独立能力”（Distinctive Competence）概念，并且在20世纪60年代形成了企业战略管理的基本模式，即公司使命或战略建立在“独特能力”基础之上，其包括企业成长方式，有关企业实力与不足的平衡思考，以及明确企业的竞争优势和协同效应从而开发新市场和新产品。

到20世纪80年代，资源基础理论认为企业的战略模式应该建立在企业的核心资源上。所谓核心资源是指有价值的、稀缺的、不会被完全模仿和替代的资源。它是企业优势持续增长的源泉。

1990年，普拉哈拉德（C. K. Prahalad）和哈梅尔（Gary Hamel）在《哈佛商业评论》上发表了一篇具有广泛影响的论文《公司的核心能力》，一下子把众多学者、实践家的目光吸引了过去。从核心资源到核心能力（Core Competence），资源基础理论得到进一步发展。按普拉哈拉德和哈梅尔的定义，核心能力是组织内的集体知识和集体学习，尤其是协调不同生产技术和整合多种多样技术流的能力。

一项能力可以被鉴定为企业的核心能力，其必须满足以下五个条件：不是单一技术或能力，而是一簇相关的技术和技能的整合；不是物理性资产；必须能创造顾客看重的关键价值；与对手相比，竞争上具有独特性；超越特定的产品或部门范畴，从而为企业提供通向新市场的通道。

二、当代管理发展的基本趋势

随着时代和技术的发展，管理理论的内涵也在不断丰富，诸如以下管理理论代表了管理的发展趋势。

（一）创新管理

尽管人们对创新管理含义的理解不一，但至少达成了以下两方面的共识，一是指对创新活动的管理；二是指创新型管理。

对创新活动的管理主要是指对创新行为本身的探讨，如创新模式、创新思维等。

创新型管理，即通常人们所说的管理创新。

苹果公司的创新

苹果公司的创始人史蒂夫·乔布斯曾经说：“苹果公司是一个非常有条理的公司，而且有了不起的流程。但是这并非苹果公司的全部。流程使人效率更高。但创新则来自于人们在过道上见面，或在夜晚10点半互通电话，因为有了一个新点子，或者是因为他们意识到对于某个问题的考虑有漏洞等。创新来自于对一百件事说不，以确保我们不走上歧途或不去试图做太多的事。我们总是在考虑有哪些新的市场可以进入，但是只有通过说不，才能保证集中精力在最为重要的事情上。”

全球资产研究公司分析师特里普·曹德瑞（Trip Chowdhry）于 2011 年指出：“苹果公司就是史蒂夫·乔布斯，史蒂夫·乔布斯就是苹果公司，而且就是创新。你可以教会人们如何高效工作，你可以雇用顾问来教你如何做到高效，但是上帝创造了创新……没有史蒂夫·乔布斯的苹果公司将一无是处。”

苹果公司的偶像式创始人史蒂夫·乔布斯于 2011 年 10 月 5 日去世，年仅 56 岁。乔布斯的逝世引发了人们对于苹果公司的未来和没有他的苹果公司是否有能力继续创新等的猜测。接替乔布斯担任公司总裁的是提莫斯·库克。但是有分析师提出了担忧：没有了乔布斯的愿景和创新的天资，苹果公司是否还能继续兴旺？在《哈芬顿邮报》的科技记者杰森·吉尔伯特看来，“苹果公司面临的最大挑战是一个问题，但是该问题难以精确回答，因为它很难界定，即你如何能够替换这样一个人？他的才能似乎超越了设计和想象，几乎达到了缥缈的时代精神的特质。你如何传递一种维持氛围的责任？就苹果公司而言，正如对于任何其他公司一样，这是一个高栏，一个很可能够不着的高栏。苹果公司最美好的日子很可能一去不复返了”。

（二）知识管理

21 世纪是知识经济的时代，信息在人们的社会生活中发挥的作用越来越重要，信息技术的发展使企业从传统的对有形资本的管理正向无形资本的管理转移。企业如何开放知识、利用知识、共享知识，将知识转化为直接的生产力，以适应知识经济时代的要求就成为了企业管理又一新的课题。

以知识为对象的管理，要求企业在全球范围获取新知识、新信息，并进行知识的积累、优化和重新组合。知识管理不同于信息管理，知识管理的本质在于对人力资源的开发和利用。

小阅读

知识管理的作用

通过数字化和知识化将大量无序信息有序化，为员工提供知识共享的环境，提高其工作效率和创新能力，改善服务质量；提供适当的工具和环境辅助员工同相关客户和工作伙伴进行直接或间接交流，从所处网络环境接受知识，形成“边干边学、在干中学”的终生学习机制。

通过知识管理可以增加企业的知识储备，将个人知识和信息提升为组织知识，减少员工休假、离职而造成的损失；分析外部环境的机会和挑战，获取相关资料，相应调整企业战略，领导市场潮流；从现有数据挖掘有用知识，增强企业商务智能；通过知识地图将知识和人联系起来，帮助人们获取知识，降低知识扭曲率；方便企业的后继者轻松获取前人积累的知识，以此为基础不断创新，实现企业的可持续发展和创新。

（三）快速响应管理

工业经济时期，企业以低成本、低价格产品打入市场，从而形成大范围消费，最终使企业获得利润较高的经济效益。这种规模型的效益模式在很长期内成为经济模式的主角。后来，日本将质量管理的内容融入了规模经济，形成了所谓的质量效益型模式。

知识经济时代的一个重要特点就是“快”。科技进步快，产品更新快，市场变化快。企业竞争除了比价格、比质量以外，更看重的是比速度，看谁能以最快的速度适应市场需求。有学者提出了三快原则：企业快速响应市场变化、快速做出决策、快速投入实施。速度效益模式的本质就是节约时间，从而最大限度地节约成本，以真正践行“时间就是金钱”的经营理念。

（四）跨文化管理

经济的全球化趋势使得不同国家、不同企业越来越走向更加紧密的联系与协作。这就使得不同区域和国度的企业文化发生碰撞与融合。如美国的企业文化，更注重规章制度、理性决策、个人主义等；然而日本的企业文化则注重文化氛围，强调和谐的人际关系、上下协调一致等。在工业经济时代，管理文化的地域性比较强，再加上民族的偏见与歧视，使不同特色的企业文化水火不容。在知识经济时代，由于各国经济相互依存，相互渗透，经济的国界越来越弱，管理文化在更广阔的范围内进行交流。跨文化管理将是必然的趋势。当然，跨文化管理不是管理文化的同义化，而是在相互学习与融合基础上的个性化和多元化。

小阅读

索尼的企业文化

只要在电子产品或家电产品领域做过销售或市场，几乎没有不知道 Sony（日本索尼）的。从其创始人井深大、盛田昭夫开始，Sony 公司就逐渐建立并形成了自己的企业文化系统和管理系统。这种模式不仅仅 Sony 有，日本其他公司比如丰田汽车、松下公司等都有，这是一个民族的习惯。也就是说，日本企业的文化普遍是：企业虽然对员工要求严厉，但是对员工的福利待遇等都是非常到位的，从公司文化和战略部署到公司的各种制度，都在最大限度地保障员工的利益，这些综合起来，便形成了非常强大的企业凝聚力，员工普遍形成了“以企为家”的观念，群策群力，共同创造财富和价值。企业在一般情况下不会辞退员工，员工一般情况下也不会跳槽，非常稳定，所有的智力和体力都放在了企业的发展方面，因此日本企业的发展，与其企业文化战略、员工稳定程度、企业凝聚力等综合因素是密不可分的。

当 Sony 公司到美国发展的时候（比如 Sony 收购了美国最大的哥伦比亚电影公司等），也把在日本执行得很成功的企业文化和战略、管理方式等搬到美国使用，可执行了一两年，问题便很快凸显出来了。Sony 公司的日本高管就搞不明白：公司为美国员工提供和日本员工一样优厚的待遇及福利，怎么员工的离职和跳槽事件依然持续不断地发生？难道是公司错了吗？在日本，对企业来讲，员工频繁离职是企业的耻辱，肯定是企业出了问题。Sony 公司为此进行了大量调查研究，结果发现，这并不是自己公司的企业文化或战略本身有问题，也不是自己企业的管理和提供的待遇、福利有问题，而是美国人的习惯问题。美国员工习惯于在一个企业或一个岗位干上两三年就换工作或换企业，并且这种行为在美国文化中并没有任何对企业侮辱或否定的成分，也没有对员工否定或侮辱的成分，只是一种正常的社会现象，是一种习惯，就好比中国人习惯用筷子吃饭一样，没有为什么要用筷子的问题，也没有什么好讨论的。

在这种情况下，Sony 只好调整自己的战略和制度（日本企业对员工的培训许多是以员工终生服务企业为目标的），通过各种预防和改革方案，逐渐适应了美国文化。

互动话题

肯德基全球化取得成功的重要原因之一是实施标准化作业。中餐被公认为全世界最好吃的食物，你认为中餐在实施连锁经营、特许经营和国际化中的“瓶颈”是什么？

管理故事

田忌赛马

齐国的大将田忌很喜欢赛马。有一次，他和齐威王约定，要进行一场比赛。他们商量好，把各自的马分成上、中、下三等。比赛的时候，要上马对上马，中马对中马，下马对下马。由于齐威王每个等级的马都比田忌的马强得多，所以比赛了几次，田忌都失败了。

田忌觉得很扫兴，比赛还没有结束，就垂头丧气地离开了赛马场，这时，田忌听到有人叫他，抬头一看，人群中有个人，原来是自己的好朋友孙膑。孙膑招呼田忌过来，拍着他的肩膀说：“我刚才看了赛马，威王的马比你的马快不了多少呀。”孙膑还没有说完，田忌就瞪了他一眼：“想不到你也来挖苦我！”孙膑说：“我不是挖苦你，我是说你再同他赛一次，我有办法让你赢了他。”田忌疑惑地看着孙膑：“你是说另换一匹马来？”孙膑摇摇头说：“连一匹马也不需要更换。”田忌毫无信心地说：“那还不是照样得输！”孙膑胸有成竹地说：“你就按照我的安排办事吧。”齐威王屡战屡胜，正在得意洋洋地夸耀自己马匹的时候，看见田忌陪着孙膑迎面走来，便站起来讥讽地说：“怎么，莫非你还不服气？”田忌说：“当然不服气，咱们再赛一次！”说着，“哗啦”一声，把一大堆银钱倒在桌子上，作为他下的赌注。齐威王一看，心里暗暗好笑，于是吩咐手下，把前几次赢得的银钱全部抬来，另外又加了一千两黄金，也放在桌子上。齐威王轻蔑地说：“那就开始吧！”一声锣响，比赛开始了。孙膑先以下等马对齐威王的上等马，第一局田忌输了。齐威王站起来说：“想不到赫赫有名的孙膑先生，竟然想出这样拙劣的对策。”孙膑不去理他。接着进行第二场比赛。孙膑拿上等马对齐威王的中等马，获胜了一局。齐威王有点慌乱了。第三局比赛，孙膑拿中等马对齐威王的下等马，又战胜了一局。这下，齐威王目瞪口呆了。比赛的结果是三局两胜，当然田忌赢了齐威王。

还是同样的马匹，由于调换了比赛的出场顺序，就得到了转败为胜的结果。这就是中国早期管理思想的一种体现。

管理定律

鲶鱼效应

挪威人爱吃沙丁鱼，但沙丁鱼非常娇贵，极不适应离开大海后的环境，当渔民把刚捕捞上来的沙丁鱼放入鱼槽后，用不了多久沙丁鱼就会死去，而死掉的沙丁鱼味道不好，销量也差。倘若抵港时沙丁鱼还活着，活鱼的卖价就要比死鱼高出若干倍。为延长沙丁鱼的生命，渔民想方设法让鱼活着到达港口。后来渔民想出一个法子，将几条沙丁鱼的天敌鲶鱼放在运输容器里。因为鲶鱼是食肉鱼，放进鱼槽后，鲶鱼便会四处游动寻找小鱼吃。为了躲避天敌的吞食，沙丁鱼自然加速游动，从而保持了旺盛的生命力。如此一来，沙丁鱼就一条条活蹦乱跳地被运回到渔港了。

其实用人亦然。一个公司，如果人员长期固定，就缺乏活力与新鲜感，容易产生惰性。尤其是一些老员工，工作时间长了就容易厌倦、疲惰、倚老卖老，因此有必要找些外来的“鲶鱼”加入公司，制造紧张氛围。当员工们看见自己的位置多了些“职业杀手”时，便会有种紧迫感，知道该加快步伐了，否则就会被炒掉。这样一来，企业自然而然就生机勃勃了。

知识测试

1.“得道多助，失道寡助”体现的是（　　）。

A. 治国思想　　B. 管理哲学的思想
C. 用人思想　　D. 治家思想

2.“以仁为核心，以礼为准则”是（　　）学派的管理思想。

A. 法家　　B. 道家
C. 儒家　　D. 兵家

3. 泰勒被尊称为（　　）。

A. 科学管理之父　　B. 管理过程之父
C. 组织理论之父　　D. 行为科学之父

4. 霍桑试验表明（　　）。

A. 非正式组织对组织目标的达成是有害的
B. 正式组织对组织目标的达成是有益的
C. 企业应采取一切措施来取缔非正式组织
D. 企业应该正视非正式组织的存在

5.（　　）是梅奥在总结霍桑试验的基础上得出的结论。

A. 职工是社会人
B. 人的行为是由动机导向的，而动机则是由需要引起的
C. 人的需要是有层次的
D. 新型的领导能力在于提高职工的满意程度

6. 韦伯认为人类社会存在三种为社会所接受的权力，即（　　）。

A. 外来的权力　　B. 超凡的权力　　C. 法定的权力　　D. 传统的权力

7. 泰勒的科学管理思想的主要内容是什么？

8. 西方现代管理思想的主要学派及其主要观点有哪些？

9. 简述当代管理理论新发展的三个基本理论。

10. 列举几种最新的管理理论及其主要内容。

素质拓展

拓展项目一：医院流程再造

【实训目标】

理解企业流程再造理论的现实意义。

培养学生用管理理论解决现实问题的思考能力。

【实训内容与要求】

根据以前在医院看病的经验和实地去医院观察，思考医院是否可以实施流程再造，为什么？如果实施再造流程，请提出你的流程再造思路。

先分组讨论，然后每个小组写一份流程再造方案。

【成果与检测】

教师根据各小组表现评估打分。

各小组成员根据自己的看病经验和实地观察，在讨论的基础上，选派代表写出流程再造方案，交老师保存。

拓展项目二：组建模拟公司

【技能培养目标】

1. 培养初步运用管理系统的思想建立现代组织的能力。

2. 培养分析、归纳与讲演的能力。

【实训内容与要求】

根据所学知识与对实际企业调查访问所获得的信息资料，组建模拟公司。

A方式：先组建公司，后选举总经理。

（1）以自愿为原则，6～8人为一组，组建“XF大学生模拟公司”，自定公司名称。

（2）进行总经理竞聘。每个人都要起草竞聘总经理的演讲稿或发言提纲，并在公司中发表竞聘演讲演。最后由公司全体成员投票选举产生总经理。

（3）共同商定名称，进行人员分工。

（4）班级组织一次交流，每个公司推荐两名成员发表竞聘演讲。

B方式：先竞聘总经理，后组建公司。

（1）每个人都参与竞聘总经理，也可按照总经理人数的一定比例控制，自由参与竞聘。

（2）由竞聘者在全班中招聘成员。

（3）招聘人数达到规定人数时，公司即宣告成立。对于各公司人数不平衡的问题，可由教师或学生助教按选择先后顺序进行微调。

（4）共同商定公司名称，进行人员分工。

【成果与检测】

（1）竞聘者必须重视自我心理突破，组合过程体现自主与竞争原则。

（2）每个人提供一份总经理竞聘演讲稿或提纲。

（3）对各公司组建情况（含竞聘提纲与发言）评估打分。

案例分析

同仁堂传奇：我国传统思想在现代企业中的应用

在北京大栅栏林立的店铺中，有一座古朴庄重的楼阁，这便是清康熙八年（公元1669年）由祖籍浙江宁波、明代迁居北京的乐家第四代传人乐尊育创建的享誉海内外的老字号“同仁堂”药店。在坎坷的岁月中，同仁堂由新中国成立前的三间小门脸发展到今天营业面积为4 600平方米的大楼；从过去“供奉御药”的中药房发展为总资产18亿元、拥有6 000多名员工的现代集团企业，并成为医药界为数不多的上市企业。

同仁堂经营不少名贵药：人参、鹿茸等，同时廉价药品也十分丰富：一元一张的狗皮膏、几角钱一瓶的眼药水……他们做大生意，但也不放过小买卖，“只要能方便顾客就行”。同仁堂以“养生济世”为己任，从不为不义之财所动。前几年我国南方一些城市流行肝炎，特效药板蓝根冲剂供不应求，到同仁堂拉板蓝根冲剂的汽车排起了长队。同仁堂的职工昼夜奋战，生产高质量的板蓝根冲剂。有人提出药品需求量这么大，况且配料之一的白糖库存没有了，用的是高价糖，如果按原价出厂不合算，应提高价格。但同仁堂将治病救人视为自己的天职，没有乘人之危发病人财，药品一律按原价出厂。

同仁堂“德、诚、信”这一服务宗旨更是体现在药品质量上。20世纪60年代曾发现过一批保存了几十年甚至百余年同仁堂制作的中成药，这些药香气浓郁，润而不干，就像是近期制作的一般，其过硬的质量是不言而喻的。

同仁堂的药质和药效让人倍感神奇，殊不知它的采购和制作是何等的考究。同仁堂一向不惜以高价购买上品参茸；对于不按时令采集的劣等药材，尽管市场价格便宜，也绝不购买。对黄酒、蜂蜜等附加料的选择也是极为重视。在制作成药过程中，同仁堂严格按照祖训“炮制虽繁，必不敢省人工；品味虽贵，必不敢减物力”行事。如今，“质量第一”的宗旨不变，店内所有药品都从主渠道进货，“产非其地，采非其时”的药材被拒之门外。店内的中成药，从购进原料、炮制到包装上柜，要经上百道工序，每道工序都有严格的标准。所售饮片，均需经过再加工，除去杂质方可销售。

三百多个春秋过去了，同仁堂药店大了，名气大了，但它的追求——“质量第一”却丝毫未变。

为了让每一位顾客都能买到放心药，药店采取各种措施，杜绝假冒伪劣商品进店。药店建立了从采购、验收、保管到销售，一环紧扣一环，层层把关的质量检验制度。在收购野山参、鹿茸、冬虫夏草、牛黄等名贵药材时，要派经验丰富的中药专家亲临产地，看货选样。

俗话说“丸散膏丹，神仙难辨”。传统的中药生产鉴别所凭借的经验，是对药物的眼看、手摸、耳闻、口尝的感性认识。但鉴于现今假冒伪劣药品充斥市场，同仁堂的产品除了传统的鉴别方法外，还要由质检科送权威检测部门检验，合格后方可销售。

过去的同仁堂就很注重宣传自己：每当京城会试期间，同仁堂都要向举子们馈赠牛黄清心、羚翘解毒等四季度时之药，以此为同仁堂传名。每当阴历二月开沟时，同仁堂便制造写有同仁堂字样的大红灯笼，夜晚置于开沟之地，以防行人落入沟中。同仁堂时常还做些舍粥、舍棺材的义举……这一切都使同仁堂美名流传。在市场经济中，同仁堂人更没有放弃对自己的宣传。媒体的宣传是其中的一小部分，大部分的宣传手段靠的是“真诚的服务”。

现在，在经济大潮中，同仁堂为维护自己的声誉，在国内外进行商标注册。同仁堂商标已在新加坡、泰国、菲律宾、意大利、英国、日本等国家和地区以及 28 个马德里协约国注册或申请注册。由于全面考虑商标的可读性和可传播性，同仁堂又在以上国家申请注册“TONC REN TANG”英文商标，双龙加英文为同仁堂出口产品的专用标志。

同仁堂对商标管理极为严格。同仁堂包装广告公司行使对集团商标的管理职能，商标问题的重大决策必须经过集团总经理、主管副总经理、有关处室处长召开办公会讨论通过。使用同仁堂商标的单位，按统一表格填报申请材料，交同仁堂包装广告公司，申请材料经商标办公会议审批，申请批准后要签订统一的商标使用许可合同，被许可人无权转让他人使用。商标使用许可合同签订后 3 个月内报注册人和被许可单位所在工商局备案；委托手续中产生的一切文书材料，同仁堂包装广告公司负责归档。使用期限最长为 3 年，使用期满后如继续使用，应重新申报使用手续。商标的制版和印刷交给工商行政部门批准的、有资格承揽该项业务的厂家负责印刷。每块版都要有档案，每批印刷都要登记留样。同仁堂商标被许可使用单位要对商标标识物建立入库、领料手续。商标管理人员定期对车间、仓库的商标标识物、各种包装材料的使用及仓储情况进行现场检查、监督，并完善使用、回收和销毁制度。

规模、实力的壮大并没有让同仁堂停止前进的脚步。同仁堂人十分清楚自己的处境：我国现有不少中外合资、外商独资的制药企业。它的西药简单方便、疗效快的优势对同仁堂冲击很大。而且，欧美仍有不少国家和地区对中医、中草药持怀疑态度，这块市场很难抢占。现今中国年轻一代受现代文化的影响，对“同仁堂”只有少许印象。

面对这些不利因素，同仁堂集团公司投资 3.4 亿元改造生产环境，增添现代化设备。他们添置的高压液相仪、原子吸收光谱仪、薄层扫描仪等全套检测设备，使产品质量有了科学保证。店内还完善了计算机信息管理系统，随时统计各业务部销售情况、物价、资金使用情况、人员档案、广告宣传情况等，水蜜丸、药酒等的生产过程中的投料、监控等均采用微机操作。同仁堂积极巩固国内“阵地”，在北京、香港等地建立分店，在电视上也出现了它的广告。与此同时，还大胆走出国门，目前“同仁堂”已取得了十几个国家和地区的质量认证和进口许可，产品通过直接和转口贸易形式出口 40 多个国家和地区；在亚洲、欧洲、大洋洲的 4 个城市设立了销售分公司，以拉近与这些地区消费者的距离。为了适应国外的习惯，同仁堂集团努力在药品的剂型、包装、销售等方面与世界接轨。以前藿香正气丸一次要吃一大把，外国患者不习惯。他们反复研究，生产出了浓缩的软胶囊，每次只服两粒，这个改进扩大了销量。中药的说明采用的往往是古老的四六句，老外弄不明白，且不标明毒理和病理数据，同仁堂集团把出口药品的说明改成普通语言，标明有关检测数据，甚至用图解说明。这些努力在世界卫生组织及西亚太地区举办的首届国际传统医药大会上收到回报：牛黄清心丸获首届长城国际金奖，国公酒、白凤丸获银奖。

虽说从前门闹市中轰轰烈烈地杀到了国际市场这个大舞台，同仁堂却像往昔一般平淡，唯有新扩建的同仁堂又增添了许多中国古老的中医药文化的气息……

思考题

1. 同仁堂成功之处在什么地方？试用管理学理论分析。

2. 从同仁堂的故事中，你受到了怎样的启发？你认为管理理论与管理实践的发展规律是怎样的？

第三章

计 划

学习目标

知识点

- 理解计划、预测的含义
- 掌握计划的内容及原理
- 了解计划的类型
- 了解预测的内容及程序
- 了解计划的编制环节和内容
- 理解目标及目标管理的含义
- 了解目标管理的基本过程和局限性
- 了解战略计划实施的步骤

技能点

- 培养编制计划的能力
- 掌握目标管理方法的运用

引例

挑水别忘挖井

有两个和尚分别住在相邻两座山上的庙里，这两座山之间有一条小溪。这两个和尚每天都会在同一时间下山去溪边挑水，久而久之，他们便成为了好朋友。

就这样，时间在每天挑水中不知不觉已经过了五年。突然有一天，左边这座山的和尚没有下山挑水，右边那座山的和尚心想："他大概睡过头了。"便不以为然。哪知第二天，左边这座山的和尚还是没有下山挑水，第三天也一样，过了一个星期，还是如此。直到过了一个月，右边那座山的和尚终于受不了了。他心想："我的朋友可能生病了，我要过去看他，看看能帮上什么忙。"

于是他便爬上左边这座山，去探望他的老朋友。等他到达左边这座山的庙，看到他的老友之后，大吃一惊，因为他的老友，正在庙前打拳，一点也不像一个月没喝水的人。

他好奇地问："你已经一个月没有下山挑水了，难道你不喝水吗?"左边这座山的和尚说："来来来，我带你去看。"

于是，他带着右边那座山的和尚走到庙的后院，指着一口井说："这五年来，我每天做完功课后，都会抽空挖这口井。即使有时很忙。也不间断，能挖多少就算多少。如今。终于让我挖出了水，我就不用再下山挑水，我可以有更多时间锻炼身体了。"

在这个故事中，左边这座山的和尚，他面对自己的吃水问题，具体地分析了情况，适时地进行了决策，并能够提前做好计划和安排，一步步完成了他的目标，达到了理想的结果。同样，对于企业来说，经济发展日新月异，外部环境变化迅速，市场竞争激烈，如何能够适应内外部环境的变化并保持领先地位，最好的办法就是准确地预测未来，抢抓机遇，果断决策，同时做好切实可行的发展计划并认真实施，这样才能立于不败之地。

第一节　计划概述

一、计划的含义

计划是对未来一段时期内活动的内容、方向以及方式、方法的预测与安排。广义的计划职能是指管理者制订计划、执行计划和控制计划等一系列活动的过程；狭义的计划职能是指管理者对未来应采取的行动所做的谋划和安排。

综合而言，计划职能就是根据社会需要和组织自身的能力，通过科学的预测和决策，确定在未来一定时期内，组织所要达到的目标以及实现目标的途径。

松下电器的目标

30 多年前，RCA 公司、通用电气公司和齐妮思公司等统治着美国的电视机市场。如今，这些公司的电视机产品都销声匿迹了，取而代之的是日本松下电器公司的 Panasonic 和 Quasar 等牌子的电视机。

松下电器公司是松下幸之助在第一次世界大战后建立的。其目标是成为当时正在出现的电子学领域的领导者，重建日本强国的地位。20 世纪 50 年代初期，松下公司确立了控制美国电视机市场的目标，与其他日本电视机制造商组成了卡特尔，将进攻的焦点集中在了美国市场上。

在 20 年的时间里，松下公司将它的美国竞争对手从 25 个削减到了 6 个，最终，松下公司所有的美国竞争对手不是破产就是被外国同行所兼并。

二、计划的内容

在企业中，计划工作的内容可以概括为以下七个方面（5W2H）：

What——"做什么"，明确一个时期的具体任务和要求。

Who——“谁去做”，明确实施计划的部门或人员，包括每一阶段的唯一责任者、协助者及利益相关者。

When——“何时做”，规定计划中各项工作的起始时间、进度和完成时间。在实际工作中，对计划制定严格的时间进度安排，对组织资源进行合理安排。

Where——“何地做”，规定计划的实施地点，了解计划实施的环境条件和限制条件。

Why——“为什么做”，明确计划的原因和目的，使计划执行者了解、支持计划，以便发挥执行者的积极性、主动性。

How——“怎么做”，明确实现计划的措施以及相应的政策和规则，对组织资源进行合理的预算、分配和使用。

How much——“效益分析”，分析计划给企业带来的盈亏和机会得失。

三、计划的类型

（一）按计划的层次划分

按计划的层次可把计划分为战略计划、战术计划和作业计划。

（1）战略计划：是由高层管理者制定，为组织设立总体目标和寻求组织战略方案的计划。

（2）战术计划：是为了实现总体目标，组织的具体部门在未来各个较短时期内的行动方案。

（3）作业计划：是由基层管理者制定，规定总体目标如何实现的细节性的操作计划。

战略与战术的区别

从范围上讲，战略是在整体范围内为经营和发展自己的势力或能力而制定的一种全局性的有指导意义的规划和策略；而战术是指在局部地区，为维持和发展本地区的作用和能力，扫除已经或将要出现的威胁而采取的手段。

从时间上讲，战略是依据形势需求制定的长期方案，往往可以维持几年或十几年；战术则相对时间较短，一般在一年以内。

从形式上讲，战略是全局的，是指导战术形成的总体构思；而战术是局部的，是围绕战略思想、地区环境制定的有效方法，是战略思想的具体体现。

（二）按计划由抽象到具体的层次划分

哈罗德和海因从抽象到具体把计划划分为宗旨、目标、战略、政策、程序、规则、规划以及预算。

（1）宗旨：是社会对该组织的基本要求，回答组织是干什么的和应当干什么的问题。

（2）目标：是组织活动所要达到的结果，是目的的具体化和数据化，是计划的重要表现形式。

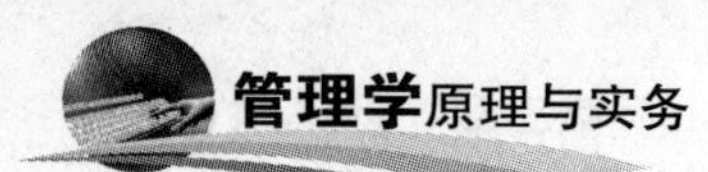

(3) 战略：是为实现组织目标所确定的发展方向、行动方针、资源分配的总体谋划。

(4) 政策：是组织在决策或解决问题时用来指导和沟通思想与行动方针的规定或行为规范。

(5) 程序：是完成未来某项活动的方法和步骤，对组织的例行活动具有重要的指导作用。

(6) 规则：是在具体场合和具体情况下，允许或不允许采取某种特定行动的规定。

(7) 规划：是一个综合性的计划，包括任务分配、执行过程、资源保障要求以及完成既定行动所需的其他要素等。

(8) 预算：是用数字表示预期结果或资源分配的计划，是组织各类各项可支配资源的使用计划。

海尔集团的国际化战略

海尔集团在张瑞敏“名牌战略”思想的引领下，经过20多年的艰苦奋斗和卓越创新，从一个濒临倒闭的集体小厂发展壮大成为在国内外享有较高美誉度的跨国企业。在1998年至今的国际化战略阶段，别的企业认为海尔走出去是“不在国内吃肉，偏要到国外喝汤”，而海尔坚持“先难后易”、“出口创牌”的战略，搭建起了一个国际化企业的框架。

(三) 按计划的期限划分

按计划的期限可把计划分为长期计划、中期计划和短期计划。长期计划是为实现组织的长期目标服务的具有战略性的综合发展规划，长期计划的期限一般在五年以上。中期计划是根据长期计划提出的目标和内容并结合计划期内的具体条件变化进行编制的，它比长期计划更为详细和具体，中期计划具有衔接长期计划和短期计划的作用，期限一般在一至五年。短期计划是根据中长期计划规定的目标和当前的实际情况，对计划年度的各项活动所做出的具体安排和落实，期限一般在一年左右。

四、计划的作用

(一) 计划是实施管理活动的重要依据

计划是管理的首要职能，计划不仅确定了组织在未来一定时期内的行动目标和方式，又为组织、领导和控制等一系列管理工作奠定了基础。

(二) 计划是组织有效应对不确定性和风险的保障

现在组织处在一个高度变化的时代，通过计划工作，不断地预测环境变化的趋势与影响，适时地把握未来的机会，确定适当的发展方向与目标，避开或降低风险，从而做到趋利避害。

（三）计划是合理配置资源的重要手段

通过有效的计划，统筹兼顾，综合平衡，充分而有效地利用资源，是减少浪费、提高效率和效益的有效方法。

（四）计划是控制的基础和依据

计划确定了控制的指标体系，提供了衡量工作业绩的标准，有利于考核和奖惩。

目标决定人生

哈佛大学有一个非常著名的关于人生目标的跟踪调查，对象是一群智力、学历和环境等条件差不多的年轻人，调查结果发现：27%的人没有目标；60%的人目标模糊；10%的人有清晰但比较短期的目标；3%的人有清晰且长期的目标。

25 年的跟踪研究结果发现，他们的生活状况及分布现象非常有意思。

那些占 3%的有清晰且长期目标的人，25 年来几乎都不曾更改过自己的人生目标。他们始终朝着同一方向不懈地努力，25 年后，他们几乎都成了社会各界的顶尖成功人士，他们中不乏白手创业者、行业领袖和社会精英。

那些占 10%的有清晰短期目标者，大都生活在社会的中上层，他们的共同特点是短期目标不断被达成，生活状态稳定，成为各行各业不可缺少的专业人士，如医生、律师和高级主管等。

其中占 60%的目标模糊者，几乎都生活在社会的中下层，他们能安稳地生活与工作，但都没有什么特别的成绩。

剩下 27%的是那些 25 年来都没有目标的人群，他们几乎都生活在社会的最底层，他们的生活都过得不如意，常常失业，靠社会救济生活，并且常常抱怨他人、抱怨社会、抱怨世界。

五、计划的原理

计划工作作为一种基本的管理职能，有自己的规律，自然也应有自己的原理。计划编制的原理有限定因素原理、许诺原理、灵活性原理和导向变化原理。

（一）限定因素原理

所谓限定因素，是指妨碍组织目标实现的因素。限定因素原理有时又被形象地称作“木桶原理”，即木桶能盛多少水，取决于桶壁上最短的那块木板条。限定因素表明，主管人员在制订计划时，必须全力找出影响计划目标实现的主要限定因素，有针对性采取得力措施。

（二）许诺原理

许诺原理强调计划工作应选择合理的期限。任何一项计划都是对完成各项工作所做出的许诺，许诺越大，实现许诺的时间就越长，实现许诺的可能性就越小。根据许诺原理，合理的计划应确定一个未来的时期，这个时期的长短取决于实现决策中所许诺任务所必需的时间。

（三）灵活性原理

计划必须具有灵活性，即当出现意外情况时，有能力改变方向而不必花太大的代价。灵活性原理就是制订计划时要有余地，但执行计划，一般不应有灵活性。灵活性原理的应用，受下述三个条件的限制：一是不能总以推迟决策的时间来确保计划的灵活性；二是使计划具有灵活性必须符合经济性原则；三是有时客观条件和现实情况会影响甚至完全扼制计划的灵活性。

（四）导向变化原理

导向变化原理是指在计划执行过程中，必须定期对所发生的事件和所期望的事情进行检查，以适时调整自身行为以适应环境变化需要。

尽管管理者在拟定计划时预测了未来可能发生的情况，并制定了相应的应变措施，但是未来的情况随时都可能发生变化，总有一些问题是不可能预见的。导向变化原理是指计划的总目标不变，但实现目标的进程可以因情况的变化随时改变。这个原理与灵活性原理不同，灵活性原理使计划本身具有适应性，而导向变化原理使计划执行过程具有应变能力。

你的梦想在哪一层

有一对兄弟，他们的家住在80层楼上，有一天他们外出旅行回家，发现大楼停电了！虽然他们背着大包的行李，但看来没有什么别的选择，于是哥哥对弟弟说，我们爬楼梯上去！于是，他们背着两大包行李开始爬楼梯。爬到20楼的时候他们开始累了，哥哥说："包太重了，不如这样吧，我们把包放在这里，等来电坐电梯来拿。"于是，他们把行李放在了20楼，继续向上爬。他们有说有笑地往上爬，但是好景不长，到了40楼，两人实在累了，想到才只爬了一半，两人开始相互埋怨，指责不该爬楼回家。他们边吵边爬，就这样一路爬到了60楼。他们累得连吵架的力气也没有了。弟弟对哥哥说："我们不要吵了，爬完它吧。"于是他们默默地继续爬楼，终于80楼到了！兴奋地来到家门口，兄弟俩才发现他们的钥匙留在了20楼的包里……

有人说，这个故事其实就是反映了我们的人生：20岁之前，我们活在家人、老师的期望之下，背负着很多的压力，自己也不够成熟，能力也不够，因此步履难免不稳。20岁之后，离开了众人的压力，卸下了包袱，开始全力以赴地追求自己的梦想，就这样愉快地过了20年。可是到了40岁，发现青春已逝，不免产生许多的遗憾和后悔，于是开始遗憾这个、抱怨那个……就这样在抱怨中度过了20年。到了60岁，发现人生的时间已剩不多，于是告诉自己不要再抱怨了，就珍惜剩下的日子吧！于是默默地走完了自己的余年。到了生命的尽头，才想起自己好像有什么事情没有完成……原来，我们所有的梦想都留在了20岁的青春岁月里，还没有来得及完成。

六、影响计划有效性的因素

计划要根据组织自身以及环境特点来制定，组织及其所处环境特点不同，计划工作的有效性也不同。影响计划工作有效性的因素主要有以下几个方面。

（一）组织层次

在大多数情况下，基层管理者的计划活动主要是制定作业计划。当管理者在组织中的等级上升时，他的计划角色将更具有战略导向性。对于大型组织的高层管理者，他们的计划任务基本上都是战略性的，而在小企业，所有者兼管理者的计划角色兼有战略和作业两方面的性质。

（二）组织的生命周期

任何组织都要经历一个生命周期，开始于形成阶段，然后成长、成熟，最后是衰退。在组织生命周期的各个阶段，计划的性质不同，计划的时间长短和明确性不同。在组织的幼年期，管理者更应当依赖指导性计划，因为在这个阶段要求组织具有很高的灵活性。在成长阶段，随着目标更确定、资源更容易获取和顾客忠诚度的提高，计划也更具有明确性，因此管理者应当制定短期的、更具体的计划。当组织进入成熟期，可预见性最大，从而也最适于制定长期的具体性计划。当组织从成熟期进入衰退期，计划也从具体性转入指导性，这时目标要重新考虑，资源要重新分配，管理者应制定短期的、更具指导性的计划。

（三）环境的不确定性程度

环境的不确定性越大，计划越应当具有指导性，计划期限也应越短。

如果重要的技术及社会、经济和法律环境等发生快速变化，那么精确规定的计划反而会成为组织取得绩效的障碍。因此，环境变化越大，计划就越不需要精确，管理就越应当具有灵活性。

总之，在不断变化的世界里，计划必须是灵活的。因为在不断变化的世界里，环境变得更具有动态性和不确定性，所以不可能准确地预测未来。因此，管理良好的组织很少在非常详细的、定量化的计划上花费时间，而是开发面向未来的多种方案。

小议《隆中对》

诸葛亮的《隆中对》是我国最早、最大的计划之一。

《隆中对》的第一步是确定组织目标：兴汉室，图中原，统一天下。

《隆中对》的第二步是制定分步实施方案，确定阶段目标：第一，先取荆州为家，形成“三分天下”之势；第二，再取西川建立基业，壮大实力，以成鼎足之状；第三，“待天下有变，命一上将将荆州之兵以向宛、洛，将军身率益州之众以出秦川”，这样，“大业可成，汉室可兴矣”。

《隆中对》的第三步是确定实现目标的指导方针："北让曹操占天时，南让孙权占地利，将军可占人和"。内修政理，外结孙权，西和诸戎，南扶彝、越，等待良机。

《隆中对》又进一步对敌、我、友、天、地、人作了极为细致透彻的分析，论证了为什么应当有这样的指导方针。

第二节 预 测

在市场经济条件下，企业的生存和发展与市场息息相关，市场的瞬息万变使得企业管理者在计划工作过程中，必须要进行科学的预测，以便掌握大量的第一手市场动态和发展的数据资料，为计划工作提供科学的依据。

一、预测的含义和内容

（一）预测的含义

预测是根据组织现有的条件和掌握的历史资料以及客观事物的内在联系，对组织活动的未来发展趋势及其状况所进行的预计和推算。

（二）预测的内容

1. 销售预测

销售预测是指在未来特定的时间内，企业运用科学的方法，对产品的销售趋势进行分析和评价，进而做出在一定时期内对产品的销售数量与销售金额的估计。

2. 利润预测

利润预测是指按影响企业利润变动的各种因素，预测企业将来所能达到的利润水平。

3. 成本预测

成本预测是指运用一定的科学方法，对未来成本水平及其变化趋势做出科学的估计。

4. 资金预测

资金预测是指在销售预测、利润预测和成本预测的基础上，根据企业未来发展目标，考虑影响资金的各项因素，运用专门方法预测出企业在未来一定时期内所需要的资金数额、来源渠道、运用方向及其效果的过程。

二、预测的程序

经营预测是一项复杂且要求较高的工作，一般可按以下步骤进行。

（一）确定预测目标

确定预测目标就是确定企业所要解决的问题及要实现的目标。

（二）收集、整理和分析资料

预测目标确定后，应着手收集有关经济的、技术的、市场的计划资料和实际资料，在收集大量资料的基础上，对资料进行加工、整理与分析，找出各因素之间的相互依存、相互制约的关系，作为预测的依据。

（三）选择预测方法

对于那些资料齐全，可以建立数学模型的预测对象，应在定量预测方法中选择合适的方法；对于那些缺乏定量资料的预测对象，应当结合以往的经验选择最佳的定性预测方法。

（四）实际预测

在前述工作的基础上，实施预测工作。

（五）检查验证

将实际数与预测数进行比较，检查预测的结果是否准确，并找出误差原因，以便及时对原选择的预测方法加以修正。

（六）修正预测结果

根据检查结果，改进预测方法，最终修正预测结果。

（七）报告预测结论

提交预测报告。

“标王”的衰败

1996 年秦池集团以 6 666.6 万元的天价获得中央电视台黄金时段“标王”称号后，中央电视台黄金时段就成为国内众多知名企业穷追不舍、不惜一掷千金的争夺目标，以此提升自己产品的知名度，达到轰动效应，以至于在 1997 年秦池集团要用 3.2 亿元的巨额资金第二次获得中央电视台黄金时段“标王”称号，一时舆论哗然。然而一年之后，当秦池集团经营陷入困境的报道公之于各大媒体时，业内人士开始冷静思考，并对包括秦池集团在内的众多企业的这种行为进行了分析，认为秦池集团在没有完全正确分析、预测国内白酒行业宏观环境、产品特点、消费者行为等因素的情况下，孤注一掷地拿出企业自身很难承受的巨额资金拼中央电视台“标王”称号，使企业背上了沉重的资金负担，经营陷入困境，真可谓代价惨重。

第三节　计划的编制与调整

计划的编制包括以下环节和内容：首先，应进行环境分析，确定组织所面临的条件和形势；其次，制定目标，即根据形势提出明确的组织目标要求；再次，要根据环境分析的结果和目标要求，进行预测和决策，提出行动方案，并编写切实可行的计划书，即编制计划；最后，计划的执行与调整，即计划书编制完成之后，在具体的实施过程中，还要根据计划的目标要求和实际执行情况，不断地进行修正和调整，以保证计划的适应性和目标的实现。

一、环境分析

企业环境是企业生存与发展的前提，是企业制定发展目标和计划的主要依据，因此，企业应在分析自身经营能力的基础上，掌握外部环境的变化，制定出正确的计划。

金融危机与企业的命运

2008 年下半年开始，随着美国贝尔斯登、雷曼兄弟、华盛顿互惠银行的倒闭，美国次贷危机日益演变为全球性的金融危机，美国、日本、德国等国家和地区的一些银行相继倒闭或申请破产保护，中国香港和中国台湾地区也在影响之列。中国的银行和金融体系受到政府的直接监管，而且投资性银行仍未大规模兴起，所以受到的冲击较小。然而，金融危机对中国实体经济的影响，被大大地低估了，2008 年第四季度的 GDP 增长率下降到了 6.8%，拖累全年 GDP 增长率降至 9%。

二、制定目标

目标是企业计划的核心，企业计划的制订都是围绕企业目标的实现进行的。

马和驴子的目标

贞观年间，长安城西的一家磨坊里，有一匹马和一头驴子，它们是好朋友，马在外面拉东西，驴子在屋里推磨。贞观三年，这匹马被玄奘大师选中，出发经西域前往天竺取经。

17 年后，这匹马驮着佛经回到长安，它重到磨坊会见驴子。老马谈起这次旅途的经历：浩瀚无边的沙漠、高入云霄的山岭、凌峰的冰雪……那些神话般的境界，使驴子听了极为惊异。驴子惊叹道："你有多么丰富的见闻啊！那么遥远的道路，我连想都不敢想。"老马说："其实，我们跨过的距离是大体相等的，当我向西域前行的时候，你一步也没停止。不同的是，我同玄奘大师有一个遥远的目标，按照始终如一的方向前进，所以我们打开了一个广阔的世界。而你被蒙住了眼睛，一生就围着磨盘打转，所以永远也走不出这个

狭隘的天地。”

成功计划与失败计划最根本的差别，在于有无正确合理的目标，有了正确目标的企业会像那匹老马一样不断前进，而缺乏目标的企业，则永远不会有所发展和超越。

（一）目标的含义

目标是一个组织根据其任务和目的确定在未来一定时期内所要达到的成果。企业目标是在分析企业外部环境和内部条件的基础上确定的企业各项经济活动的发展方向和奋斗结果，是企业经营目的的集体化。

（二）目标体系

组织的总体目标确定之后，围绕着总目标要依次确定下级各个分目标、子目标，而且各等级、各层次的目标之间构成了目标与手段的关系。

（三）目标制定的原则

1. 明确性原则

目标的内容应易于量度，意思明确，避免使用意思含糊的字句。

2. 可行性原则

目标一定要适合可行。如果目标很容易达到，就会缺乏挑战性，失去激励员工的作用；但如果目标难以实现，就会令员工放弃争取。因此，目标要既具有挑战性又具有可操作性。

小阅读

篮球架原理

如果把篮球架做成两层楼那样高，进球就难得多了。反过来，要是篮球架只有一个普通人那么高，进球就容易了，但还有人去玩吗？正是因为篮球架有一个跳一跳就够得着的高度，才使得篮球成为一个世界性的体育项目。

一个“跳一跳，够得着”的目标最有吸引力，对于这样的目标，人们才会以高度的热情去追求。因此，要想调动人的积极性，就应该设置有这种“高度”的目标。

3. 可考核性原则

目标一定要能够考核和便于考核才具有意义。最便于考核的目标是定量目标，定量目标可以通过具体时间规定、成果要求等加强其可考核性。

三、编制计划

（一）计划书的基本框架

计划书按照用途与思路的不同，可以划分为：基本框架模式与问题框架模式。

1. 基本框架模式

一般的计划书均采用这种模式，主要用于短期工作计划，主要包括以下几个方面：内外部环境分析；制定目标；方案选择；资源的综合平衡，保证资源的有效配置；计划的实施与反馈。如图 3—1 所示。

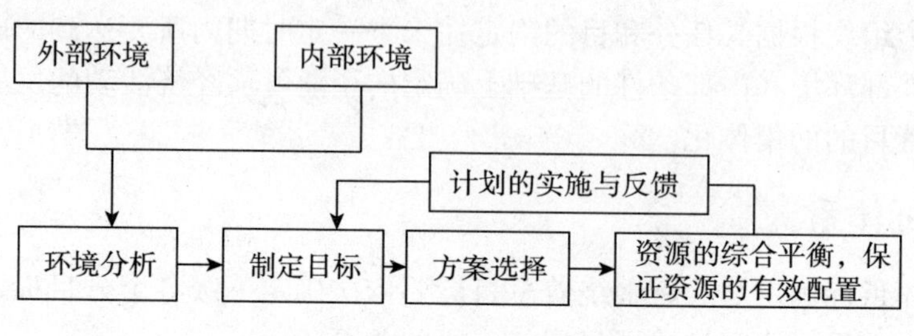

图 3—1　计划书的基本框架模式

勾践的灭吴计划

孙子曰：兵者，国之大事，死生之地，存亡之道，不可不察也。历史上，战争是国家的大事，除了关系到人民生死、国家存亡，还涉及政治、经济、文化、法制等社会各个方面。所以，运筹谋划是决定战争胜负的首要因素和前提条件。春秋末年，越王灭吴国之战就全面体现了谋划的重要性。公元前 494 年，吴国攻打越国，越国战败，越王勾践在危及关头，决定委曲求和保存国土，以谋东山再起。他根据本国国情和吴国情况，制定了一系列复兴、转败为胜的战略，即“破吴七计”。勾践卑言慎行、忍辱负重，一方面收买吴国重臣，麻痹夫差；另一方面实行内政改革，发展生产，恢复国家元气，赢得了百姓的拥戴。同时利用外交活动，实行离间计，挑拨夫差与伍子胥之间的关系。最后，知人善用，抓住时机，终于消灭了吴国。

2. 问题框架模式

问题框架模式是解决特定问题或开展某项工作而拟定专项计划所采用的模式。主要内容为：问题的分析与界定；主客观环境分析；确定行动目标和解决问题的方法；制定解决问题的方案与措施；计划的实施与反馈。如图 3—2 所示。

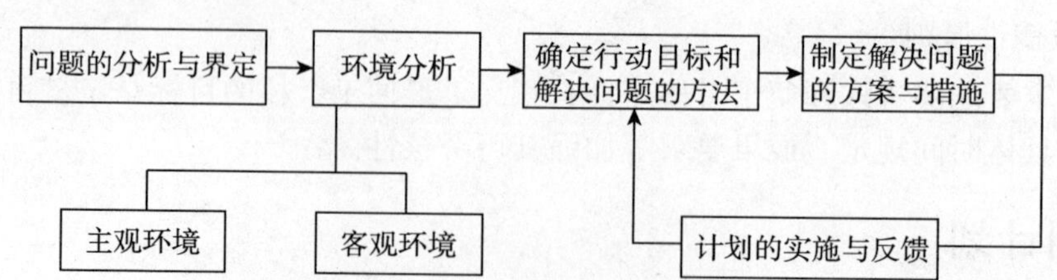

图 3—2　计划书的问题框架模式

（二）计划书的基本项目

一份完整的计划书包括如下基本项目：

（1）封面或标题。

（2）序言。

（3）正文：包括环境分析、问题界定、行动目标、问题解决方案、资源综合平衡等内容。

（4）附件：包括计划指标体系、计划进度表及其他相关资料。

计划书的构成项目如表 3—1 所示。

表 3—1　　计划书的构成项目

部　分	内　容	说　明
1. 计划导入	（1）封面	计划书的封面应美观大方
	（2）前言	表明计划者的动机及态度
	（3）目录	计划书的目录
2. 计划概要	（4）计划概要	概述计划书的整体思路与内容
3. 计划背景	（5）现状分析	说明计划的必要性及前提
4. 计划意图	（6）目的、目标设定	确定计划的目的、目标，说明计划的意义
5. 计划方针	（7）概念的形成	明确计划的方向、原则，规定计划的内容
6. 计划构想	（8）确定实施策略的结构	明确计划实施的结构及其组织保证
	（9）具体实施计划	计划的具体内容
7. 计划设计	（10）确定实施计划	实施计划所需时间、费用及其他资源
8. 附录	（11）参考资料	附加的与计划相关的资料

四、计划的执行与调整

（一）计划的执行

这一阶段的主要任务是把计划层层分解，确实落实到决策执行者身上。

（二）计划的调整

组织内部和外部环境的不断变化，使得计划在执行过程中与实际存在偏差，管理者应对计划的执行情况进行有效控制。计划的调整主要包括两种方法。

1. 滚动计划法

当实际结果与既定目标发生部分偏离时，为确保既定目标的顺利实现，可以采用滚动计划法，其是指根据一定时期计划的执行情况，考虑企业内外环境条件的变化，调整和修订计划，并相应地将计划期顺延一个时期，把近期计划和长期计划结合起来的一种调整计划的方法。

例如，某企业在2010年年底制定了2011—2015年的五年计划，如采用滚动计划法，到2011年年底，可根据当年计划完成的实际情况和客观条件的变化，对原来的五年计划进行调整，在此基础上再编制2012—2016年的五年计划，其后依次类推。如图3—3所示。

图3—3 滚动计划法示意图

2. 应变计划法

应变计划法是指当客观情况发生重大变化时，原有计划失去作用，企业则根据实际环境的变化，重新拟定可行的计划方案，并进行评估、选择和实施，或者采用备选计划的方法。一般企业在编制短期计划时都制定备用方案，以便企业应对环境的突发变化，从而降低风险、减少损失。

空调企业的应变能力

2003年4月23日，由于“非典”疫情的肆虐，中国商业联合会发出通知，明确要求为防止“非典”扩散，商场“五一”不搞促销。面对突来的危机，许多空调厂商积极从各方面寻求对策，在“五一”期间惨淡的空调销售市场依然取得了不菲的业绩，呈现出成熟企业的机敏与智慧。在危急关头，这些企业的应变能力和应对策略给业内留下了深刻的印象。

“非典”疫情对人们生活的冲击，大大改变了一部分人的消费观念，他们不再把空调仅仅作为简单意义上的空气温度调节器，而是提升到改善居室空气环境、保障身体健康和提高生活质量的全新意义的家电产品，从这个意义上讲，空调产品的内涵得以大大延伸和拓展，也为工厂的新产品研发提供了方向和具体思路。

就在这一非常时期，小鸭集团宣布计划投巨资在中山国际工业园建立全球第一家杀菌健康空调研发生产基地，并第一个推出了杀菌健康空调标志。小鸭还准备与LG、夏普、海尔等全球空调杀菌先锋联系，商谈成立全球第一个杀菌联盟，共同推广杀菌空调的技术

与标志，在杀菌技术上展开全方位的合作，而联盟的使命就是尽快带领全球空调业走出健康危机。

企业外部环境的变化难以预测，当实际经营环境发生变化时，企业应该立即调整原计划或采用备选计划来降低风险、减少损失。

第四节 目标管理

一、目标的含义

目标是目的或宗旨的具体化，是组织根据宗旨而提出的在一定时期内要达到的预期成果。

一个有效的目标需要遵循SMART原则，即具体、可衡量、适度、切合实际和有明确的时间表。

（一）目标必须具体（Specific）

这是指目标必须是清晰的、可产生行为导向的。比如“我要成为一个优秀的大学生”就不是一个具体的目标，但“我要获得今年的一等奖学金”就是一个具体目标了。

（二）目标必须可衡量（Measurable）

这是指目标必须用指标量化来表达。比如“我要获得今年的一等奖学金”这个目标，就对应着许多可以量化的指标——出勤、考试成绩和参加活动的结果等。

（三）目标必须适度（Achievable）

这里的“适度”有两层意思：一是目标应该在能力范围内确定，若确定的目标经常达不到，体验不到成就，会让人感到沮丧；二是目标应具有一定的挑战性。

（四）目标必须切合实际（Realistic）

这是指目标要与现实生活和环境相一致，而不是“白日梦”。

（五）目标必须具有明确的时间表（Time-Limited）

这是指必须确定达到目标的日期，不但要确定最终目标的完成时间，还要设立多个较小时间段上的“时间里程碑”，以便对进度进行监控。

二、目标管理的概念

目标管理（Management by Objectives，MBO）是由美国著名管理大师德鲁克于1954年提出，经由其他人发展，逐步成为西方许多国家普遍采用的一种系统地制定目标并进行管理的有效方法。德鲁克在《管理的实践》一书中首先提出了“目标管理和自我控制”的理论，并对目标管理的原理做了较全面的阐述。

目标管理可以概括为：组织的最高领导层与各级管理人员共同参与制定出一定时期内经营活动所要达到的各项工作目标，然后层层落实，要求下属各部门主管人员以至每个员工根据上级的目标制定出自己的目标和相应的保证措施，形成一个目标体系，并把目标完成情况作为各部门或个人考核依据的一套管理方法。

目标管理的核心是建立一个企业内的目标体系，全体员工各司其职、各尽其能，推进组织目标的达成。在一个企业的目标体系中，总经理的目标、部门经理的目标、车间主任的目标是各不相同的，但他们的目标都和企业整体目标息息相关。企业整体目标的实现，有赖于各部门目标的顺利实现。

三、目标管理的特点

（一）强调以目标网络为基础的系统管理

目标管理首先由管理层确定一定时期的总目标，然后对总目标进行分解，层层下达，逐级展开，形成不同层次、不同要求的多个目标。这些目标之间相互关联、相互支持，形成整体的目标网络系统，从而保证组织目标的整体性和一致性。

（二）强调“自我控制”

目标管理既重视科学管理，又重视人的因素。目标管理认为，员工是愿意负责的，愿意在工作中发挥自己的聪明才智和创造力。如果我们控制的对象是一个社会组织中的“人”，则必须通过对动机的控制来实现对行为的控制。目标管理的主旨是用“自我控制管理”代替“压制性管理”，这种“自我控制”可以激励员工尽自己最大的努力把工作做好。

（三）促使权力下放

目标管理的网络化将目标层层分解下达，这就要求各级管理人员要明确自己的管理目标和管理责任。上级要根据目标的需要，授予下级部门和个人相应的权力，以激励下级部门和个人充分发挥自己的聪明才智，保证目标的顺利实现。因此，授权是提高目标管理效果的关键，同时，推行目标管理，有助于促使权力下放。

（四）注重成果

由于目标管理有一套完整的目标考核体系，使其能够对组织成员中的实际贡献和业绩大小进行评价，从而克服以前凭印象、主观判断等考核的传统管理方式的不足。

四、目标管理的基本过程

由于各个组织活动的性质不同，目标管理的步骤也不完全一样，但一般来说，可以分为以下四步。

（一）建立一套完整的目标体系

实行目标管理，首先要建立一套完整的目标体系。这项工作是从企业的最高主管部门

开始的，然后由上而下地逐级确定目标。上下级的目标之间通常是一种“目的—手段”的关系，即某一级的目标，需要用一定的手段来实现，这些手段就成为下一级的次目标，按级顺推下去，直到作业层的作业目标，从而构成一种锁链式的目标体系。

（二）制定目标

制定目标需要以事先拟定和宣传为前提条件，应当采取协商的方式，应当鼓励下级主管人员根据基本方针拟定自己的目标，然后由上级批准。

（三）组织实施

目标既定，主管人员就应放手把权力交给下级成员，而自己去抓重点的综合性管理。如果在明确了目标之后，作为上级的主管人员还像从前那样事必躬亲，便违背了目标管理的主旨，不能获得目标管理的效果。当然，这并不是说，上级在确定目标后就可以撒手不管了，上级的管理应主要表现在指导、协助、提出问题、提供情报以及创造良好的工作环境方面。

（四）检查、评价、奖惩

对各级目标的完成情况，要事先规定出期限，定期进行检查，检查的方法可灵活地采用自检、互检和责成专门的部门进行检查。检查的依据就是事先确定的目标。对于最终结果，应当根据目标进行评价，并根据评价结果进行奖惩。成果评价与成员行为奖惩，既是对某一阶段组织活动效果以及组织成员贡献的总结，也为下一阶段的工作提供了参考和借鉴。

五、目标管理的局限性

（一）对目标的原理和方法阐明不够

目标管理看起来简单，但要把它有效地付诸实施，需各级主管人员对它有详尽的了解和认识。这就需要对目标管理的整个体系做耐心的解释工作，说明目标管理是什么，它怎样发挥作用，为什么要这样做，它在评价管理工作成效时起什么作用以及参与目标管理的人能得到什么好处等。

（二）给予目标制定者的指导不够

目标管理和其他各种计划工作一样，如果那些拟定目标的各级主管人员得不到必要的指导，不了解计划工作的前提条件和企业的基本战略和政策，那么他们就无法制定出正确的目标，也就无法发挥目标管理的作用。

（三）目标难以确定

目标难以确定包括两个方面：一方面，可考核的目标是难以确定的；另一方面，同一级管理人员的目标具有同等难度。这两个问题恰是目标管理能否取得成效的关键。

（四）目标一般是短期的

在所有实行目标管理的组织中，所确定的目标一般都是短期的，很少超过一年，而短期目标的弊病是显而易见的，为防止短期目标所导致的短期行为，上级主管人员必须从长期目标的角度提出总目标和制定目标的指导方针。

（五）不灵活的危险

目标管理要取得成效，必须保持明确性和肯定性，如果目标经常改变，就难以说明它是经过深思熟虑和周密计划的结果，这样的目标是没有意义的。但是，计划是面向未来的，而未来存在许多不确定因素，这又使得必须根据已经变化了的计划工作提前对目标进行修正。然而修订一个目标体系与制定一个目标体系所花费的精力相差无几，结果可能迫使主管人员不得不中途停止目标管理的过程。

石匠的目标

有个人经过一个建筑工地，问那里的石匠们在干什么？三个石匠有三个不同的回答。

第一个石匠回答："我在做养家糊口的事，混口饭吃。"

第二个石匠回答："我在做最棒的石匠工作。"

第三个石匠回答："我正在盖一座教堂。"

如果我们用"自我期望"、"自我启发"和"自我发展"三个指标来衡量这三个石匠，我们会发现第一个石匠的自我期望值太低，在职场上，此人缺乏自我启发的自觉和自我发展的动力。第二个石匠的自我期望值过高，在团队中，此人很可能是个特立独行、"笑傲江湖"式的人物。第三个石匠的目标与工程目标、团队目标高度吻合，他的自我启发意愿与自我发展行为会与组织目标的追求形成和谐的合力。

第五节　战略计划

从20世纪60年代开始到80年代中期，战略计划的重点一直是从上到下地设定目标和计划，也就是说，高层管理者和特别指定的战略计划部门为整个组织制定目标和计划。战术和运作管理者经常从同事那里接到目标和计划，这样就让战术和运作管理者感到与组织的疏远，对组织的成功失去责任感。然而今天组织在制定战略的过程中，高级执行官通常与组织内几乎所有管理者共商大计，形成了以下战略计划制定与实施的步骤。

一、确立宗旨、远景和目标

制定战略计划的第一步就是确立组织的宗旨、目标和远景。宗旨是组织基本的目的和价值取向，也是组织的经营范围。战略远景是在宗旨之外，描述公司前进的方向和公司最终的目标，远景则形象地表明公司的长期方向和战略意图。

壳牌石油公司的宗旨和远景

宗旨：

壳牌石油公司在美国和世界范围内从事优质石油、天然气、石化和其他相关产品的业务。我们的宗旨是在满足客户、员工、供应商和公众期望的基础上，最大化股东的价值。

我们是荷兰皇家/壳牌集团独立经营的公司，受益于集团在世界范围内的知名度和技术支持，并为此做出自己的贡献。

远景：

我们的目标是成为美国第一，并在我们的业务领域内处于世界领先。

我们的理念是诚实守信、顾客至上、利润增长、以人为本、技术领先。我们要广纳各方意见，不断求索。

我们要以无比的责任感和提供高价值商品的能力征服客户。人们将以为壳牌公司工作为荣，因为我们有最好的业务、提供发挥个人潜能的机会。因为我们的关心和投入，我们所处的社区也会欢迎我们。

我们，壳牌人，是实现这一远景的关键，并因我们的敬业、能量、改进的紧迫感和我们共享的价值观而与众不同。

二、外部机遇与威胁分析

制定战略计划的第二步是外部环境分析，成功的战略计划是以准确全面的环境评价为基础的，可以从以下四个方面进行分析。

（一）行业和市场分析

行业构成：主要产品和行业的市场划分。

行业增长：整个行业的增长率、主要市场的增长率、增长方式变化的预测、增长的决定因素。

行业力量：新进入者的威胁、替代品的威胁、消费者的讨价还价能力、供应商的讨价还价能力、行业内部的竞争。

（二）竞争者分析

竞争者组成：主要竞争对手及其市场份额。

竞争者分析：每个竞争者的目标、战略、优势和劣势。

竞争者的优势：竞争者提供差异产品或服务的能力和成本优势。

（三）政治和监管分析

法律与监管对行业的影响；组织参与政治活动的程度及行业受政治影响的程度。

（四）社会分析

社会问题：现在和潜在的社会问题及其对行业的影响。

社会利益团体：客户、环保或类似的对行业产生影响的社会团体。

三、内部优势与劣势分析

进行外部分析的同时，还要对公司内部主要职能部门的优势和劣势进行评价。内部分析使战略决策者对公司的技术储备、资源储备和职能部门的运营水平有全面的了解。具体可以从以下五个方面进行分析。

（一）财务分析

通过资产负债表、损益表对组织财务状况的强弱进行分析，通过横向和纵向对比分析组织发展趋势。

（二）人力资源分析

对所有管理者和员工的水平高低进行摸底，着重于人力资源的重要活动安排，包括招聘、甄选、再就业安排、培训、劳资关系、补偿、晋升、表扬、工作生活的质量与人力资源计划等。

（三）市场审计

分析市场活动的优势和劣势，确定市场、主要市场的划分以及组织在主要市场中的位置。

（四）运作分析

分析生产、产品或服务的优势和劣势。

（五）其他内部资源分析

对组织的其他活动（如研发、管理信息系统、工程和采购等方面）的优势和劣势进行必要的、合适的分析。

四、SWOT 分析与战略计划形成

在对外部环境和内部资源进行分析之后，战略决策者便获得了有关组织战略形成所需要的信息。SWOT 分析帮助管理者概括主要的事实，并在外部和内部分析的基础上进行预测。在此基础上，管理者要认识到组织面对的主要和次要问题。建立在 SWOT 基础上的战略，充分利用组织的优势，将机遇资本化，扬长避短，迎接威胁。战略选择从高度专业化到高度多样化有集中战略、垂直一体化战略、多样化战略及差异化战略等。

五、战略计划实施

一般说来，战略计划实施包括以下四个相关的步骤。

（一）定义战略任务

用简明的语言明确公司某个特定的业务领域必须做什么来创造或者维持竞争优势。定义战略任务是为了让员工明白他们可以为整个公司贡献什么，也可以重新规范内部各个部门之间的关系。

（二）评估组织能力

评估组织能力是为了贯彻组织的战略目标。一般任务团队会与公司的员工和经理们面谈，认定哪些具体问题会有助于或者有碍于有效的实施。

（三）制定实施日程

分析相关因素，制定战略计划实施日程。

（四）实施计划

执行战略计划。

六、战略控制

战略控制系统是为评估组织战略过程而制定的系统，如果存在差异，就要采取相关的更正行动。系统必须鼓励与计划一致的有效行动，同时要允许为适应变化而采取的灵活行动。

互动话题

请几位同学到黑板上写下自己的目标，让大家来评价，哪些只是愿望、想法，而不是有效目标？分析为什么有的同学的“目标”很有吸引力，却难以实现？

海州盐场

《梦溪笔谈》记载：海州知府孙冕很有经济头脑，他听说发运使准备在海州设置三个盐场，便坚决反对，并提出了许多理由。后来发运使亲自来海州谈盐场设置之事，还是被孙冕顶了回去。当地百姓拦住孙冕的轿子，向他诉说设置盐场的好处，孙冕解释道“你们不懂得做长远打算。官家卖盐虽然能获得眼前的利益，但如果盐太多卖不出去，三十年后就会自食其果了。”然而，孙冕的警告并没有引起人们的重视。

他离任后，海州很快就建起了三个盐场，几十年后，当地刑事案件频发，流寇盗贼、徭役赋税都比过去大大增多。由于运输、销售不通畅，囤积的盐日益增加，盐场亏损负债很多，许多人都破了产。这时，百姓才开始明白，在海州建盐场确实是个祸患。

管理定律

蝴蝶效应

洛伦兹在华盛顿的美国科学促进会的一次演讲中提出：一只蝴蝶在巴西扇动翅膀，有可能会在美国的得克萨斯引起一场龙卷风，他的演讲和结论给人们留下了极其深刻的印象。从此以后，所谓“蝴蝶效应”之说就不胫而走了。

“蝴蝶效应”之所以令人着迷、令人激动、发人深省，不但在于其大胆的想象力和迷人的美学色彩，更在于其深刻的科学内涵和内在的哲学魅力。

从科学的角度来看，“蝴蝶效应”反映了混沌运动的一个重要特征：系统的长期行为对初始条件的敏感依赖性。

经典动力学的传统观点认为：系统的长期行为对初始条件是不敏感的，即初始条件的微小变化对未来状态所造成的差别也是很微小的。可混沌理论向传统观点提出了挑战。混沌理论认为，在混沌系统中，初始条件的十分微小的变化经过不断放大，其对未来状态会产生极其巨大的影响。我们可以用在西方流传的一首民谣对此作形象的说明。这首民谣说：

丢失一个钉子，坏了一只蹄铁；
坏了一只蹄铁，折了一匹战马；
折了一匹战马，伤了一位骑士；
伤了一位骑士，输了一场战斗；
输了一场战斗，亡了一个帝国。

马蹄铁上一个钉子的丢失，本是初始条件的十分微小的变化，但其“长期”效应却是一个帝国存与亡的根本差别。这就是军事和政治领域中的所谓“蝴蝶效应”。

有点不可思议，但是确实可能造成这样的恶果。一个明智的领导人一定要防微杜渐，看似一些极微小的事情却有可能造成集体内部的分崩离析，那时岂不是悔之晚矣？

知识测试

1. 以下哪些属于计划的原理？（　　）

A. 限定因素原理　　B. 许诺原理
C. 灵活性原理　　D. 导向变化原理
E. 网络性原理

2. 涉及计划工作的基本特征的下列各种说法中，错误的是（　　）。

A. 计划工作普遍存在　　B. 计划工作居首要地位
C. 计划是一种无意识形态　　D. 计划工作要讲究效率

3. 年度计划一般属于（　　）计划。

A. 生产计划　　B. 长期
C. 中期　　D. 短期

4. 目标不是一成不变的，一般来说，（ ）应保持一定的稳定性。
A. 利润目标　　B. 短期目标
C. 中期目标　　D. 长期目标
5. 目标管理方法最大的缺点是（ ）。
A. 不能很好地激励员工
B. 强调数量或短期目标，忽略质量或长期目标
C. 对员工绩效评估的公开性和透明度差
D. 需要的时间短
6. “凡事预则立，不预则废”是强调（ ）的重要性。
A. 预防　　B. 预测　　C. 组织　　D. 计划
7. 为什么说计划有助于降低风险？
8. 什么是计划？简述计划工作的基本程序。
9. 试论“计划跟不上变化”是指一种什么现象？应如何处理计划与变化的关系？
10. 什么是目标管理？目标管理的过程是什么？

素质拓展

拓展项目一：制定目标管理方案

【实训目标】

1. 增强对目标管理的感性认识。
2. 掌握目标管理的实施要领。

【实训内容与要求】

1. 每个人为所在班级或寝室制定一个目标管理方案。
2. 进行必要的调查研究，正确地确定目标项目与标准，要具有可操作性。
3. 方案必须充分体现目标管理的特点与要求，要有完整的结构。
4. 在班级里组织交流与评价。

【成果与检测】

1. 标准：能正确运用目标管理的基本方法制定具有完整结构的目标管理方案，并能反映出学生的实际能力。

2. 评估：每人都要起草一份目标管理方案；对各人的目标管理方案及他们在交流会上的表现进行评估。

拓展项目二：计划与评价

【技能培养目标】

1. 培养学生的创造性思维。
2. 培养学生制订计划的能力。
3. 培养学生的分析评价能力。
4. 培养学生的沟通能力。

【实训内容与要求】

1. 将全班分成 A、B 两组，相对而坐。

2. 教师每十分钟发放一个题目（也可以抽签）。

3. 第一节课由 A 组制订计划，B 组分析评价计划；第二节课 A、B 两组互换角色。

4. 教师公布题目后，负责制订计划的一组用抢答的方式确定制订计划者，经过 5～10 分钟准备后提出一个简要的计划。

5. 制订计划的重点：注重创意思维、方案运筹，形成基本合理的可行性方案。

6. 计划提出后，另一组成员对该计划进行评价，指出其合理之处，以及存在的问题和不足。制定一方的本组人员可对计划做一步补充和解释说明。

7. 每一个计划的题目大约进行 10 分钟，总共利用两学时时间。

【成果与检测】

1. 对于通过竞争制订计划的学生，记 1 分，计划制定较好者，记 2 分。

2. 分析评价方态度积极，观点正确，记 1 分，表现突出、反驳有力的，记 2 分。

3. 其他参与发言的，一般记 1 分，较好的记 2 分，如果计划好，评价也好的总分记 3 分。

4. 课程结束后上交计划提纲。

计划题目举例：

1. 如果你是班长，怎样抓好一个班级建设，请草拟一份计划书。

2. 请为我班策划一次周末联欢活动，并草拟计划书。

3. 计划在 3.15 消费者权益日策划一次街头宣传活动，请你做一份策划书。

4. 如果你想承包一家校园超市，你将怎样经营策划？

5. 请你为“校园十大歌手大赛”进行策划。

6. 请你为体育部将要进行的足球比赛做一份计划书。

7. 最近某班频繁发生违纪现象，请对此制定一个整顿纪律的工作方案。

8. 假如你所在寝室同学之间关系不和，寝室卫生较差，你作为新寝室长将如何改变这种局面？

9. 如果你所在的班级厌学情绪较重，学习气氛不浓，请你制定一份激励全班同学努力学习的方案。

10. 学生会举行校内大规模校园文化活动，需要你去拉赞助，请制定一份工作方案。

案例分析

王勇的难题

王勇曾经在一家知名的外商独资企业中担任销售部经理，成绩卓著。几年前，他自己开了个建材贸易公司，生意一直很不错。2013 年年初，他准备进一步扩大业务，在若干县级市中设立经销处，同时，扩大经营范围，增加花色品种。

面对众多要处理的事情，王勇决定将部分权力授予下属的各部门经理。他逐一与经理们谈话，一一落实要达到的目标。其中，王勇给采购部经理定下的目标是：保证每一个经

销处销售所需货物的及时供应；所采购到的货物的产品合格率需保持在98%以上；采购成本保持在采购额的5%以内。采购部经理当即提出异议，认为有的指标不合理。王勇回答："可能吧，你尽力而为就是。"

到年终考核时发现，采购部实现了王勇给他们规定的前两个目标，但采购成本大大超出，约占当年采购额的8%。王勇问采购部经理为什么时，采购部经理解释说："有的事情也只能如此，就目前而言，我认为，保证及时供应和货物质量比我们在采购时花掉多少钱更重要。"

思考题

怎样才能使部门经理们更明确地理解王勇提出的目标，并且承担起相应的责任。

第四章 决　策

学习目标

知识点

- 理解决策的含义及特点
- 掌握决策的类型
- 了解影响决策的因素
- 掌握决策的原则和基本程序
- 掌握决策的方法
- 了解决策的依据和前提

技能点

- 培养学生运用决策方法进行决策的能力

引例

穿越人生的麦田

柏拉图问老师苏格拉底什么是爱情，老师就让他到麦田里去摘一棵最大、最金黄的麦穗来，只能摘一次，并且只可向前走，不能回头。

柏拉图于是按照老师说的去做了，结果他两手空空地走出了田地。老师问他为什么没摘到。

他说："因为只能摘一次，又不能走回头路，即使见到最大、最金黄的，因为不知前面是否有更好的，所以没有摘。走到前面时，又发觉总不及之前见到的好，原来最大、最金黄的麦穗早已错过了，于是我什么也没摘到。"

老师说："这就是爱情。"

之后又有一天，柏拉图问他的老师什么是婚姻，他的老师就叫他到树林里，砍下一棵最大、最茂盛的树。同样只能砍一次，只可以向前走，不能回头。

柏拉图照着老师说的话去做。这次，他带了一棵普普通通，不是很茂盛，也不算太差的树回来。老师们问他，怎么带这棵普普通通的树回来？他说："有了上一次的经验，当我走到大半路程还两手空空时，看到这棵树也不太差，便砍下来了，免得错过了后，又什么也带不出来。"

老师说："这就是婚姻。"

第一节 决策概述

一、决策的含义

决策有狭义和广义之分。狭义上的决策指在几种行为方案中做出选择，广义上的决策还包括在做出最后选择之前必须进行的一切活动。

在此，我们主要从广义的角度理解决策的含义，即决策是指为今后的行动确定目标，并从多种可以相互替代的方案中选择一个合理或满意方案的分析、判断过程。

二、决策的特点

（1）目标性：即决策必须有明确的目标。

（2）选择性：即决策必须有两个或两个以上可供选择的可行方案。所谓可行方案，指的是能够实现预定目标，各种影响因素均能进行定性和定量的比较，在现行的技术经济条件下能顺利实施的方案。

（3）满意性：即选择方案遵循的原则是"满意"或"合理"。不同的人，受价值观、对风险的态度、环境、工作经历、伦理道德观等因素的影响，其满意的标准不同。

（4）科学性：即决策要通过科学的分析、评价进行优选。每个方案都有优缺点，必须通过科学的、全面的分析判断，才能在多种可行方案中选择一个较为理想的合理方案。

（5）过程性：决策不是简单地罗列方案和选择方案，而是需要决策者做一系列大量的工作，从调查、分析和预测，到确定行动目标，找出可行方案，再进行判断、分析，选出最终方案。

（6）动态性：决策作为一个过程，没有真正的起点，也没有真正的终点，而是一个不断循环的过程。

小阅读

"野马"的问世

1960年，李·艾柯卡升为美国福特公司副总裁，他观察到20世纪60年代一股以青年人为代表的社会革新力量正式形成，它将对美国社会、经济产生难以估量的影响。李·艾柯卡认为，设计新车型时，应该把青年人的需求放在第一位。而这一代人对车的要求与其父母大相径庭，他们想张扬自己的个性。在李·艾柯卡的精心组织下，经过多次改进，1962年年底新车最后定型。它看起来像一部运动车，鼻子长、尾部短，满足了青年人喜

欢运动和刺激的心理。更重要的是，这种车的售价相当低，只有2 500美元左右，一般青年人都能买得起。最后，这种车还取了一个令青年人遐想的名字——“野马（Mustang)”

李·艾柯卡将“野马”首次亮相的舞台选在了1964年4月的纽约世界博览会，在此之前，福特公司还为此大造了一番舆论，掀起了一股“野马”热。在第一年的销售中，顾客买走了41.9万辆“野马”，创下全美汽车制造业的当时最高纪录。“野马”的问世和巨大成功显示了李·艾柯卡杰出的经营决策才能。

三、决策的类型

（一）按决策活动的层次划分

按决策活动的层次可将决策活动分为战略决策、管理决策和作业决策。战略决策侧重于资本过程；管理决策侧重于价值过程；作业决策侧重于劳动过程。

（二）按决策活动的规范性划分

按决策活动的规范性可将决策活动分为程序性决策和非程序性决策。

程序性决策是对日常的反复发生的例行问题采用例行程序所做的决策。在管理工作中，约有80%的决策属于程序性决策。如果没有这些程序性决策，就意味着公司制度没有规范，管理者就会像消防队一样，天天忙着救火。

小阅读

“老佛爷”用膳的标准程序

慈禧太后吃完饭的时候，如果太监走过来说：“老佛爷，您用完了吗?”“啪”一个耳光就打过去，“你还用问吗?”统统按SOP（标准作业程序)!

慈禧太后的筷子如果是直着摆，表示还要继续吃，如果横着往前推，表示吃完了。就这么一个记号，大太监一看就出去。把左手拿起来，中指和食指合并，这就叫上水——太后吃完饭要上水的。太后一漱完口，大太监又出去了，上茶。早上喝龙井，中午碧螺春，晚上喝普洱，分得非常清楚。太后中午喝什么茶，问都不用问。茶盖如果是虚掩着的表示还要喝。掀起来，斜靠在旁边，表示喝完了。大太监一看又出去了，上烟！太后吃完了要抽水烟袋的，上烟的时候要从她右边绕过去，跪在烟点的方向，给她点火。这一切都是静悄悄的，没有任何声音。

故事告诉我们：程序化的东西，不需要任何请示，按事先规定的规则去做就可以了。

非程序性决策是对偶发的、不重复出现的例外问题所做的决策。当问题涉及面广，又是新发生的，或问题很重要而且复杂，没有例行程序可以遵循时，就要进行特殊处理，对这类问题的决策就是非程序性决策。

（三）按决策活动结果的确定性划分

按决策活动结果的确定性可将决策活动分为确定性决策、风险性决策和不确定性决策。

确定性决策是指事先可以肯定唯一结果的决策。风险性决策是指未来情况不完全确定，但能够知道各种后果以及各种后果出现的概率的决策。不确定性决策是指无法把握结果及概率的决策。

（四）按决策的风格划分

按决策的风格可以将决策活动分为个人决策和群体决策。

个人决策的特点是决策迅速、责任明确，主要用于处理常规的管理问题以及信息较为准确、简单的决策问题。群体决策通过会议集体讨论，充分发挥领导集团的智慧，集思广益，进行决策。

（五）按决策影响的时间长短划分

按决策影响的时间长短可将决策活动分为长期决策和短期决策。

长期决策是指对组织的发展方向做出的长期性、全局性的重大决策。长期决策一般属于战略性决策，具有周期长、风险大的特点，如投资方向的选择等。短期决策是指为实现长期战略目标而采取的短期策略手段。短期决策一般属于战术决策或业务决策，具有时间短的特点，如企业的日常营销等。

小阅读

通用公司的“全民决策”管理制度

杰克·韦尔奇接任美国通用电气公司的总裁后，认为公司管得太多，领导得太少，“工人们对自己的工作比老板清楚得多，经理们最好不要横加干涉”。为此，他实行了“全民决策”制度，使那些平时没有机会相互交流的职工、中层管理人员都能出席决策讨论会。“全民决策”的开展，打击了公司中官僚主义的弊端，减少了烦琐的程序。实行“全民决策”，使公司在经济不景气的情况下取得了巨大发展。

四、影响决策的因素

（一）环境

在稳定的环境中，决策的调整机会不多；在不稳定的环境中，组织会对其经营活动的决策较频繁地依据环境的变化作相应的调整。在相对稳定的环境下，可以做出较长时期的决策；在变化迅速的环境下，做出长期可靠的决策是很困难的。

（二）组织文化

决策的意义在于达到决策的目的，如果决策者没有顾及组织文化特点，将导致决策方案不会被大多数人接受，那么最优的决策也会由于难以执行而变得毫无价值。

（三）过去的决策

一般来说，组织的决策或多或少要受到过去决策的影响，特别是当过去决策也是由现任者做出时，更是如此。一方面，这种决策比较容易被组织成员接受；另一方面，回顾过去决策中的经验和教训有利于做出更科学的决策。

(四) 决策者对决策风险的态度

愿意承担风险的决策者，选择的方案风险性较大；保守的决策者，选择的方案风险性较小。另外，同一个人在不同的状态下，或者面对不同的利害关系时，其对待风险的态度也不相同，进而对决策的影响也不相同。

(五) 决策时间的紧迫性

有限的时间和信息使决策者没有时间进行太复杂的决策过程时，决策者往往选择直觉决策，即凭借经验来决策。如时间要求不是太紧迫，一般决策者愿意按照决策过程进行科学决策。

(六) 参与者自身的素质

主要决策者无疑将很大限度地影响决策，但其他参与者的素质与能力也是一个很重要的“人员因素”。

第二节 决策的原则与基本程序

一、决策的原则

(一) 目标性原则

确定目标既是决策的内容，又是决策的前提。决策的目标性原则就是目标必须明确、具体，并且便于衡量。

布里丹的驴子

确定目标时要避免“布里丹”选择。在哲学史上，有一头著名的驴子，名字叫做“布里丹的驴子”，这头驴和别的驴不同，它喜欢思考。一天，布里丹的驴子肚子饿得咕咕叫，于是它到处寻找吃的东西。很幸运，它很快发现左边和右边都有一堆草可吃，于是它到了左边那堆草边，到了左边以后它发现没有右边那堆草的数量多，所以饿着肚子跑到右边去吃。到了右边以后又发现左边那堆草的颜色青。想想，还是回到左边去吧。就这样，一会儿考虑数量，一会儿考虑质量，一会儿分析颜色，一会儿分析新鲜度，犹犹豫豫，来来回回，这头可怜的驴子最后竟饿死在了途中。

(二) 系统性原则

组织是社会大系统中的一个子系统，组织内部条件要服从和适应外部环境的情况和要求，组织的决策必须从社会整体利益出发，树立系统思想和全局观念，统筹兼顾，综合平衡。

（三）经济性原则

组织在进行决策的过程中，在保证国家利益、社会利益的前提下，应以经济效益为主要依据。

（四）可行性原则

决策必须建立在实际需要和可能的基础上，从实际出发，分析主客观条件是否具备，所采取的措施是否可行，并且要充分顾及社会、政治、道德等因素。

（五）科学性原则

决策者必须以科学的理论做指导并运用科学的方法，按规律办事，力求决策结果科学、准确、合理、可行。

（六）群众性原则

群众是智慧的源泉，也是决策目标实现的基础，决策所涉及的问题往往需要多方面的知识和经验。因此，必须依靠广大群众，集思广益。

（七）政策性原则

组织的经营决策必须贯彻执行党和国家的路线、方针和政策，遵循国家法律、法规及各项制度。

二、决策的基本程序

决策是一个提出问题、分析问题和解决问题的系统分析过程，要达到有效的决策目的，必须遵循科学的决策程序，如图 4—1 所示。

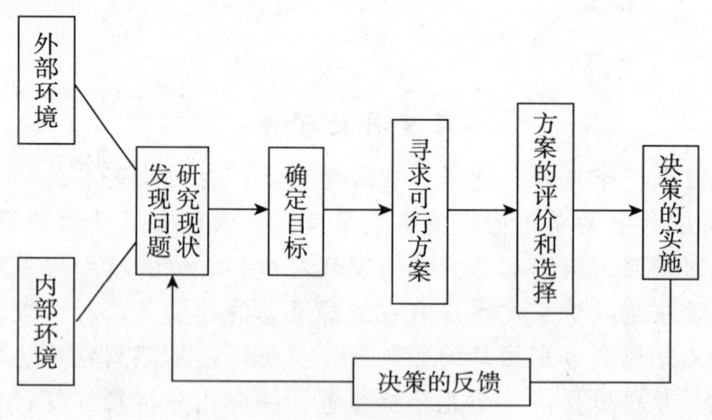

图 4—1　决策的基本程序

（一）研究现状、发现问题

决策是为了解决一定问题而制定的，研究现状的目的是为了找出现状与期望状态之间

的差距，这种差距的大小及其根源是组织进行相应决策的重要依据。

（二）确定目标

确定目标是决策的前提。这一阶段的目的在于澄清解决问题的最终目的，明确应达成的目的，并对目标的优先顺序进行排序。决策目标是由上一阶段明确的有待解决的问题决定的，在决定过程中，必须把要解决问题的性质、结构及其原因分析清楚，才能有针对性地确定出合理的决策目标。

（三）寻求可行方案

在诊断问题的根由并澄清解决此问题的真正目标后，应寻求所有可能用来解决此问题的对策及有关的限制因素。在寻求可行方案时，尽可能多提出各种可行方案。

（四）方案的评价和选择

对每个方案进行可行性论证，在论证的基础上进行综合评价，从众多方案中选取一个最优方案。

小阅读

选择时要避免霍布森选择

霍布森是一个英国人，从事马匹生意，他说，买我的马，租我的马，随你的便，价格都便宜，霍布森的马圈很大，马匹很多，然而马圈只有一个小门，高头大马出不去，能出去的都是瘦马、小马。后来管理学家西蒙把这种现象定义为霍布森选择。霍布森选择是一个小选择，是一个有限范围的选择，不是充分选择。所以决策时一定要制定尽可能多的方案，这样才可能避免霍布森选择，找到“最佳”的方案。

（五）决策的实施和反馈

通过实施判断决策正确与否。在决策执行过程中建立信息反馈系统，及时地将实施结果与规划目标进行分析比较，如有差异，查明原因，采取必要的措施进行调整，从而保证决策目标的实现。

第三节 决策的方法

一、定量决策方法

（一）损益期望值法

损就是亏损，益就是盈利。损益值就是企业（或项目）盈利或亏损的数额。损益期望值是指某一行动方案在各种状态下所可能期望得到的平均损益值，它等于每种状态下的概率与相应的损益值的乘积之和。

损益期望值法即计算每个行动方案的损益期望值，然后比较大小，根据“损益期望值最大规则”选择满意方案。

【例 4—1】有一项引进的工程项目，某保险公司为此需要决定是否开办一个新的险种，经调查研究发现，如果开办而不出现，则每年收益 5 万元，但如果开办并出现责任事故，则将给保险公司带来 100 万元的损失；如果不开办，保险公司要付调研费 5 000 元，根据过去的统计资料，预测承保后不出险的概率为 0.96，出险的概率为 0.04，在这种情况下，保险公司对工程项目是否承保？

解：根据题中条件，可列出表 4—1。

表 4—1　各方案在不同状态下的损益值　（单位：元）

名称	不出险	出险
概率	0.96	0.04
承保方案（A1）	50 000	−1 000 000
不承保方案（A2）	−5 000	−5 000

$E(A1)=0.96\times 50\,000+0.04\times(-1\,000\,000)=8\,000$(元)

$E(A2)=0.96\times(-5\,000)+0.04\times(-5\,000)=-5\,000$(元)

所以选择承保方案为最优方案。

（二）决策树法

决策树是以方块和圆圈为结点，并由直线连接而成的一种树状结构。一般来说，每个可行方案，又有多种状态，因此，图像由左向右，由简到繁，形成一个树状结构。决策过程由右向左，逐步后退，根据末端的损益值和状态的概率值计算出同一方案不同状态下的期望值，然后根据其大小做出决策，标出被舍弃方案的对应分支，最后决策结点留下一条分支即为满意方案。

决策树中，方块（□）表示决策点，由决策点引出的一级树枝叫做方案枝，分别用带有编号的圆形（○）状态点来表示，各状态点上可标出对应方案的损益期望值，由圆形结点进一步向右引出的枝条称为方案的状态枝，每一状态出现的概率可标在每条直线的上方，直线右端的三角形（△）称为效果点，可标出该状态下方案执行所带来的损益值。

【例 4—2】某企业计划生产某种产品，现提出三种生产方案，根据有关资料，已知未来市场面临三种状态，每个方案在各种状态下的损益期望值见表 4—2，请用决策树法做出决策，选出满意的方案。

表 4—2　各方案在不同状态下的损益值　（单位：万元）

备选方案	各种自然状态下的损益值		
	销路好 $P=0.5$	一般 $P=0.3$	销路差 $P=0.2$
大批生产（A1）	30	10	−15
中批生产（A2）	20	6	2
小批生产（A3）	15	4	4

解：根据表格画出决策树，如图 4—2 所示。

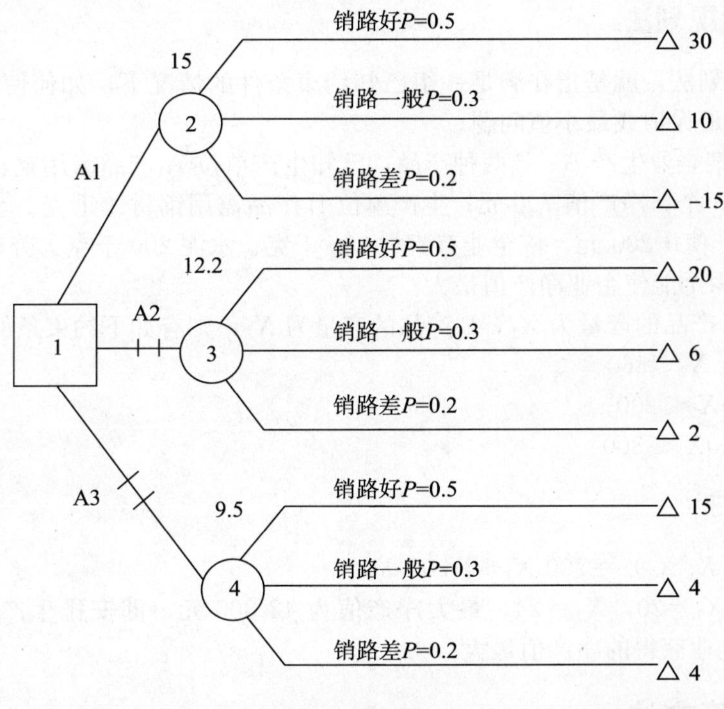

图 4—2 决策树示意

计算出各状态点的损益期望值，并标到各状态点上。

状态点 2：$E(A1)=30\times0.5+10\times0.3+(-15)\times0.2=15$(万元)

状态点 3：$E(A2)=20\times0.5+6\times0.3+2\times0.2=12.2$(万元)

状态点 4：$E(A3)=15\times0.5+4\times0.3+4\times0.2=9.5$(万元)

比较各状态点的期望值大小，剪去较小的两个方案枝。进过比较，决策为剪去 A2、A3 方案，大批生产（A1）方案为满意方案。

(三)“本量利”分析法

所谓“本量利”分析法，就是根据销售量、成本和利润三者之间的相互关系，对企业的盈亏平衡点和盈利情况的变化进行分析的一种方法。在盈亏分析中，将企业的总成本按照性质分为固定成本和变动成本。

利用“本量利”分析法进行决策的关键是找出企业不盈不亏的产量，此时总收入等于总成本。

【例 4—3】一个体户买了一台复印机，假设它的固定成本为每年 1 万元，单位变动成本为每复印一张纸为 0.15 元，对外每张复印费为 0.3 元，那么每年最少复印多少张才能保本?

解：假设为 X 张，根据盈亏分析保本点，得到

$$0.3X=10\ 000+0.15X$$

$$X=66\ 667\text{ 张}$$

因此，一年至少复印66 667张才能保本。

（四）线性规划法

所谓线性规划法，就是指在满足一组已知约束条件的情况下，如何使决策目标最优，即求目标函数的最大值或最小值问题。

【例 4—4】 某企业生产 A、B 两种产品，已知生产单位 A 产品需用钢材 9 千克、水泥 4 千克、劳动力 3 个，净产值 700 元；生产单位 B 产品需用钢材 4 千克、水泥 5 千克、劳动力 10 个，净产值 1 200 元。该企业有钢材 360 千克、水泥 200 千克、劳动力 300 个，问 A、B 各生产多少个能使企业净产值最大？

解： 假设 A 产品的产量为 X_1，B 产品的产量为 X_2，则有如下约束条件：

$$9X_1+4X_2\leqslant 360$$
$$4X_1+5X_2\leqslant 200$$
$$3X_1+10X_2\leqslant 300$$
$$X_1, X_2\geqslant 0$$

目标函数为

$$\text{Maxf}(X_1\ X_2)=700X_1+1\,200X_2$$

求解得到：$X_1=20$，$X_2=24$，最大净产值为 42 800 元，即安排生产 20 个 A 产品，24 个 B 产品，企业获得的净产值最大。

二、定性决策方法

（一）德尔菲法

德尔菲法由美国兰德公司在 20 世纪 40 年代提出，其要旨是就某一问题征集有关专家的意见，做出决策。一般指采用不记名投寄的方式征询专家意见，并进行统计归纳做出决策的方法，过程如下。

（1）由调查人员提出各种要调查和决策的问题，发给有关专家填写。

（2）专家们根据调查表所列的问题，背对背地提出自已的意见。

（3）由调查人员汇集整理各专家的意见，并把整理分析的结果反馈给各专家，并由专家填写后再寄回。

（4）对每一次结果都要运用科学的方法进行整理、统计、分析，经过多次反复，直至得到令人满意的结果。

德尔菲法能充分发挥专家作用，背对背的形式可以排除心理影响，而且带有反馈的意见测试，能使各种意见相互启迪，从而做出正确的决策，但是这种方法比较烦琐，所需的时间和成本都比较高。

书刊经销商的决策

某书刊经销商采用德尔菲法对某一专著销售量进行预测。该经销商首先选择若干书店经理、书评家、读者、编审、销售代表和海外公司经理组成专家小组。然后将该专著和一

些相应的背景材料发给各位专家，要求大家给出该专著最低销售量、最可能销售量和最高销售量三个数字，同时说明自己做出判断的主要理由。之后将专家们的意见收集起来，归纳整理后返回给各位专家，然后要求专家们参考他人的意见对自己的预测重新考虑。专家们完成第一次预测并得到第一次预测的汇总结果以后，除书店经理B外，其他专家在第二次预测中都做了不同程度的修正。重复进行，在第三次预测中，大多数专家又一次修改了自己的看法。第四次预测时，所有专家都不再修改自己的意见。因此，专家意见收集过程在第四次以后停止。最终预测结果为最低销售量26万册，最高销售量60万册，最可能销售量46万册。

（二）头脑风暴法

头脑风暴法是美国创造学奠基人奥斯本于1939年提出的一种培养创造性思维、激发创造力的方法。一般是针对需要决策的问题，召集有关人员，在一种无拘无束的环境下畅所欲言、集思广益，在相互启发中发表意见，从而进行决策的一种方法。其要点如下。

(1) 将每个点子记录在大家能看到的地方，一是供大家参考，相互启发；二是留待以后整理和分析。

(2) 与会者不分职位高低，在意见面前一律平等，不允许以集体或权威意见的方式影响他人提意见。

(3) 不允许在点子汇集阶段对别人的意见进行结论性评价和反驳。

头脑风暴法集中了各种人的意见，比较全面地考虑事物的各种可能性，但参加人数有限，不可能广泛征集意见，而且多数人的意见往往对少数人造成压力，即使真理掌握在少数人手里，也可能会不由自主地服从多数人。另外，集体有时也容易被个别权威人士的意见所左右。

第四节　决策的依据与前提

一、决策的依据

管理者在决定收集什么样的信息、收集多少信息以及从何处收集信息等问题时，要进行成本收益分析。只有在收集的信息所带来的收益超过因此而付出的成本时，才应该收集信息。所以适量的信息是决策的依据，信息量过大对组织而言可能不经济，而信息量过少则使管理者无从决策或导致决策收不到应有的效果。

决策所依据的信息不仅包括组织面临的外部环境信息，还应包括自身条件信息，只有综合内外部环境信息才能做出正确的决策。

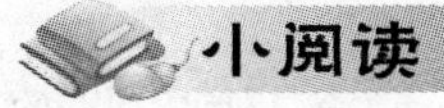

“一条腿”的决策站不稳

有一家消费品制造厂，在几个月前，销售部主任判断：通过加强促销宣传，有可能从主要竞争对手那里夺取15%的市场份额。于是决定给予能够赢得更多生意的促销员以额外奖金，对于能够争得新订货的批发商，则给予更多的鼓励。

在实行这种促销活动的3个月里，公司接到的订货增加了12.5%，这证明销售部主任的判断是正确的。可是，不幸的是，在促销活动开始以前，公司生产这些产品的能力就已经饱和了，为了应付新的订货，公司不得不增加550万元的投资来提高生产能力，但是公司目前既无资金，也无场地，无法进行扩大生产。

不难发现，销售部主任仅凭对外部环境信息的准确把握做出的决策是不正确的，管理者必须综合外部环境和内部条件两方面的信息才能做出正确的决策。

二、决策的前提

适量的信息是决策的依据。那信息又从何而来呢？来自于调查和预测。

（一）市场调查

1. 市场调查的内容

（1）顾客调查。对现有用户的购买人数、购买力、购买动机、购买水平、消费结构及趋势等方面的调查以及对潜在顾客的调查。

（2）产品调查。对产品投放市场后，用户对产品的功能、效用、质量、外观、包装、价格、服务、广告宣传等方面的反应和意见的调查。

（3）销售调查。对自己及竞争对手销售量、销售范围、分销渠道、促销活动等方面的调查。

（4）政府行为调查。了解政府政策和控制方式的变动对市场的影响，以便对市场进行综合分析。

遇事别急着下结论

某人得一紫砂壶，夜必放床头。一次失手将壶盖打翻，惊醒甚恼，壶盖既碎，留壶身何用？于是抓起壶扔着到窗外。天明，发现壶盖掉在棉鞋上，无损。恨之，一脚把壶盖踩得粉碎。出门，见昨晚扔出窗外的茶壶完好无损地挂在树枝上——遇事别急着下结论，要调查，事情可能没你想象得那么糟。

2. 市场调查的步骤

市场调查是一项复杂而又细致的工作，必须按预定目标，有组织、有计划、有步骤地进行，步骤如下：

（1）确定调查问题与重点。要调查的问题既不可过于宽泛，也不宜过于狭窄，要有明确的界定并充分考虑调查结果的实效性。

（2）制定调查计划。主要有调查项目与目的、资料来源、调查方法、调查工具、调查范围、调查人员安排、调查进度和费用预算。

（3）收集调查资料。

(4) 资料的整理与分析。对收集到的资料进行审查、整理、分类、比较分析。审查的重点是资料的可靠性，整理是检查资料的完整性，分类是为了便于使用和管理资料，比较分析是将实际调查的资料与组织的现状进行比较，从中发现组织的优势、劣势、机会和威胁。

(5) 提出调查报告。调查报告是市场调查结果的文字记录，是提供决策的重要文件。

(二) 市场预测

市场预测是借助历史统计资料和市场调查，运用科学的预测技术，对未来一定时期内的市场需求状况及其发展变化趋势进行预算、分析和推断的一种活动。内容包括组织所在地区社会商品购买力水平及发展趋势的预测、产品或服务的需求预测、产品寿命周期及新产品市场前景预测、销售前景预测、科技发展趋势预测、政府政策预测、其他相关因素的预测。

互动话题

你报考大学，在选择大学和专业时，决策的依据是什么？你现在对就读的大学和专业满意吗？如果让你重新选择一次，你决策的依据会是什么？为什么？

管理故事

永远的坐票

生活真是有趣：如果你只是接受最好的，你经常会得到最好的。有一个人经常出差，经常买不到对号入座的车票。可是无论长途短途，无论车上多挤，他总能找到座位。他的办法其实很简单，就是耐心地一节车厢一节车厢地找过去。这个办法听上去似乎并不高明，但却很管用。每次，他都做好了从第一节车厢走到最后一节车厢的准备，可是每次他都用不着走到最后就会发现空位。他说，这是因为像他这样锲而不舍找座位的乘客实在不多。经常是在他落座的车厢里尚余若干座位，而在其他车厢的过道和车厢接头处，居然人满为患。

他说，大多数乘客轻易就被一两节车厢拥挤的表面现象迷惑了，不大细想在数十次停靠之中，从火车十几个车门上上下下的流动中蕴藏着不少提供座位的机遇；即使想到了，他们也没有那一份寻找的耐心。眼前一方小小立足之地很容易让大多数人满足，为了一两个座位背负着行囊挤来挤去让他们觉得不值。他们还担心万一找不到座位，回头连个好好站着的地方也没有了。与生活中一些安于现状、不思进取、害怕失败的人，永远只能滞留在没有成功的起点上一样，这些不愿主动找座位的乘客大多只能在上车时最初的落脚之处一直站到下车。

温馨提示：自信、执着、富有远见、勤于实践，会让你握有一张人生之旅永远的坐票。

管理定律

马特莱法则——抓关键

马特莱法则又称为80∶20法则，主张企业经营者管理企业不必面面俱到，而应侧重抓关键的20%。从人力资源管理的角度来看，企业经营者应把主要精力放在占员工总数20%的业务骨干身上，抓企业发展的骨干力量，再以这20%的少数带动80%的多数，以提高企业效率；从决策的角度来看，马特莱法则就是要抓住企业中存在的关键问题进行决策；从营销的角度来看，企业经营者应抓住占总数20%的重点商品、重点用户，渗透经营，以达到牵一发而动全身的效果。

马特莱法则的神奇之处，就在于它确定了经营者的大视野：侧重抓住占总数20%的骨干力量、重点产品、重点用户等。抓住了这几个20%，就牵住了“牛鼻子”，整个工作就会顺势而上。掌握了马特莱法则，管理者就能找准工作的着力点，就能从繁忙的事务中解脱出来，去干自己最想干又最需要干的事情。

知识测试

1. 在确定、可控的条件下进行的决策属于（　　）。
   A. 定性决策　　B. 确定型决策
   C. 风险型决策　　D. 不确定型决策
2. 德尔菲法属于（　　）方法。
   A. 确定型决策　　B. 定量决策
   C. 个人决策　　D. 集体决策
3. 决策树法属于（　　）方法。
   A. 集体决策　　B. 确定型决策
   C. 风险型决策　　D. 不确定型决策
4. 下列属于集体决策的是（　　）。
   A. 头脑风暴法　　B. 量本利分析法　　C. 德尔菲法　　D. 边际分析法
5. 有一种说法认为“管理就是决策”，这实际上意味着（　　）。
   A. 对于管理者来说只要善于决策就一定能够获得成功
   B. 管理的复杂性和挑战性都是由于决策的复杂性而导致的
   C. 决策能力对于管理的成功具有特别重要的作用
   D. 管理首要需要的就是面对复杂的环境做出决策
6. 在管理决策中，许多管理人员认为只要选取满意的方案即可，而无须刻意追求最优的方案。对于这种观点，你认为以下哪种解释最有说服力？（　　）
   A. 现实中不存在所谓的最优方案，所以选中的都只是满意方案
   B. 现实管理决策中常常由于时间太紧而来不及寻找最优方案
   C. 由于管理者对什么是最优决策无法达成共识，因而只有退而求其次
   D. 刻意追求最优方案，常常会由于代价太高而最终得不偿失

7. 个人决策和集体决策各有什么优缺点？请举例说明。
8. 什么是决策？决策的原则有哪些？结合实际分析为什么要遵循这样的原则。
9. 决策的影响因素有哪些？

拓展项目一：头脑风暴

【实训目标】

1. 理解并掌握头脑风暴法的运用。
2. 培养学生团队解决问题的能力。

【实训内容与要求】

假设你和朋友试图决定在购物中心地带开一家饭店，困扰你们的问题是这个城市已经有很多饭店，这些饭店能提供各种价位的不同种类的餐饮服务。你们拥有开设任何一种类型饭店的足够资源。你们面对的挑战是要决定哪些类型的饭店将最成功。现在，请你运用头脑风暴法进行决策。

1. 分若干小组，小组集体花5～10分钟，形成你们认为最可能获得成功的类型，每位成员的提议要尽可能富有创新性和创造力，对任何提议不能加以批评。
2. 指定一成员把各种方案写下来。
3. 用10～15分钟讨论优缺点，形成一致意见。
4. 做出决策后，运用头脑风暴法对决策的优缺点进行讨论。

【成果与检测】

1. 是否按规定要求完成决策任务。
2. 成员发言积极性情况。
3. 检验学生的归纳概括能力。

拓展项目二：决策模拟

【技能培养目标】

1. 培养学生对决策过程的认识。
2. 培养学生的决策能力。

【实训内容与要求】

1. 有两家模拟公司参与，分别用甲、乙来代表。
2. 两家公司谈判，达成了一揽子交易合同，共有六笔。在执行合同过程中，双方应遵循以下的游戏规则：六笔交易一笔一笔做，每一次交易双方同时出牌，若双方均出红牌，各得30万；若双方均出黑牌，各亏20万；若一方红，一方黑，则红方亏50万，其中第三轮和第六轮损益值加倍，各方每一次出什么牌，由双方成员共同决定。

【成果与检测】

1. 双方最后计算自己的损益值，获利最多的一方即为胜方；如双方获利一样，则都失败。
2. 对自己的决策过程进行反思，总结经验教训。

案例分析

山居小栈的求存策略

山居小栈位于一个著名的风景区边缘，每年有大批旅游者来到这个坐落于两大城市之间的风景名胜区游览。

罗生两年前买下山居小栈时充满信心。作为一个经验丰富的旅游者，他觉得自己明白游客的真正需要：朴实且方便的房间、舒适的床、标准的洗浴设备以及免费有线电视。他认为重要的不是提供的服务，而是管理。但在不断接到顾客的抱怨后，他还是增加了简单的免费早餐。

然而，经营情况比他预料的要糟。两年来的入住率都维持在55%左右。当地旅游局的统计数字表明，这一带旅店的平均入住率是68%。毋庸置疑，竞争很激烈，除了许多高档的饭店外，还有很多家居式的小旅馆也参与了竞争。

其实，罗生对这些情况并非一无所知，但他觉得高档宾馆太昂贵，而家庭式旅馆则很不正规，像山居小栈这样既具有规范化服务特点又价格低廉的旅店应该很有市场。

最近，又传来旅游局决定在本地兴建更多大型宾馆的风声，罗生越来越发觉处境不利，甚至决定退出市场。

这时，他得到一大笔亲属赠予的遗产。这笔资金使他犹豫起来。也许这是个让山居小栈起死回生的机会呢。他开始认真地研究所处的市场环境。

从一开始，罗生就避免和提供全套服务的度假酒店直接竞争，他采取的方式就是削减"不必要的服务项目"。这使山居小栈的房价比它们要低40%，住过的客人都觉得物有所值。但是，也有很多游客还是转一转后去别家投宿了。

罗生对近期旅游局发布的对当地游客的调查结果非常感兴趣：

(1) 68%的游客是不带孩子的年轻或年老夫妇。

(2) 40%的游客两个月前就预订好了房间和旅行计划。

(3) 66%的游客在当地停留超过三天，并且住同一旅店。

(4) 78%的旅客认为旅馆的休闲娱乐设施对他们的选择很重要。

(5) 38%的游客是第一次来此地游览和观光。

得到上述资料后，罗生反复思量，到底是退出市场，拿这笔钱来养老，还是继续经营。如果继续经营，是一如既往，还是改变山居小栈的经营策略。

思考题

1. 分析罗生经营山居小栈失败的原因。
2. 分析预测在该风景区经营山居小栈的发展前景。
3. 为罗生做出正确决策提供建议。

第五章 组织工作

学习目标

知识点

- 掌握组织结构的相关概念
- 熟悉组织职权配置包含的内容
- 掌握常见组织结构的形式及各自的优缺点、适用范围
- 理解组织文化的含义和功能
- 熟悉组织变革的原因
- 掌握组织变革的内容和程序

技能点

- 培养分析组织结构的能力
- 掌握团队建设的要领
- 学会画组织结构图

引例

GMP 的第二次飞跃

格里·利兹和莉洛·利兹夫妇经营着 CMP 出版公司。他们在 1971 年建立了 CMP 出版公司。到 1987 年，他们出版的 10 种商业报纸和杂志都在各自的市场上占据了领先地位。更令人兴奋的是，它们所服务的市场（计算机、通信技术、商务旅行和健康保健）提供了公司成长的充足机会。但是，假如利兹夫妇继续使用他们所采用的组织结构，这种成长的潜力就不会得到充分的利用。

他们最初建立 CMP 的时候，将所有重大决策都集中在他们手中，这样的安排在早些年运作得相当好，但到 1987 年它已经不再有效。利兹夫妇越来越难照看好公司。比如，想要见格里的人得早上 8 点就在他的办公室外排队等候。员工们越来越难得到对日常问题的答复。而要求快速反应的重要决策经常被耽误。对于当初设计的组织结构来说，CMP已经成长得太大了。

利兹夫妇认识到了这个问题，着手重组组织。首先，他们将公司分解为可管理的单位（实质上是在公司内建立半自主的公司），并分别配备一名独立的经理掌管各个单位。这些经理都被授予足够的权力去经营和扩展他们各自的分部。其次，利兹夫妇设立了一个出版委员会负责监管这些分部。利兹夫妇和每个分部的经理都是该委员会的成员。分部经理向出版委员会汇报工作，出版委员会则负责确保所有的分部都能按CMP的总体战略运作。

这些结构上的变革带来了明显的效果。CMP现在总共出版14种刊物，年销售额近2亿美元。公司的收益持续地按管理当局设定的30%的年增长率目标不断增加。

CMP出版公司的例子说明，选择合适的结构在组织演进过程中起着至关重要的作用。CMP出版公司在发展初期的组织结构为直线型，职权高度集中，缺乏弹性，逐渐不适用于发展规模逐渐增大的CMP出版公司。在公司改组后，组织结构适用于公司的发展，从而大大提高了管理的效率，具有较高的稳定性，且目标性统一。因而CMP出版公司获得了巨大的发展，取得了良好的收益。

第一节　组织结构设计概述

一、组织

（一）组织的含义

管理大师哈罗德·孔茨和海因茨·韦里克把组织定义为：一个正式的有意形成的职务结构或职位结构。总体而言包含以下几个方面的含义：组织有一个共同的目标；组织是实现目标的工具；组织包括不同层次的分工协作。

（二）组织的特征

1. 目的性

任何组织的存在都是有一定目的的。没有目的就不是组织而仅是一个人群。目的是组织愿望和外部环境相结合的产物。组织的基本目标叫做组织宗旨，组织目标常常被具体化为组织在各个层次的目标，即组织在一定时期的目标任务，有了目标后组织才能确定方向，才能立起大旗，才能有号召力和吸引力去组建一支队伍。

2. 整体性

一个完整的组织是由多个部门所组成的，这些部门看似单独存在，但是部门彼此之间的关系以及部门与组织整体关系的协调，都是为了完成组织的目标而进行的。而且，每一个部门都无法脱离组织而单独存在，组织缺少了任何一个部门也都无法正常运转以及实现组织目标。对于一个组织而言，要从整体着眼，部分着手，统筹考虑，各方协调。如果重局部、轻全局，就会导致局部利益之间无法协调，最终影响全局利益。

3. 开放性

组织要想生存和发展，一方面要从社会获得人才、资金、物质、技术、信息、文化等资源，同时也要为社会提供获得认可的产品或服务。组织的开放性既是一种维持生存和发展的方式，也是一种存在的基本状态。

4. 人本性

组织成员——人，是组织结构中重要的构成要素，也是组织各种构成要素中活的因素，最具有能动性。如果组织中人的作用发挥得好，组织的作用就容易进入良性循环；如果人的作用无法得到充分发挥，即使支撑组织发展的环境再好，组织的效能仍然会越来越差。所以，组织的发展必须充分尊重和考虑组织成员的需求和权利。

（三）组织的分类

1. 按组织的性质划分

组织按其性质可划分为经济组织、政治组织、文化组织、群众组织和宗教组织等。

2. 按组织的形成方式划分

组织按其形成方式可划分为正式组织和非正式组织。

（1）正式组织。正式组织是具有一定结构、同一目标和特定功能的行为系统。任何正式组织都是由许多要素、部分、成员，按照一定的联结形式排列组合而成的。它有明确的目标、任务、结构和相应的机构、职能和成员的权责关系以及成员活动的规范。作为社会组织设计出来的正式组织，不论其规模大小和从事的是什么样的活动，其组建、运行都需要具备三个基本要素：意愿协作、共同目标和信息沟通。

（2）非正式组织。非正式组织是指人们在共同劳动、共同生活中，由于相互之间的联系而产生共同感情，因此自然形成的一种无名集体，并产生一种不成文的非正式的行为准则或惯例，要求个人服从，但没有强制性。非正式组织是人们在共同的兴趣爱好、社会情感或是共同利益的基础上自发形成的。凡是共同点越多的非正式组织其关系也越密切，共同点越多的非正式组织的成员也越团结。但是非正式组织具有不稳定性，环境一旦发生变化，非正式组织就会发生变动。

3. 按组织的形态划分

组织按其形态可划分为实体组织、无形组织和虚拟组织。

（1）实体组织。组织的最初形态就是表示一种有形的实体组织，从实体角度看，实体组织是为了实现某一共同目标，经由分工与合作，及不同层次的权力和责任制度而构成的人群集合系统。

（2）无形组织。有别于实体组织，无形组织是指在特定环境中为了有效地实现共同目标和任务，确定组织成员、任务及各项活动之间的关系，对资源进行合理配置的过程。正是借助于组织活动、过程和文化等所具有的协同或协调作用，各类组织机构内部才有可能形成一个“力量协作系统”，使个体的力量得以汇聚、融合和放大，从而体现组织的作用。

（3）虚拟组织。虚拟组织是一种区别于传统组织的、以信息技术为支撑的人机一体化组织。其特征是以现代通信技术、信息存储技术、机器智能产品为依托，实现传统组织的结构、职能及目标。在形式上，没有固定的地理空间，也没有时间限制。组织成员通过高度自律和高度的价值取向，共同致力于实现团队的总体目标。

二、组织结构

（一）组织结构的含义与组织结构图

组织结构是表明组织各部分排列顺序、空间位置、聚散状态、联系方式以及各要素之间相互关系的一种模式，是整个管理系统的“框架”，是执行管理和经济模式的体制。合理的组织结构是实现组织计划的关键，其本质是为实现组织战略目标而采取的一种分工协作体系，组织结构必须随着组织重大战略的调整而调整。组织结构具体包括横向结构和纵向结构，横向结构是将整个管理系统横向管理分工，分解成若干相互依存的基本管理单位；纵向结构是将组织层级化，形成组织的管理层次。

组织结构图是组织结构设计的结果，是组织结构的视觉表现。组织结构图通过图表的形式描述了组织内部的部门设置和层次情况，全面反映组织的职责关系，形象直观，是组织管理中不可或缺的管理工具。

图 5—1 描述的是最简单的一种组织结构图，组织设定了六个管理岗位，分别是总经理以及五个不同的部门。在该种组织结构指导下，总经理向各个部门发出指示、分派任务，各部门负责人对总经理负责，向其汇报工作。在各个部门里，其成员从事相同或相似的工作。

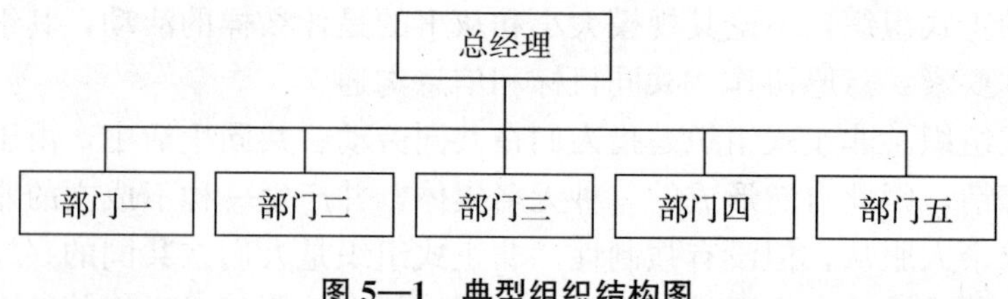

图 5—1　典型组织结构图

组织结构图可以帮助管理者实现两个目标：

（1）确保各司其职。即通过设置各个部门，保证组织正常运转所需要进行的各项工作都有相应的部门来贯彻实施。

（2）保证合理定岗。管理者可以根据设置部门性质和管理层次，判断企业所需要的人力资源，并根据人员的技术能力和专业水平将其安排在相应的部门和岗位上。

（二）组织结构的基本特征

1. 复杂性

复杂性是组织的分化程度。一个组织劳动分工越细密，纵向的等级层次也就越多；组织单位的地理分布越广泛，协调人员活动及其关系就越困难。

2. 正规化

正规化是指组织依靠规则、程序来引导和控制员工行为的程度。一个组织使用的规章

制度或条例越多，其组织结构就越正规。

3. 集权化

集权化描述了决策权在组织内的分布情况。在一些组织中，决策权在组织系统中较高层次上一定程度的集中，叫做集权；在一些组织中，决策权在组织系统中较低层次上一定程度的分散，叫做分权。

三、组织结构设计

（一）组织结构设计的含义

组织结构设计是建立或改造一个组织的过程，即对组织活动、组织结构和组织岗位的设计和再设计，把任务、权力和责任进行有效组合和协调的活动过程。

组织结构设计的目的是通过构建灵活的组织结构，动态地反映外在环境变化的要求，并且能够在组织演化成长过程中，有效积聚新的组织资源，同时协调好组织中部门与部门之间、人员与任务之间的关系，使员工明确自己在组织中应有的权力和应承担的责任。

（二）组织结构设计的主要内容

1. 职能设计

进行组织结构设计首先要将组织的任务目标进行层层分解，分析并确定完成组织任务需要哪些基本的职能和职务。根据分解结果设计和确定组织内从事具体管理工作所需的各类职能的类别和数量，明确各职能之间的关系，分析每一职务的工作人员应具备的资格条件、应享有的权力范围和应负担的责任。

2. 部门设计

部门设计就是在工作分工和职能分解的基础上把整个组织划分成若干个相互依存的基本管理单位。部门设计的任务，一是确定组织应该设置哪些部门；二是规定这些部门之间的相互关系，使之成为一个有机整体。

3. 管理层次设计

管理层次就是在职权等级链上所设置的管理职位的层级数。一个组织集中着众多的员工，作为组织的领导者，不可能对每一个员工直接进行指挥和管理，因此要设置管理层次。

（三）组织结构设计的原则

1. 目标导向原则

任何组织都有其特定的战略及目标。组织结构设计的根本目的是服务于组织目标的实现，确保目标活动的每项内容都能落实到具体的部门和岗位。因此，进行组织结构设计时，要围绕着组织整体目标的实现来进行，各分支机构和部门的设计都要服从组织的整体目标。

2. 统一指挥原则

组织中的大多数成员在工作中都会受到来自上级领导的命令或指示，员工会根据这些命令或指示启动、调整或停止工作。但是，如果一个下属同时接受两个或两个以上上级领导的命令或指示，且上级领导的命令或指示又总是存在偏差，那么，下属员工的工作就会出现混乱，下属员工也会无所适从，不利于实现组织的最终目标。因此，在进行组织结构设计时，要避免多头领导，要保证一个下属只接受一个上司的领导。

3. 责权一致原则

责是指各种组织职位所承担的责任；权是指一定职位在其职责范围内，为完成其责任必须具有的权力。在进行组织结构设计时，既要明确每一个管理层次的职责范围，又要赋予完成其职责所必需的管理权限，责任和权力必须保持一致。有责无权会影响员工的工作积极性；有权无责又会导致权力滥用和盲目指挥的现象。

4. 管理幅度有效原则

管理幅度，又称为管理宽度，是指在一个组织结构中，管理人员所能直接管理或控制的部属数目。这个数目是有限的，如果管理幅度过大，超出领导者的能力，就会造成组织管理的混乱；如果管理幅度过小，则会造成管理资源浪费。因而需要确定一个合理有效的管理幅度，避免过大或过小两个极端。

5. 管理层次精简高效原则

管理层次是指从组织最高管理层到基层工作人员之间职位等级的数目。精简高效就是要对组织机构的管理层次进行适当的取消、合并或代替，力求减少管理层次。精简机构和人员，有利于发挥组织成员的工作积极性，提高管理效率，更好地实现组织目标。

四、组织职权配置

（一）权力与职权的定义

管理者凭借其权力在组织中制定组织制度，以使组织能在良好的状态下运行。在不同的管理层中，每个管理者都具有自己的权力。

权力是影响人对被影响人的影响力。管理者必须有权力，可权力又不只限于管理者，一个组织中的所有成员都可以因为他们拥有某一方面的特长和知识而拥有权力。

职权是权力的一种形式，是组织各部门、各职位在职责范围内决定事务、支配和影响他人或者集体行为的权力。职权属于正式权力，是与组织中特定的职位相关的权力。在权力配置中要综合考虑组织成员个人自身所拥有的权力和职权需要，将合适的权力配置给合适的人员。

（二）组织职权的划分

在组织内部，基本的信息沟通是通过职权来实现的。组织中职权的类型一般分为直线职权、参谋职权和职能职权。

1. 直线职权

直线职权是指组织内直线管理系统的管理人员所拥有的包括发布命令及执行决策等在

内的权力，也就是通常所指的指挥权。直线主管指能指导、监督、指挥、管理下属的人员。这样，从组织的上层到下层的主管人员之间，便形成一个权力线，又被称为指挥链或指挥系统。

在这条权力线中，职权的指向由上而下。由于在指挥链中存在着不同管理层次的直线职权，故指挥链又称为层次链，它颇像一座金字塔，通过指挥链信息传递由上而下或由下而上地进行，所以，指挥链既是权力线，又是信息通道。

2. 参谋职权

参谋职权是某个职位或某个部门所拥有的辅助性职权，包括提供咨询、建议等。在军事、政治以及经济等部门都需要出谋划策的参谋人员。

具有参谋职权的管理者是组织中在某个领域具有专业特长的人员，他们向具有直线职权的管理者提出计划和建议，由具有直线职权的管理者做出决策。

3. 职能职权

职能职权是指参谋人员或某部门的主管人员所拥有的原属直线主管的那部分权力。在纯粹参谋的情形下，参谋人员所具有的仅仅是辅助性职权，并无指挥权。但是随着管理活动的日益复杂，主管人员不可能是完人，也不可能通晓所有的专业知识，仅仅依靠参谋的建议还很难做出最后的决定。这时，为了改善和提高管理效率，直线主管人员就可能将职权的关系做某些变动，把一部分本属自己的直线职权授予参谋人员或某个部门的主管人员，于是就产生了职能职权。

（三）组织职权配置方式

组织设计中职权配置的方式主要有三种，即授权、集权和分权。

1. 授权

授权是组织运作的关键，它是将完成某特定工作所承担的责任和相应的职权委派给下属，使下属在一定的监督下行使职权的过程。即主管将用人、用钱、做事、交涉、协调等决策权移转给部属，不只授予权力，且还托付完成该项工作的必要责任。组织中的不同层级拥有不同的职权，权限则会在不同的层级间流动，因而产生授权问题。授权是管理者的重要任务之一。有效的授权是一项重要的管理技巧。若授权得当，所有参与者均可受惠。

值得注意的是，授权并不意味着“授责”，也不是将职权放弃或让渡，更不等于有意识地推卸责任，而是为了充分调动下属的积极性，以更好地实现组织的整体目标而必须采取的一种手段和艺术。

2. 集权和分权

集权就是集中权力，它是将职权和职责集中在组织层级的高层。分权就是分散权力，是将职权和职责沿着组织层级向下分散。集权和分权都是实现组织目标的需要。集权与职责的集中相联系，组织整体目标的实现需要有人负责并具有与职责相对应的职权，这样才能实现组织的统一，同时带来较高的工作效率和较低的决策成本。分权与迅速变化的环境相联系，把决策权交给身在变化环境中的管理者现场处理，往往具有更高的效率，也更容易调动他们的积极性。

第二节　组织结构的形式

设置组织结构，需要选择适当的组织结构形式，常见的组织结构类型有直线制、职能制、直线职能制、事业部制、矩阵式等。本节以企业为例介绍几种基本的组织结构形式，各组织在进行组织结构形式设计时，可以根据实际情况，选择适合自身的组织结构形式。

一、直线制组织结构

（一）基本特点

直线制是最简单的组织结构形式，其特点是组织中各种职务按垂直系统直线排列，命令系统单一直线传递，各级主管对下属拥有直接的领导权，每一个职位只能向一个直线上级汇报，组织中不设专门的职能部门，如图 5—2 所示。

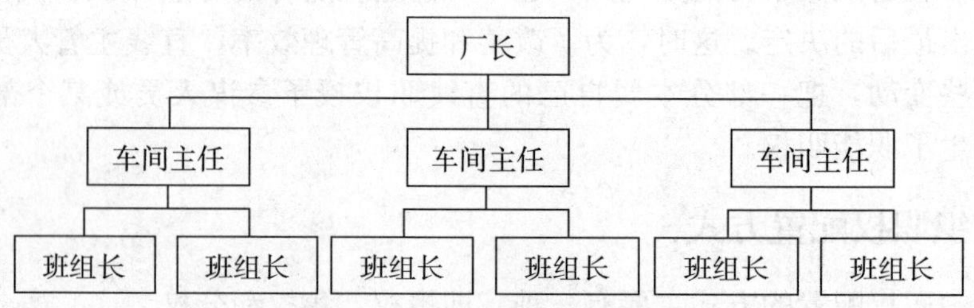

图 5—2　直线制组织结构示意图

（二）优缺点

直线制组织结构的优点：结构简单、指挥系统清晰；责权关系明确；横向联系少，内部协调方便；信息沟通迅速，解决问题及时，管理效率高。其缺点是缺乏弹性，容易导致专制；没有专业管理分工，缺乏横向协调的渠道，对领导者提出了更高的要求，当企业规模扩大，管理工作超过个人能力所能承受的限度时，容易造成较多的失误。

（三）适用范围

直线制组织结构形式一般只适用于生产规模较小、产品单一、管理简单、业务性质单纯、没有必要按职能实行专业化管理的中小型组织或者是现场的作业管理。

二、职能制组织结构

（一）基本特点

职能制组织结构的主要特点是：按职能组织部门分工，即从企业高层到基层，把承担

相同职能的管理业务及其人员组合在一起，设置相应的管理部门和管理职务，实行专业分工管理。各职能部门在自己的业务范围内有权向下级下达命令。因此，下级的组织成员除了接受直接上级的领导外，还要接受上级各职能部门的指挥，如图5—3所示。

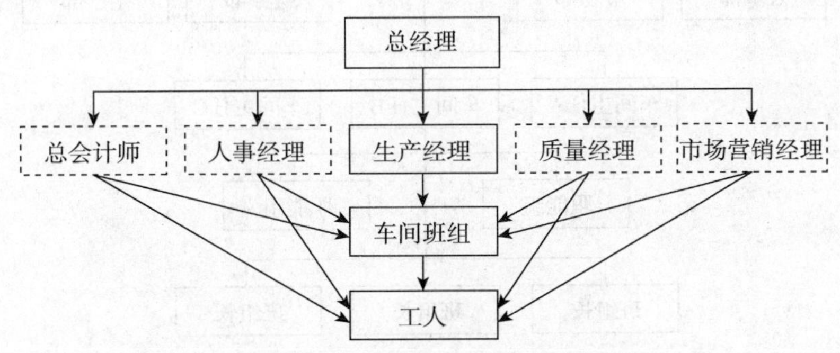

图5—3　职能制组织结构示意图

注：参谋职能部门用虚线表示；直线管理用实线表示。

（二）优缺点

职能制组织结构的优点在于它在很大程度上实行了专业化分工，职责明确，有利于组织成员注重并熟练掌握本职工作的技能，有利于强化专业管理，提高工作效率。除此以外，能充分发挥职能机构的专业管理作用，减轻直线领导人员的工作负担。

职能制组织结构的缺点在于违背了组织结构设计的统一指挥原则，妨碍了必要的集中领导，容易形成多头领导，导致生产管理秩序混乱，影响组织工作的正常进行。

（三）适用范围

从理论上讲，职能制组织结构适合生产技术比较复杂、管理工作比较精细的工业企业。但是在实际操作过程中并不存在纯粹的职能制组织结构。

三、直线职能制组织结构

（一）基本特点

直线职能制组织结构也叫做生产区域制，或直线参谋制。它是在直线制和职能制的基础上，取长补短，吸取这两种形式的优点而建立起来的。这种组织结构的特点在于把企业管理机构和人员分为两类，一类是直线领导机构和人员，按命令统一原则对下级行使直接指挥和命令的权力；另一类是职能机构和人员，按专业化原则，从事组织的各项职能管理工作，主要负责提供有利于组织发展的信息和建议，对下级机构进行业务指导，而不直接进行指挥和命令，扮演着上级直线管理人员的参谋与助手的角色，如图5—4所示。

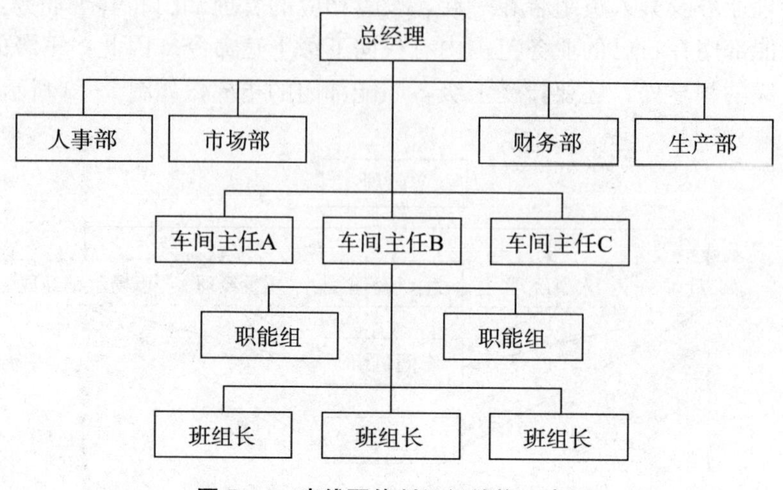

图 5—4　直线职能制组织结构示意图

（二）优缺点

直线职能制组织结构的优点：既保证了统一指挥，又引入了管理工作专业化的做法，弥补了领导人员在专业管理知识和能力方面的不足，确保了管理工作的高效性。

直线职能制组织结构的缺点：各职能部门自成体系，工作目标不易统一，相互之间容易产生矛盾，造成协调工作难度大，容易形成多头领导；难以从组织内部培养熟悉全面情况的管理人才；分工细、部门多容易造成管理费用的增加以及信息传递和反馈的滞后。

（三）适用范围

直线职能制组织结构形式较为普遍，是目前大中型企业和各级组织采用较多的结构之一。尤其适合品种比较简单、工艺比较稳定、市场销售情况比较容易掌握的企业。我国大部分机关、学校、医院等都采用该种结构形式。

四、事业部制组织结构

（一）基本特点

事业部制组织结构最早是由美国通用汽车公司总裁斯隆于 1924 年提出的，故有“斯隆模型”之称，也叫做“联邦分权化”，是一种高度（层）集权下的分权管理体制。它是指以某个产品、地区或顾客为依据，将相关的研究开发、采购、生产、销售等部门结合成一个相对独立单位的组织结构形式。其基本特点在于：总公司领导下设立多个事业部，各事业部有各自独立的产品或市场，在经营管理上有很强的自主性，实行独立核算，是一种分权式管理结构。在该种组织结构之下，企业的最高管理层是企业的最高决策机构，主要的职责是制定企业发展的总体方针，确保企业的有序发展；各事业部在不违背企业发展目标的前提下，可自行决定其经营活动，如图 5—5 所示。

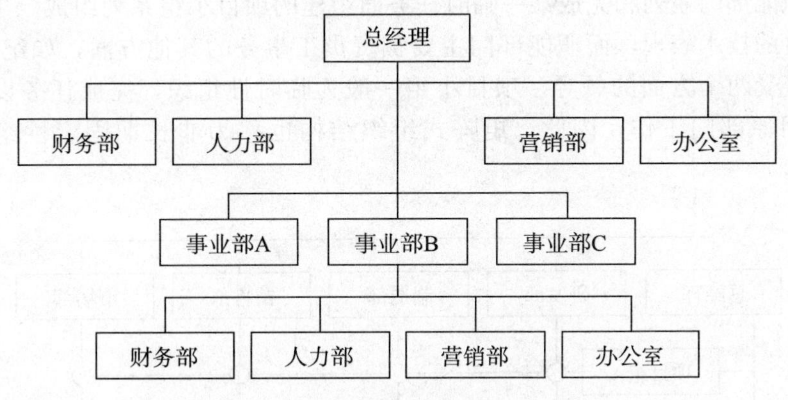

图 5—5 事业部制组织结构示意图

(二) 优缺点

事业部制组织结构的优点：每个事业部都有自己的产品和市场，能够规划其未来发展，也能够迅速地对市场出现的新情况作出反应；各个事业部实行独立核算，在利润驱使下，可以提高工作的积极性和创造性；使组织的决策层避免因琐碎事务而耗费过多的精力，专心致力于研究企业的长远发展；该种结构也有助于培养高水平的管理人员。

事业部制组织结构的缺点：每一个事业部都有一套完善的职能部门，势必会造成资源的重复配置、经营成本的上升；各事业部在自主经营时，容易过多地重视本部门的利益，导致跨事业部的合作关系变差；各事业部将部门利益凌驾于组织整体利益之上，不利于组织总体目标的实现。

(三) 适用范围

事业部制组织结构在规模大、产品种类繁多或跨区域经营的企业中运用得比较广泛。

通用汽车公司的事业部制

事业部制最早起源于美国的通用汽车公司。20 世纪 20 年代初，通用汽车公司收购了许多小公司，企业规模急剧扩大，产品种类和经营项目增多，而内部管理却很难理顺。当时，担任通用汽车公司常务副总经理的斯隆参考杜邦化学公司的经验，以事业部制的形式于 1924 年完成了对原有组织的改组，使通用汽车公司的整顿和发展获得了很大的成功，成为实行事业部制的典型。近年来，我国一些大型企业、集团或公司，如美的、海信等也引入了这种组织结构形式，如图 5—6 所示。

五、矩阵式组织结构

(一) 基本特点

矩阵式组织结构形式是在直线职能制垂直形态组织系统的基础上，增加一种横向的领导系统，由职能部门系列和完成某一临时任务而组建的项目小组系列组成。项目小组主要负责小组成员的技术表现，而职能部门主要负责员工事务的其他方面，如纪律、福利等，所以员工要接受两个方面的领导。项目小组一般为临时性组织，完成任务以后就自动解散，其成员回原部门工作，因此，矩阵式组织结构也称为非长期固定性组织结构，如图 5—6 所示。

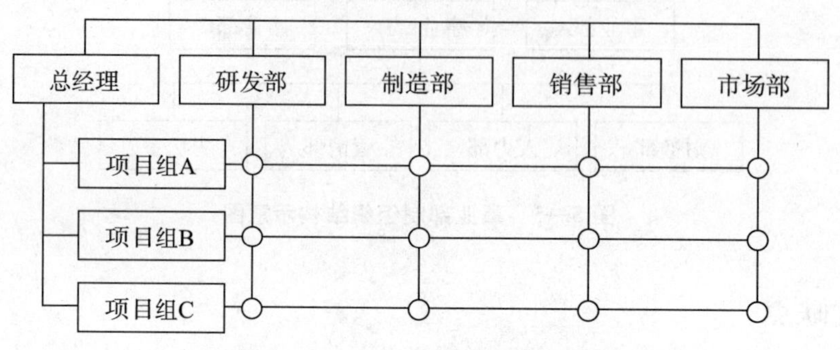

图 5—6　矩阵式组织结构示意图

（二）优缺点

矩阵式组织结构的优点：来自于不同职能部门的人员汇集在同一个项目团队中，相互启发与合作，增强了横向沟通的效果，有利于形成健康、团结的企业文化；项目完成以后，团队自动解散，有新的项目，再从各个部门调集人手组建新的团队，可以提高组织内各类资源的利用率。

矩阵式组织结构的缺点：双重管理系统容易导致命令的不一致性，引发不必要的冲突和管理危机；组织结构的非长期性使组织成员容易产生临时工作心理，对岗位缺乏忠诚度和责任心。

（三）适用范围

矩阵式组织结构适用于突击性、临时性的工作，如以研发与实验为主的单位，需要资源共享的项目等。

六、多维立体组织结构

（一）基本特点

多维立体组织结构是现代企业在经营内容日趋复杂、业务范围日趋广泛的形势下，对组织结构提出的新要求。它是在矩阵式组织结构的基础上再加上直线职能制、事业部制，以及地区、实践结合为一体的复杂结构形态，如图 5—7 所示。在组织内部包括三类以上（含三类）的管理机制：一是按产品划分的事业部；二是按职能划分的专业参谋机构；三是按地区划分的管理机构。

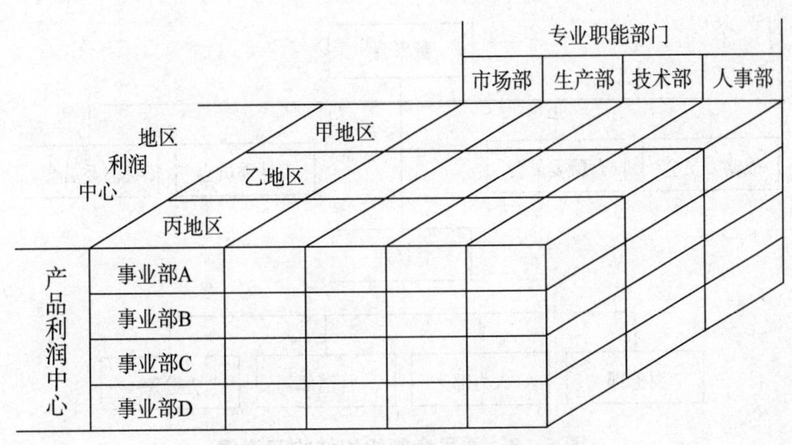

图 5—7　多维立体组织结构示意图

（二）优缺点

多维立体组织结构的优点：促使各部门从组织整体的角度来考虑问题，从而减少了产品、职能和地区各部门之间的矛盾；有利于形成群策群力、信息共享、共同决策的协作关系。

多维立体组织结构的缺点：多重领导的现象可能更严重。

（三）适用范围

多维立体组织结构适合于经营内容丰富、跨地区经营，以及需要对环境做出迅速反应的企业。

七、委员会制组织结构

（一）基本特点

委员会制是指一群人有计划地聚合在一起，对某一特定问题进行讨论或商议决策的组织。若将组织中的最高决策权交给两位以上的主管人员，也就是把权力分散到一个集体中的过程，即为委员会管理，也称为集体管理。

存在于组织中的委员会，其形式和类型是多种多样的。它可以是直线式的，也可以是参谋式的；可以是组织的正式组成部分，有特定的职权和职责，也可以是非正式的，虽未授予职权，但常常能发挥与正式委员会职能相同的作用。此外，委员会还既可以是永久性的，也可以是临时性的。在组织的各个管理层次都可以成立委员会。

在公司的最高层，一般叫做董事会，它行使制定重大决策的职权，负责决策公司的大政方针。董事会是公司的最高决策机构，由若干董事组成。董事会下设委员会，如战略委员会、审计委员会、经营委员会、提名委员会、薪酬委员会等，如图 5—8 所示。

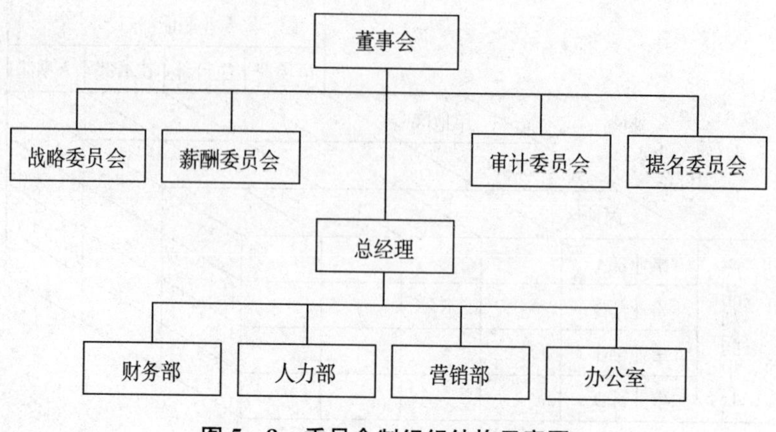

图 5—8　委员会制组织结构示意图

（二）优缺点

委员会制组织结构的优点：集思广益、集体决策、有效协调和鼓励参与。

委员会制组织结构的缺点：做出决定要经过很长时间，费时费钱；责任不明确，委员的责任感不强；委员会可能产生专家之间的学派之争，使决策常带有感情色彩；有些决定可能是妥协的结果，即出于对某些委员的敬畏而顺从了他们，而非正确的提议。

（三）适用范围

委员会制组织结构是一个非正式组织结构中发挥集体决策或集体管理的辅助组织结构形式，它可以存在于采用集体管理的其他组织结构形式的某个部门当中。它们可以是直线式的，也可以是参谋式的；既可以是永久的，也可以是临时的，达到特定目的后就可以解散。

八、网络式组织结构

（一）基本特点

网络式组织结构以合同为基础，依靠其他组织，进行制造、分销、营销或其他业务的经营活动，如图 5—9 所示。

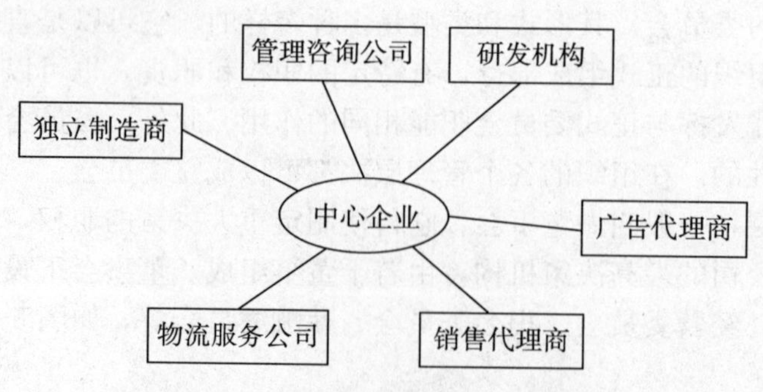

图 5—9　网络式组织结构示意图

（二）优缺点

网络式组织结构的优点：以较少的资源，创造巨大的收益；在网络结构中，管理者的主要工作是协调，充分发挥分工协作的优势。

网络式组织结构的缺点：在网络结构中，企业和其他职能企业之间是一种松散型的关系，难以建立长期的、稳固的合作关系，不利于稳定产品质量，不利于保守企业的技术秘密和其他商业秘密，网络协调难度较大。

（三）适用范围

跨国公司及虚拟企业。

第三节　组织文化

一、组织文化的含义

广义的组织文化是指企业在建设和发展中形成的物质文明和精神文明的总和。狭义的组织文化是指组织在长期的生存和发展中所形成的为组织所特有的且为组织多数成员共同遵循的价值标准、基本信念和行为规范等的总和及其在组织中的反映。

具体而言，组织文化是指组织全体成员共同接受的价值观念、行为准则、团队意识、思维方式、工作作风、心理预期和团体归属感等群体意识的总称。

从内部结构来看，组织文化包括物质文化、行为文化、制度文化和精神文化四个层面。

（一）物质文化

物质文化包括组织的名称、标志、建筑、环境、广告等，包括一切能为人们直接感知的东西。

（二）行为文化

行为文化是组织成员在生产经营、学习娱乐中产生的活动文化，包括组织经营活动、公共关系活动、人际关系活动、文娱体育活动中产生的文化现象。组织行为文化是组织经营作风、精神风貌、人际关系的动态体现，也是组织精神、核心价值观的折射。

（三）制度文化

制度文化是组织文化和精神文化的中介，具有固定和传递功能。它既是人的意识形态的反映，又包含一定物的形态。它包括组织领导体制、组织机构和组织管理制度。

（四）精神文化

精神文化是组织在长期实践中所形成的员工群体心理定式和价值取向，是组织的道德观、价值观即组织哲学的综合体现和高度概括，反映全体员工的共同追求和共同认识，是组织文化的核心层，是组织优良传统的结晶，是维系组织生存发展的精神支柱。

这四个层次综合起来，就是组织文化。

小阅读

“你今天对客人微笑了没有”

美国希尔顿酒店创立于1919年，在不到100年的时间里，从一家酒店扩展到100多家，遍布世界各大城市，成为全球最大规模的酒店之一。希尔顿酒店增长如此之快，其成功的秘诀在于其创造的“宾至如归”的文化理念，并把这个理念贯彻到每一位员工的思想和行为之中。

希尔顿总公司原董事长唐纳·希尔顿所写的《宾至如归》，已成了每个希尔顿酒店工作人员的“圣经”。

希尔顿十分重视企业礼仪和通过礼仪塑造企业形象，注重员工的文明礼仪教育，倡导员工的微笑服务。唐纳·希尔顿每天至少到一家希尔顿酒店与酒店的服务人员接触，向各级人员（从总经理到服务员）询问：“你今天对客人微笑了没有？”

1930年是美国经济萧条最严重的一年，全美国的酒店倒闭了80%，希尔顿酒店也一家接一家地亏损，一度负债高达50万美元，希尔顿召集酒店员工并向他们特别交代：“目前正值旅馆亏空靠借债度日的时期，我决定强渡难关。一旦美国经济恐慌时期过去，我们希尔顿酒店很快就能进入云开月出的局面。因此，我请各位记住，希尔顿的礼仪万万不能忘。无论酒店本身遭遇的困难如何，希尔顿酒店服务员脸上的微笑永远是属于顾客的。”

由于唐纳·希尔顿对企业礼仪的重视，下属员工执行得很出色，并形成了自己的传统和习惯。事实上，在那只剩下20%的酒店中，只有希尔顿酒店服务员的微笑是美好的。经济萧条刚过，希尔顿酒店就领先进入了新的繁荣期，跨入了黄金时代。

进入黄金时代的希尔顿饭店紧接着充实了一批现代化设备。此时，希尔顿到每一家酒店召集全体员工开会时都要问：“现在我们的酒店已新添了第一流的设备，你觉得还必须配合一些什么第一流的东西使客人更喜欢呢？”员工回答之后，希尔顿会笑着摇头说：“请你们想一想，如果酒店里只有第一流的设备而没有第一流服务员的微笑，那些旅客会认为我们提供了他们全部最喜欢的东西吗？如果缺少服务员的美好微笑，正好比花园里失去了春天的太阳和春风。假如我是旅客，我宁愿住进虽然只有残旧地毯，却处处见到微笑的酒店，也不愿走进只有一流设备而不见微笑的地方……”当希尔顿坐专机来到某一国境内的希尔顿酒店视察时，服务人员就会立即想到一件事，那就是他们的老板可能随时会来到自己面前再问那句名言：“你今天对客人微笑了没有？”

二、组织文化的功能

组织文化的功能是指组织文化发生作用的能力，也就是在组织文化导向下进行生产、经营、管理所发挥的作用。但所有事物都有两面性，组织文化也不例外，它对组织的功能可分为正功能和负功能两种。

(一) 组织文化的正功能

1. 导向功能

组织文化的导向功能是指组织文化能对组织整体和组织每个成员的价值及行为取向起引导作用，使之符合组织所确定的目标。

2. 约束功能

组织文化的约束功能是指组织文化对每个组织员工的思想、心理和行为具有约束和规范的作用。组织文化的约束不是制度式的硬约束，而是一种软约束，如组织中弥漫的组织文化氛围、群体行为准则和道德规范。

3. 凝聚功能

组织文化的凝聚功能是指当一种价值观被该组织员工共同认可之后，它就会成为一种黏合剂，从各个方面把其成员团结起来，从而产生一种巨大的向心力和凝聚力。

4. 激励功能

组织文化的激励功能是指通过正确的价值观、组织精神、组织目标和组织伦理等在员工心目中的渗透，最终使员工产生强烈的责任感和自豪感，鼓舞员工为企业的发展拼搏奉献。组织文化的激励功能是通过满足员工的高层次需要来发挥作用的。

5. 辐射功能

组织文化的辐射功能是指组织文化一旦形成较为固定的模式，它不仅会在组织内发挥作用，对本组织员工产生影响，而且也会通过各种渠道对社会文化（其他企业的企业文化、社区文化、民族文化等）产生影响。企业文化的这种“自我表现”功能，不仅能提高企业的知名度和美誉度，优化企业形象，也会对社会文化的净化、改进起到积极的推动作用。

6. 调适功能

组织文化的调适功能是指组织文化可以帮助新进成员尽快适应组织，使自己的价值观和组织相匹配。在组织变革的时候，组织文化也可以帮助组织成员尽快适应变革后的局面，减少因为变革带来的压力和不适应。

(二) 组织文化的负功能

尽管组织文化存在上述各种正功能，但组织文化对组织也存在潜在的负面影响。

1. 变革的障碍

如果组织的共同价值观与进一步提高组织效率的要求不相符合，那么它就成了组织的束缚。这是在组织环境处于动态变化的情况下，最有可能出现的情况。因此，当组织面对稳定的环境时，行为的一致性对组织而言很有价值。但组织文化作为一种与制度相对的软约束，极易形成思维定式，这样，组织有可能难以应付变化莫测的环境。当问题积累到一定程度时，这种障碍就可能会变成对组织的致命打击。

2. 多样化的障碍

由于种族、性别、道德观等差异的存在，新聘员工与组织中大多数成员不一样，这就产生了矛盾。管理人员希望新成员能够接受组织的核心价值观，否则，这些新成员就难以适应或被组织接受。但是组织决策需要成员思维和方案的多样化，一个强势文化的组织要求成员和组织的价值观一致，这就必然导致决策的单调性，抹杀多样化带来的优势，在这个方面组织文化成为组织多样化、成员一致化的障碍。

3. 兼并和收购的障碍

以前，管理人员在进行兼并或收购决策时，所考虑的关键因素是融资优势或产品协同性。近几年，除了考虑产品线的协同性和融资方面的因素外，更多的则是考虑文化方面的兼容性。如果两个组织无法成功整合，那么组织将出现大量的冲突、矛盾乃至对抗。所以，在决定兼并和收购时，很多经理人往往会分析双方文化的相容性，如果差异极大，为了降低风险则宁可放弃兼并和收购行动。

小阅读

宜家的企业文化

瑞典宜家（IKEA）是20世纪中少数几个令人炫目的商业奇迹之一，于1943年年初创建，从一点“可怜”的文具邮购业务开始，不到60年的时间就发展到在全球共有180家连锁商店，拥有7万多名员工的企业航母，成为全球最大的家居用品零售商。

无疑，宜家繁荣的强大支撑力正是其多年来坚定不移的文化理念，而这种文化背后又深刻地折射着创始人英格瓦·坎普拉德（Ingvar Kamprad）的烙印。

“长久以来，坎普拉德都是宜家文化的偶像和宜家信仰的推广者。”哈佛商学院教授Christopher Bartlett说，“当他讲话时，不论对象是消费者还是员工，听者无一不被感染。”

拥有超凡魅力、脚踏实地、过分吝啬——从曾经朗读困难的乡村男孩到成为零售业天才的坎普拉德有着令人惊异的故事。

坎普拉德6岁就开始踏足零售业，从卖火柴到卖鱼、圣诞树装饰物、种子、圆珠笔和铅笔等。1943年，17岁的坎普拉德凭着零售天分和激情创办了宜家，宜家（IKEA）这一名字就是由创始人名字的首写字母（IK）和他所在的农场（Elmtaryd）以及村庄（Agunnaryd）的第一个字母组合而成的。宜家起初销售钢笔、皮夹子、画框、装饰性桌布、手表、珠宝以及尼龙袜等。

1951年，宜家发表第一个目录册（直到1963年，坎普拉德一直自己写所有的条目）。“为众人创造更好的生活”、“浪费资源是致命的罪过”、“发展是我们的责任”这些标语都曾先后出现在宜家的卷角目录中，这本小册子会发到全体员工手中。在《一个家具经销商的遗嘱》中，坎普拉德写道：把你的生活分为10分钟为一单元，在无意义的活动上牺牲尽可能少的时间。

坎普拉德风格中的突出特征就是平等主义和容忍错误。哈佛商学院的一个案例这样描述他，经理要坐头等舱去参加会议，而他回答说：“在宜家，没有头等舱。”直到今天，即使是宜家最高层的经理们都坐经济舱。

当然，在坎普拉德自己颇具争议的过往历史被披露时，他也展现了对自己的宽容。1994年，一个瑞典记者披露，在16～25岁之间，坎普拉德曾参加过瑞典右翼分子组织的会议。而坎普拉德却用一条妙计化解了这场潜在的公关危机，他向当时的25 000名员工

发布了一篇名为《我一生中的伟大错误》的道歉信：你们都经历过年轻时代，并且很久之后，你可能发现你曾经做的一些事是荒谬和愚蠢的。这封信起了作用。成百上千的员工联名写信支持老板："无论什么时候你需要我们，我们都在这里，在宜家的大家庭里。"

"这种对坎普拉德的忠诚是非常强大的，"一位前宜家高级执行官 Steen Kanter 说，"他拥有一个核心团队，他们是宜家品牌和文化的忠实信徒，甚至可以为他去打第三次世界大战。"

第四节　组织变革

一、组织变革的含义

组织变革（Organizational Change）是指组织根据其内外环境的变化，主动地、及时地对组织的原有状态进行改变，提高组织效能，以适应组织未来发展要求的活动。企业的发展离不开组织变革，内外部环境的变化，企业资源的不断整合与变动，都给企业带来了机遇与挑战，这就要求企业关注组织变革。

二、组织变革的原因及内容

组织进行变革有很多种原因，这些原因可以归纳为外部原因和内部原因两大类。导致组织变革的外部环境因素主要有：社会经济环境的变化；国内外政治形势及政治制度的变化；国家相关法律、法规的颁布与修订；科学技术的进步；管理理论与实践的发展。影响组织变革的内部条件主要有：组织目标的选择与修正；组织结构与职能的调整和改变；组织员工的变化。

组织变革的内容主要包括人员变革、结构变革、技术与任务变革、目标变革。

三、组织结构变革的程序

（一）通过组织诊断，发现变革征兆

组织变革的第一步就是要对现有的组织进行全面的诊断。这种诊断必须要有针对性，要通过收集资料的方式，对组织的职能系统、工作流程系统、决策系统以及内在关系等进行全面诊断。组织除了要从外部信息中发现对自己有利或不利的因素外，更主要的是能够从各种内在征兆中找出导致组织或部门绩效差的具体原因，并确立需要进行整改的具体部门和人员。

（二）分析变革因素，制订改革方案

组织诊断任务完成之后，就要对组织变革的具体因素进行分析，如职能设置是否合理、决策中的分权程度如何、员工参与改革的积极性怎样、流程中的业务衔接是否紧密、

各管理层级间或职能机构间的关系是否易于协调等。在此基础上制定几个可行的改革方案，以供选择。

（三）选择正确方案，实施变革计划

制订改革方案的任务完成之后，组织需要选择正确的实施方案，然后制定具体的改革计划并贯彻实施。推进改革的方式有多种，组织在选择具体方案时，要考虑改革的深度和难度、改革的影响程度、变革速度以及员工的可接受程度和参与程度等。做到有计划、有步骤、有控制地进行。当改革出现某些偏差时，要用备用的纠错措施及时纠正。

（四）评价变革效果，及时进行反馈

组织变革是一个包括众多复杂变量的转换过程，再好的改革计划也不能保证完全取得理想的效果。因此，改革结束后，管理者必须对改革的结果进行总结和评价，及时反馈新的信息。对于没有取得理想效果的改革措施，应当给予必要的分析和评价，然后再做取舍。

互动话题

你们班形成班级文化了吗？试着讨论一下班级文化的建设方案。

管理故事

改变的代价

有一位勇猛的将军，在他年轻的时候，特别喜欢饮酒。每次都喝得酩酊大醉，一边东摇西晃，一边同女人调笑。他总是到离家有一段距离的一个村子去享受他的放荡生活，通常一周光顾一次。他的青春年华就这样一天天虚度，武艺也渐渐荒废。终于，有一天早上，将军的母亲狠狠地训斥了他一顿，责怪他不该像一个花花公子那样无所事事。母亲情真意切的话令他猛醒，将军感到惭愧万分，向母亲发誓他再也不会去那个村子了。从此，他开始拼命训练，立志一心向善，成为一个品行优秀的人。

一天傍晚，在进行了整日的野外训练之后，将军又累又乏，伏在他的爱驹上睡着了。马儿本来应该驮他回家，但这天恰好是周末，也就是以前他去那个村子游乐的时间。受过主人良好调教的马儿，竟带着他往他的“乐土”去了。当将军醒来时，他发现自己违背了对母亲所发的誓言，他又到了他不该到的地方。想到自己的失信，将军忍不住掉下泪来。他凝视着自己的马儿，这是他年轻时就伴随着他的亲密伴侣，是他除了亲人以外的至爱。经过长久的沉默，他拔出剑来，杀了这匹马。

短评：变革是痛苦的，无论一场变革可能为你带来多大的好处，它都会使你失去一些你所熟悉的、让你感到舒服的东西。旧习惯的根除并不那么容易。

这个故事的另一个寓意是，任何时候，当一家公司寻求改变旧有的东西时，它必须准备放弃旧方式所带来的某些好处。

管理定律

苛希纳定律

西方管理学中有一条著名的苛希纳定律：如果实际管理人员比最佳人数多两倍，工作时间就要多两倍，工作成本就要多四倍；如果实际管理人员比最佳人数多三倍，工作时间就要多三倍，工作成本就要多六倍。苛希纳定律告诉我们，在管理上并不是人多力量大，管理人员越多，工作成本就越高。苛希纳定律要求我们，要认真研究并找到一个最佳人数，以最大限度地减少工作时间，降低工作成本。

知识测试

1. 许多从小到大发展起来的公司，在其发展初期通常采用直线制组织结构形式，这种结构的优点是（　　）。

A. 结构简单、指挥系统清晰　　B. 责权关系明确
C. 横向联系少，内部协调方便　　D. 解决问题及时，管理效率高

2. 我国目前大多数机关、学校、医院等都采用（　　）。

A. 直线职能制组织结构　　B. 事业部制组织结构
C. 职能制组织结构　　D. 矩阵式组织结构

3. 组织文化的核心层是（　　）。

A. 物质文化层　　B. 精神文化层
C. 制度文化层　　D. 行为文化层

4. 通过正确的价值观、组织精神、组织目标和组织伦理等在员工心目中的渗透，最终使员工产生强烈的责任感和自豪感，鼓舞员工为企业的发展拼搏奉献，指的是组织文化的（　　）。

A. 物质文化层　　B. 精神文化层
C. 制度文化层　　D. 行为文化层

5. 以下属于组织变革外部原因的是（　　）。

A. 组织员工的变化　　B. 组织目标的选择与修正
C. 组织结构与职能的调整和改变　　D. 管理理论与实践的发展

6. 组织变革的第一步是（　　）。

A. 通过组织诊断，发现变革征兆　　B. 分析变革因素，制定改革方案
C. 评价变革效果，及时进行反馈　　D. 选择正确方案，实施变革计划

7. 组织结构设计需遵循哪些原则？
8. 分析直线制组织结构的优缺点。
9. 组织文化的功能包含哪些方面？
10. 简述组织变革的原因及内容。

素质拓展

拓展项目一：画组织结构图

【实训目标】

1. 培养初步运用管理理论解决问题的能力

2. 培养组织结构图设计分析能力

【实训内容与要求】

1. 学校每年都要组织学生开展各式各样的活动，许多工作由学生会负责，请根据你对学生会活动的了解和认识，拟定一份学生会组织结构形式，并说明其优势。

2. 结合你所在班级的管理结构现状，以所学管理知识改革现有的班级管理制度。

（1）分析现有班级管理模式的缺陷。

（2）提出你自己认为合理的新的班级管理的组织结构以及相关的制度。

【成果与检测】

1. 全班共同提供一份学生会组织结构图。

2. 每组提交一份班级组织结构图与班级管理制度。

3. 由教师对学生所提交材料与交流中的表现进行评估打分。

拓展项目二：考察企业文化

【实训目标】

选择某一个生产或制造企业作为参观对象，通过对企业管理者、员工的访谈和实地参观，使学生了解企业文化的建设过程，增强他们对企业文化的感性认知，培养他们对企业文化结构、功能分析的初步能力。

【实训内容与要求】

1. 向管理者了解该企业文化的建设状况。

2. 了解该企业的价值观和经营理念。

3. 通过访谈了解员工对企业文化的认同情况。

【成果与检测】

根据人数情况，可把全班同学分成若干组，分别走访管理者和员工。

1. 要求每位学生写出走访报告或小结，供教师批阅，选出走访效果好的学生在全班进行交流。

2. 要求学生撰写实训报告，报告应包括实训项目、实训目的、实训内容、承担工作、实训体会等内容。

案例分析

奥迪康公司组织结构变革

奥迪康公司（Oticon A/S）是世界著名助听器生产厂家。但在 1987 年，公司下属的丹尼斯（Danish）工厂厂长拉斯（Larks Kolind）曾说，奥迪康公司是世界上最保守、充满贵族气息的公司，我们的办公室墙壁是硬木镶板墙，车库里有美洲虎汽车，公司等级制度森严。正是这种保守和僵化的组织结构导致了该公司的衰落。仅 1987 年一年，奥迪康公司就损失了 4 000 万 DKK（货币单位）。

奥迪康公司的竞争对手实力雄厚，咄咄逼人。为此，公司一位高级主管认为，“我们很难造出比 SONY 公司的数字式音响集成电路块更好的竞争产品，但我们必须创造出一些更好的东西。”这些所谓“更好的东西”是指开发一种独特的组织结构，以为奥迪康公司提供其竞争对手不具备的灵活性。在所推行的改革中，包括工作再设计、缩减部门、创造灵活方便的工作空间等。

今天，奥迪康公司的员工不再承担单一工作，他们可以从一系列不断变化的工作中自己选择。例如，一个工程师的基本职责是设计新颖的集成电路，同时，他还可以签约参加市场调查或编辑公司的业务通信。现在公司由于实行兼职制，所以能够更充分地利用员工的多种技能，这在旧的组织结构中是做不到的。

奥迪康公司废除了公司总部一级的所有职能部门，废除了各种头衔，创立了一种没有上司和管理者的结构。取代部门和上司位置的是团队，他们为了共同的目标而努力工作。为了避免混乱，管理层保证使公司中每一位员工都了解公司的计划与战略安排。由于公司员工拥有共识，团结协作，管理层认为，公司员工的活动虽然独立进行，但他们保持一致和相互支持的机会大大增加了。

思考题

1. 试描述奥迪康公司新的组织结构。
2. 奥迪康公司新的组织结构具有什么特点？

第六章 人力资源管理

学习目标

知识点

- 掌握人力资源管理的相关概念
- 理解人力资源管理的特征和目标
- 熟悉人力资源规划的作用和程序
- 掌握员工招聘的途径和程序
- 理解人员培训的含义和意义
- 掌握人员培训的类型和方法
- 熟悉绩效考核的内容
- 掌握绩效考核的方法

技能点

- 培养和锻炼识人、用人的观念和能力，增强执行力

引例

王珐鉴才

在一次宴会上，唐太宗对王珐说："你善于鉴别人才，尤其善于评论。你不妨从房玄龄等人开始，都一一做些评论，评一下他们的优缺点，同时和他们相互比较一下，你在哪些方面比他们优秀?"

王珐回答："孜孜不倦地办公，一心为国操劳，凡所知道的事没有不尽心尽力去做，在这方面我比不上房玄龄。常常留心于向皇上直言建议，认为皇上的能力德行比不上尧舜很丢面子，这方面我比不上魏征。文武全才，既可以在外带兵打仗做将军，又可以进入朝廷搞管理担任宰相，在这方面，我比不上李靖。向皇上报告国家公务，详细明了，宣布皇上的命令或者转达下属官员的汇报，能坚持做到公平公正，在这方面我不如温彦博。处理繁重的事务，解决难题，办事井井有条，这方面我比不上戴胄。至于批评贪官污吏，表扬清正廉署，疾恶如仇，好善喜乐，这方面比起其他几位能人来说，我也有一日之长。”唐太宗非常赞同他的话，而大臣们也认为王珐完全道出了他们的心声，都说这些评论是正确的。

从王珐的评论可以看出在唐太宗的团队中，每个人都各有所长，更重要的是唐太宗能将这些人依其专长授予最适当的职位，使其能够发挥自己所长，进而让整个国家繁荣强盛。

任何组织的经营管理都需要不同的团队，所以，每一个领导者必须学会如何组织团队，如何掌握及管理团队。组织应以每个员工的专长为思考点，安排适当的位置，并依照员工的优缺点，进行机动性调整，让团队发挥最大的效能。

第一节　人力资源管理概述

一、人力资源

关于人力资源的定义，不同的专家因立足点不同，给出了不同的见解。本书探讨的人力资源主要立足于微观角度，基于人力资源是组织内部成员及外部的人，即总经理、员工和顾客等可提供潜在服务及有利于组织预期经营的总和；是基于组织人力结构的生产力和顾客商誉的价值，来研究组织内部的人力资源规划情况。

组织内部的人力资源具有：与人体的不可分割性；受人的主观思维的支配性；使用价值的持续性；开发过程的战略性。

二、人力资源管理

（一）人力资源管理的含义

人力资源管理研究的是获得人才、使用人才的问题，是围绕组织目标和任务，处理人和人之间的关系，优化人和事的配合，通过严格甄选、正确使用、合理培训和科学考评等途径，充分发挥人的潜能，并对人的各种活动予以计划、组织、领导和控制。

（二）人力资源管理的特征

人力资源的管理特征有以下五个特征：人本特征；专业性与实践性；双赢性与互惠性；战略性与全面性；系统性和整体性。

（三）人力资源管理的目标

1. 物色合适人选，为实现组织目标提供保障

人力资源管理的一项重要任务就是根据组织发展的需要，经过严格的考察和科学的论证，为各个工作岗位选聘并培训出合适的员工，这样才能让组织切实地运作起来，并且实现组织的高素质和高效率。

2. 合理开发和利用，为充分发挥员工潜能提供机会

组织之间竞争的成败很大程度上取决于人才的竞争，因此，对于组织而言，可通过选拔、培训、绩效激励和薪酬管理等工作来调动组织成员的积极性和潜能，为组织内部成员提供施展才华的机会，实现人力资源的优化配置，避免人力资源的浪费。

3. 确保组织稳定，为组织获得持续竞争优势提供保障

组织的相对稳定，可以保证组织目标的顺利实现，而组织的稳定首先是员工队伍的稳定，通过合理的人员配备，可以使每一个员工的能力都得到充分发挥，帮助组织获得持续的竞争优势，保持高绩效水平。

三、人力资源规划

（一）人力资源规划的含义

人力资源规划（Human Resource Planning，HRP）是将组织经营战略和目标转化成人力资源需求，从组织整体的超前和量化的角度分析和制定人力资源管理的一些具体目标。简而言之，人力资源规划活动将概括出有关组织的人力资源需求，并为人员选拔、培训与奖励等人力资源管理活动提供所需的信息。

（二）人力资源规划的作用

1. 规划人力发展

人力发展包括人力预测、人力增补及人员培训，这三者紧密联系，不可分割。人力资源规划一方面对目前人力现状予以分析，以了解人事动态；另一方面，对未来人力需求作一些预测，以便对组织人力资源的增减进行通盘考虑，再据以制定人员增补和培训计划。所以人力资源规划是组织人力发展的基础。

2. 平衡人力资源分布

只有少数组织人力的配置符合理想的状况。在相当多的组织中，其中一些人的工作负荷过重，而另一些人则工作过于轻松；也有一些人感到能力有限，而另一些人感到能力有余，未能被充分利用。人力资源规划可以改善人力分配的不平衡状况，进而谋求合理化，以使人力资源符合组织的发展需求。

3. 促使人力资源合理运用

任何组织的特性，都是不断地追求生存和发展，而生存和发展的主要因素是人力资源的获得与运用。也就是如何适时、适量及适质地使组织获得所需要的各类人力资源。现代科技发展日新月异，社会环境不断变化，针对这些多变的因素，为匹配组织发展目标，对人力资源进行恰当规划就显得尤为重要。

4. 降低人力资源成本

影响组织用人数目的因素很多，如业务、技术革新、机器设备、组织工作制度、工作能力等。人力资源规划可对现有的人力结构进行分析，并找出影响人力资源有效运用的“瓶颈”，使人力资源效能充分发挥，降低人力资源成本在总成本中所占的比例。

（三）人力资源规划的程序

人力资源规划是需要调查、预测、规划、实施和反馈各个环节相互配合的工作，它是一个循环往复的过程。

1. 调查

调查人力资源规划所需要的组织信息。组织信息涵盖内部信息和外部信息两部分，内部信息包括现有员工的特点（年龄、性别、婚姻状况等）、知识与经验、能力与潜力、兴趣与爱好、目标与需求等；外部信息包括劳动力市场结构、劳动力市场供求状况、劳动力择业偏好等。由于信息的准确性和充分性是人力资源规划成功的基础，因此，组织的人力资源管理部门往往将它们纳入一个系统化的人力资源信息系统中，必要时借助先进的软件管理系统，提高人力资源规划的有效性。

2. 预测

人力资源预测是在人力资源调查的基础上，根据组织内外环境发展的趋势和可能提供的条件，对未来人员配备的供求状况做出的一种估计。预测的目的是要得出规划期内各类人力资源的余缺情况，即得到净需求，因此预测阶段是人力资源规划中最具有技术性的阶段。人力资源预测具体包括需求预测和供给预测，只有准确地预测出供给和需求，才能采取有效的措施进行人力资源平衡。

3. 规划

规划阶段旨在根据供给和需求之间的比较结果制定相应的人力资源计划和政策，以做到供求关系的综合平衡。当供大于求时，首先，组织可以通过自身的发展，开拓新的增长点来调整人员供给配置；其次，组织可以通过一些专门措施，如提前退休或内退、减少工作时间、辞退等方式来减少人员配置；再次，组织还可以通过合并或关闭某些臃肿的机构，来减少人员配置。当组织人员配置供不应求时，组织可以通过内部调剂、晋升、引进和招聘等方式来增加人员配备的供给。

4. 实施

人力资源规划制定之后，组织应当以规划为纲领进行人力资源管理工作。必须要有专门岗位负责既定方案的实施，要确保组织的人力资源工作按规划不折不扣地进行，这样才能确保组织工作的计划性和有序性。

5. 反馈

组织运行过程中，由于受到内外部环境的双重影响，人力资源规划在实施过程中，各个环节都可能出现与实际情况不相符合的情况，因此，规划的反馈非常关键，一旦反馈规划和实际存在偏差，就需要对人力资源的各项规划进行及时的调整。

想去沙漠远足的小骆驼

动物园里的小骆驼问妈妈："妈妈，妈妈，为什么我们的睫毛那么长?"骆驼妈妈说："当风沙来的时候，长长的睫毛可以让我们在风暴中看得到方向。"小骆驼又问："妈妈，妈妈，为什么我们的背那么驼，丑死了！"骆驼妈妈说："这个叫驼峰，可以帮我们储存大量的水和养分，让我们能在沙漠里耐受十几天的无水无食条件。”小骆驼又问：“妈妈，妈妈，为什么我们的脚掌那么厚?”骆驼妈妈说：“那可以让我们重重的身子不至于陷在软软的沙子里，便于长途跋涉啊。”小骆驼高兴坏了：“哇，原来我们这么有用啊！可是妈妈，为什么我们还在动物园里，不去沙漠远足呢?”

毫无疑问，每个人的潜能都是无限的，问题的关键在于找到一个能充分发挥潜能的舞台。人力资源管理就是为每一个员工提供一个合适的舞台，组织需要细心观察，发现每一个员工的特长，并尽可能地为他们提供适合他们发展的舞台。

第二节　员工招聘

一、员工招聘

(一) 员工招聘的含义

市场竞争是人才的竞争，组织发展的各个阶段必须要有合格的人才作为支撑。随着市场环境的变化和组织的发展，对员工的素质要求也在不断变化，而员工流动问题也是当今组织不可回避的问题，所以，在人力资源规划的指导下，员工招聘是组织人力资源管理的经常性工作。概括而言，员工招聘是组织为了发展的需要，根据人力资源规划和职务分析的相关要求，发布信息，科学地甄选、获取本组织所需要的合格人才，并安排他们到组织所需岗位工作的活动和过程。

(二) 员工招聘遵循的原则

1. 遵守法律

遵守国家的法律、法规，坚持平等就业、双向选择，禁止未成年人就业，确保招聘过程符合我国的相关法律政策。

2. 有依有据

组织的招聘工作应以实际的工作需要和岗位的空缺情况为依据，具体的招聘过程要根据组织人力资源规划和工作说明书中对招聘人员任职资格的要求选拔合适的工作人员，确保录用人员的质量。

3. 公开、公平、公正

招聘过程中，要公示招聘的信息、招聘的方法，这样既可以将招聘工作置于公众监督之下，防止以权谋私、假公济私的现象，又可以吸引大量招聘者，为组织招聘提供充足的选择空间。

4. 效益最大化

在招聘的过程中应尽可能降低招聘成本，确保能够使用最低的成本录用到最合适的人员，实现效益最大化。

二、员工招聘途径

人力资源计划中最为关键的一项任务就是能够招到并留住有才能的员工。依据招聘的内外环境不同，组织大致可以通过外部招聘和内部提升两种方式来选择和填补员工的空缺。

（一）外部招聘

1. 外部招聘的含义

外部招聘就是根据组织制定的标准和程序从组织外部选拔符合空缺职位要求的员工。

外部招聘有很多方法，主要包括广告应征，即通过各种媒体进行招聘；职介机构，专业职业介绍所或猎头公司；公共就业机构，如劳动就业部门；员工推荐；学校分配等。不同招聘方法的选择应根据吸引工作候选人的有效性、招聘成本、空缺岗位等级等因素确定。例如，初级技术人才可通过学校招聘，而高层管理人员则倾向于通过猎头公司去寻找。

2. 外部招聘的优点

（1）人员选择范围广泛。外部招聘面对的候选人员来源广泛，具备各类条件和不同年龄层次的求职人员，有利于满足组织选择合适人员的需要。

（2）外部招聘有利于带来新思想和新方法。外部招聘来的员工会给组织带来“新鲜的空气”，会把新的技能和想法带进组织。这些新思想、新观念、新技术、新方法、新价值观、新的外部关系，使得组织充满活力与生机，从而为组织带来更多的创新机会。

（3）大大节省了培训费用。从外部获得有熟练技术的工人和有管理才能的人往往比内部培训能减少培训成本，特别是在组织急需这类人才时尤为重要。这种直接的“拿来主义”，不仅能节约培训经费和时间，还能节约获得实践经验所交的“学费”。

（4）缓解内部候选人竞争的矛盾。从外招聘管理人员，在某种程度上可以缓解内部候选人竞争的矛盾。当有空缺位置时，一些人往往希望参与竞争，如果参与竞争的人条件大致相当，竞争比较激烈，但又都不太合适时，从外部选聘就可以缓解这一矛盾，使未被提拔的人获得心理平衡。

3. 外部招聘的缺点

（1）外部招聘选错人的风险比较大。这是因为外部招聘在吸引、联系和评价员工方面比较困难。

（2）需要更长的培训和适应阶段。即使是一项对组织来说很简单的工作，外部招聘的员工也需要对组织的人员、程序、政策和组织的特征加以熟悉，而这是需要时间的。

（3）内部员工可能感到自己被忽视。外部的招聘会影响组织内部那些认为自己可以胜任空缺职位员工的士气。

（4）外部招聘可能费时费力。与内部招聘相比，无论是引进高层人才还是中低层人才，都需要相当高的招聘费用，包括招聘人员的费用、广告费、测试费、专家顾问费等。来自外部的员工通常需要比较长的时间去了解组织及其产品和服务、同事以及客户，来完成这个社会化的过程。

（二）内部招聘

1. 内部招聘的含义

内部招聘是指将招聘信息公布给公司内部员工，员工自己可以来参加应聘的招聘方式。

内部招聘一般也分两种情况：

（1）内部提升。当组织中有些比较重要的岗位需要招聘人员时，让组织内部的符合条件的员工从一个较低级的岗位晋升到一个较高级的岗位的过程就是内部提升。

（2）内部调用。当组织中需要招聘的岗位与员工原来的岗位层次相同或略有下降时，把员工调到同层次或下一层次岗位上去的过程称为内部调用。

2. 内部招聘的优点

（1）费用较低，手续简便，同时组织对员工进行培训所产生的培训成本可得到补偿。

（2）可以对内部员工做长期细致的考察，从而判断其是否适合新的岗位，可以避免用人不当。

（3）内部员工对组织的基本情况非常了解，能比较快地适应新的岗位。

（4）为员工提供了良好的发展机会，有利于丰富工作经验。

（5）提供了组织内公平竞争的机会，有利于调动内部员工的工作积极性。

3. 内部招聘的缺点

（1）组织内部人员有限，尤其是关键的主管人员，不容易找到合适的人才。

（2）内部员工习惯了长期的工作方式，创新意识不足，容易自我封闭。

（3）可能造成内部人员关系紧张，没有提升的人的积极性会受挫。

（4）容易造成“近亲繁殖”，在组织内部形成错综复杂的关系网，任人唯亲，拉帮结派，给公平、合理、科学的管理工作带来困难。

（三）外部招聘和内部招聘的比较

外部招聘和内部招聘是现代组织进行人员选聘的两个重要途径，它们各有所长、各有所短，不可或缺，组织可以从招聘成本、甄选范围、招聘成功率、激励作用和创新意义等方面，对二者加以比较，如表6—1所示。组织可以根据自身情况，选择恰当的招聘途径。

表6—1　　外部招聘和内部招聘的比较

比较项目	外部招聘	内部招聘
招聘成本	高	低
甄选范围	宽泛	狭窄
招聘成功率	低	高
激励作用	小	大
创新意义	大	小

（四）确定招聘途径的依据

确定是从内部还是外部选聘时，需要考虑三个因素。

（1）职务的性质。对组织的发展具有重要意义的技术骨干与重要管理者应注意从组织外部招聘；而大部分一般性职务，则多从内部提升。

（2）组织经营状况。小型的、新建的及快速增长的组织，需要从外部招聘技术人员及有经验的管理者；而大型的、较成熟的组织因有经验、有才干的备选人才众多，则多从内部提升。

（3）内部人员的素质。为了组织长远发展，在招聘员工时，应注意提升组织人员的整体素质，若内部人员素质偏低，则应更多考虑通过外部招聘来提升人力资源的整体实力。

三、员工招聘的程序

（一）编制招聘计划

编制招聘计划是进行员工招聘的第一步，其作用是为即将开展的实质性招聘工作提供指导方案，是组织根据发展目标和岗位需求对某一阶段招聘工作所做的安排。一份完整的招聘计划应该包括招聘目标，信息发布的时间与渠道，招聘员工的类型和数量，招聘活动的时间、地点和进度以及招聘活动的财务预算等。

（二）发布招聘信息

组织要将招聘信息通过各种途径向社会发布，向社会公众告知用人计划和要求，确保有更多符合要求的人员前来应聘。在什么时间、以什么方式以及通过什么渠道来发布招聘信息，这些问题一方面要参照招聘计划来确定，另一方面还要考虑招聘岗位、数量、对任职者的要求以及招聘对象的来源与范围等因素。

（三）人员甄选

甄选的目的在于通过一系列的审核，确定最终的录用者。一般包括初选、面试和测试等不同的环节。

初选是根据应聘者提供的基本材料，如求职信、证明或工作鉴定等，对应聘者进行初步筛选。初选的原则不是“优胜”，而是“劣汰”，其任务是将明显不符合要求的人员及时排除。

面试是组织最常见、必不可少的人员甄选方法。该环节是劳动力供需双方通过面对面的交流，相互认识并且判断对方是否符合自己要求的方法。用人单位可以借此更加详细、直观地了解一些书面材料上无法反映的应聘者情况；应聘者也可以通过面试了解此前在招聘信息中无法反映的组织情况。

测试环节在现代招聘中越来越多地被使用，一般通过心理测试和智能测试来判断应聘者是否具备从事该工作的潜在能力。

(四) 人员录用

如果应聘者经过考核，各方面的能力和表现都符合用人单位的要求，则双方可以进入录用环节。人员录用一般包括签订试用合同、新员工安置、岗前培训、试用和正式录用等几个阶段。

正式录用阶段结束，意味着该人员有资格成为组织的正式成员。一般由用人部门根据新员工在试用期间的具体表现对其进行考核，做出鉴定，并提交人力资源管理部门。人力资源管理部门对考核合格的员工正式录用，并代表组织与员工签订正式录用合同，明确双方的责任、义务和权利。

(五) 招聘工作评估

招聘工作评估指的是要对整个选聘的程序和结果进行全面的检查和评价。评估的内容一般包括两个方面：一是对招聘工作的效率评价；二是对录用人员的评估。评估的目的在于总结招聘工作中的成果和不足，为下一次的招聘工作提供经验和教训。

选聘工作评估并不是人员招聘工作的结束，如果本轮招聘没有完全满足本组织的用人要求，组织还将进入下一轮的人员招聘工作。

小阅读

农场的招聘会

有一个农场，因捕鼠科科长离职而造成场内鼠患成灾，农场总经理命令人力资源部经理，五天之内招一个捕鼠科科长回来，否则走人。

人力资源部经理接到这个指示后，回去赶紧就写了一张小红纸条，贴在了农场的大门口，上面这样写道："本农场欲招聘一位捕鼠科科长，待遇优，福利好，有意者请来面试。"

第二天，农场门口来了这么七位应聘者——鸡、鸭、羊、狗、猪、猫、猫头鹰。好，现在开始筛选。

第一轮筛选是学历筛选。鸡、鸭都是一流大学的优秀毕业生，当然过关；羊和狗是大专毕业，也过关；猫和猫头鹰是高中毕业，人力资源部经理皱了皱眉头，也过关了，结果，第一关淘汰下来的只有一位，就是只读到小学二年级的猪先生。

第二轮是笔试。这当然难不倒大学本科毕业的鸡和鸭；羊因为平时勤勉，也勉强过关了；狗呢，上学的时候不太认真，碰到这些题目是有些为难，可是它在这么短的时间内，已经给主考官鞠了六个躬，点了九次头，所以也过关了；猫头鹰本来是不会做的，可是它眼力好，偷看到了，所以也就抄过了关。只有猫因为坚持原则，不会做就是不会做，所以，这一轮被淘汰的只有猫。

第三轮是答辩，总经理、农场主和人力资源部经理坐在那里，应聘者一个接一个地进来。第一个是鸡，它一进来就说："我在学校时是学捕鼠专业的，曾经就如何掌握鼠的习性与行动方式写过一篇著作。"三个人一碰头，这个好，留下了。

第二个进来的是鸭，它说："我没有发表过什么著作，但是在大学期间，我一共发表了18篇有关鼠的论文，对于鼠的各个种类，我是了若指掌。"这个也不错，也留下了。

第三个进来的是羊，羊说："我没有那么高的学历，也没有发表过什么论文、著作。但是我有一颗持之以恒的心和坚硬的蹄子。你们只要帮我找到老鼠洞口，然后我就站在那里，高举着我的前蹄，看到有老鼠出来我就踩下去，十次当中应该会有两三次可以踩死，只要我坚持下去，相信有一天我会把老鼠消灭干净的！"三个主考官被羊的这种精神感动了，于是也被录取了。

第四个进来的是狗，狗一进来就点头哈腰地说："瞧三位慈眉善目的，一定都是十分优秀的成功人士……"一顿马屁狂拍，三个人被拍得晕晕乎乎的，最终狗也被录用了。

最后一个是猫头鹰，没有高学历，没有什么论文著作，唯一的成绩就是从事捕鼠一年多来抓了五六百只的田鼠，但是不会拍马屁，长得又丑，一点都不讨大家喜欢，所以就被淘汰了。

至此，整个招聘活动结束了，大家可以看到的是，真正会捕鼠的——猫、猫头鹰，都被淘汰了。这个招聘是结束了，但是结果呢？当然是失败的……

四、员工解聘

如果人力资源规划过程中存在冗员，组织面临结构性收缩要求或者员工存在违反组织政策的行为时，组织应当裁减一定的员工，这种变动叫做解聘。解聘的方式有多种，表 6—2概括了几种主要的解聘方案。

表 6—2　解聘方案

方　案	说　明
解雇	永久性，非自愿地终止合同
临时解雇	临时性，非自愿地终止合同，可能持续若干天时间，也可能延续几年
自然减员	对自愿辞职或正常退休腾出的职位空缺不予以填补
缩短工作周	让员工每周少工作一些时间，或者进行工作分担，或以临时工身份做这些工作
提前退休	为年龄大、资历深的员工提供激励，使其在正常退休期限前提早离位

第三节　人员培训

在现代化大生产与市场竞争中，培训已成为组织生存发展，在竞争中获胜的重要手段。培训不仅仅是人力资源部门的事情，而且是组织各层次和各部门共同关心、共同参与的任务。

一、人员培训的含义

人员培训是组织为了使人员适应当前或未来的岗位要求而对其进行的教育、培养和训练活动。组织进行的人员培训，是直接提高经营管理者能力水平和员工技能，为组织提供新的工作思路、知识、信息、技能，增长员工才干和敬业、创新精神的根本途径，是最为重要的人力资源开发，是比物质资本投资更重要的人力资本投资。

其目标是使员工不断地更新知识、拓展技能，改进员工的动机、态度和行为，更好地胜任现职工作或担负更高级别的职务，从而促进组织效率的提高和组织目标的实现。

小阅读

多学一门语言，有利无害

在一个漆黑的晚上，大老鼠带着小老鼠出外觅食，正当它们准备在一家厨房的垃圾桶中大吃一顿时，突然传来猫的叫声。老鼠四处逃命，但大花猫穷追不舍，终于有两只小老鼠被大花猫捉到。大花猫正准备吃老鼠，突然从垃圾桶后面传来凶恶的狗吠声，令大花猫手足无措，狼狈逃命。

这时，大老鼠从垃圾桶后面走出来说："我早就对你们说，多学一种语言，有利无害啊。"

二、人员培训的意义

（一）增强员工归属感

就组织而言，对员工培训得越充分，对员工越具有吸引力，越能发挥人力资源的高增值性，从而为组织创造更多的效益。培训不仅能提高职工的技能，而且能提高职工对自身价值的认识。

（二）帮助组织持续发展

组织竞争从本质上说是人才的竞争。明智的管理者越来清醒地认识到培训是组织发展不可忽视的"人本投资"，是提高组织"造血功能"的根本途径。有了一流的人才，就可以开发一流的产品，创造一流的业绩，组织就可以在市场竞争中立于不败之地。

（三）一项高回报的投资

低素质的人才队伍，不仅生产效率低下，而且会造成大量浪费。有人在对汽车行业油漆工进行分析时发现，一个技能低下的油漆工人，仅在使用油漆喷枪一项上，一年就会浪费近 10 万元的油漆。从某种意义上说，员工培训是一项回报极高的投资，通过培训，使员工队伍素质得以提升，从而实现增收和节支双重回报。

（四）满足组织和员工双方需求

组织要参与市场竞争，就必须拥有高素质的员工队伍。人才要参与人才市场竞争，就必须时时"充电"，吸收新知识和新技能，以增强自身竞争力。培训，不仅有利于组织，更有利于员工个人。参与培训，是对组织的支持，更是享受一种"福利"。

小阅读

两块石头的选择

有个著名的雕刻师傅准备塑造一尊佛像让人膜拜，精挑细选后，看上一块质感上乘的石头，但没想到才拿起刻刀雕琢了几下，这块石头就痛不欲生："痛死了，痛死了，呀，不要再刻了，饶了我吧！"师傅只好停工，任其躺在地面，另外再找了一块质感差一点的石头，重新琢磨，只见这块石头，任凭刀琢棒敲一概咬紧牙关坚忍承受，默然不出一语，师傅更加卖力，精雕细琢下，果然雕成了极品，大家惊讶为杰作，决定加以供奉，供善男信女们日夜顶礼膜拜，从此，庙宇香火鼎盛，远近驰名。不久，无法忍受雕刻之痛的石头，被人废物利用，铺在通往庙宇的马路上，人车频繁经过，又要承受风吹雨打，实在痛苦不堪，内心亦愤愤不平，质问庙里这尊佛像，说道："你资质比我差，却享尽人间礼赞尊崇，我却每天遭受凌辱践踏，日晒雨淋，你凭什么？"佛像只是微笑说："谁叫你当初受不了苦，没敲几下，就哇哇叫！"

吃苦当作吃补，岁寒方知松柏，事难始辨人才。管理过程中，培训好比对员工的一次磨炼，员工也应正确认识这一过程。

三、人员培训的类型与方法

（一）在岗培训

在岗培训也称为在职培训，即员工在保持不脱离现有工作岗位的基础上接受培训。其最大优点在于：可以边学习边工作，不仅节约时间，而且便于学以致用；培训内容与工作的相关性好；可以利用现有的工作条件，而不必另外人为地创造设施和条件。在岗培训有工作指导法、职务轮换法等方式。

（二）离岗培训

离岗培训也称为脱产培训，与在岗培训相反，即员工在接受培训时，必须暂时离开现有工作岗位。其最大的优点在于：人员在培训中能更专心于培训内容而不必受工作的牵制，学习过程更系统更专业，尤其是对于科学文化知识的培训更适合采用离岗培训的方式。同时，脱产培训中学员往往来自不同的单位或部门，可促进组织间或部门间的横向交流，有利于人员全面发展。但是脱产培训使培训和工作相脱离，因此可能导致理论和实践相脱节；而且不论是培训组织还是培训对象，都要专门耗费时间和精力。离岗培训的方法主要有课堂培训法、游戏法、案例研究法等。

（三）其他培训方法

随着培训工作重要性的提高，越来越多的培训方法被开发出来，并在各类组织中得到了广泛运用。除上述两大类培训方法外，还有其他诸多的培训方法。

网络培训是一种富有时代气息的培训方法，它以现代网络技术为手段，一切培训活动通过网络进行而不必受时间和空间的约束，有效地节省了培训师和培训对象的时间和精力。

员工自我培训和发展是另一种培训方法。培训对象根据自身情况，在无需培训师指导的情况下自己安排学习进度和内容。该方法的特点是学员的自主性强，经济实用。但是缺点在于内容受到限制，学习中的疑问和难点往往不能得到及时有效的解答。

第四节 员工绩效考核

一、绩效考核的含义和目的

绩效考核通常也称为业绩考评或“考绩”，是针对组织中每个职工所承担的工作，应用各种科学的定性和定量的方法，对职工行为的实际效果及其对组织的贡献或价值进行考核和评价。它是组织人事管理的重要内容，更是组织管理强有力的手段之一。主要可以达成以下目的：达成目标、挖掘问题、分配利益、促进成长、激励人员并实现“共赢”。

小阅读

37%与1%

18世纪末期，英国政府决定把犯了罪的英国人统统发配到澳洲去。一些私人船主承包从英国往澳洲大规模运送犯人的工作。英国政府实行的办法是以上船的犯人数支付船主费用。当时那些运送犯人的船只大多是由一些很破旧的货船改装的，船上设备简陋，没有什么医疗药品，更没有医生，船主为了牟取暴利，尽可能地多装人，船上条件十分恶劣。一旦船只离开了岸，船主按人数拿到了政府的钱，对这些人能否远涉重洋活着到达澳洲就不管不问了。

有些船主为了降低费用，甚至故意断水断食。3年以后，英国政府发现：运往澳洲的犯人在船上的死亡率达12%，其中最严重的一艘船上424个犯人死了158个，死亡率高达37%。英国政府费了大笔资金，却没能达到目的。

英国政府想了很多办法。如每一艘船上都派一名政府官员监督，再派一名医生负责犯人的医疗卫生，同时对犯人在船上的生活标准做了硬性的规定。但是，死亡率不仅没有降下来，有的船上的监督官员和医生竟然也不明不白地死了。原来一些船主为了贪图暴利，贿赂官员，如果官员不同流合污就被扔到大海里喂鱼了。政府支出了监督费用，却照常死人。

英国政府又采取新办法，把船主都召集起来进行教育培训，教育他们要珍惜生命，要理解去澳洲开发是为了英国的长远大计，不要把金钱看得比生命还重要，但是情况依然没有好转，死亡率一直居高不下。

一位英国议员认为是那些私人船主钻了制度的空子。而制度的缺陷在于政府给予船主报酬是以上船人数来计算的。他提出从改变制度开始：政府以到澳洲上岸的人数为准计算报酬，不论你在英国上船装多少人，到了澳洲上岸的时候再清点人数支付报酬。问题迎刃而解。船主主动请医生跟船，在船上准备药品，改善生活，尽可能地让每一个上船的人都健康地到达澳洲，因为一个人就意味着一份收入。

自从实行上岸计数的办法后，船上的死亡率降到了1%以下。有些运载几百人的船只经过几个月的航行竟然没有一个人死亡。

二、绩效考核的内容及方法

对员工进行绩效考核，主要涉及德、能、勤、绩和个性五个方面。

绩效考核的方法有以下三类。

（一）结果导向型绩效评估方法

结果导向型绩效评估方法主要包括业绩评定表法、目标管理法、关键绩效指标法（KPI）、个人平衡记分卡、主管述职评价等，此类方法所做出的评估的主要依据是工作的绩效，即工作的结果，能否完成任务是第一要考虑的问题，也是评估的重点对象。

1. 业绩评定表法

这是一种出现比较早及常用的方法，它利用所规定的绩效因素（例如，完成工作的质量、数量等）对工作进行评估，把工作的业绩与规定表中的因素进行逐一对比打分，然后得出工作业绩的最终结果，它分为几个等级，例如优秀、良好、一般等。

2. 目标管理法

这是最典型的结果导向型绩效评估方法。它评估的对象是员工目标的完成情况而非行为，这样能够使员工向目标方向努力，从而在一定程度上有利于保证目标的完成。

3. 关键绩效指标法

它把对绩效的评估简化为对几个关键指标的考核，将关键指标当作评估标准，把员工的绩效与关键指标进行比较的评估方法，在一定程度上可以说是目标管理法与帕累托定律的有效结合。关键指标必须符合 SMART 原则：具体性（Specific）、衡量性（Measurable）、可达性（Attainable）、现实性（Realistic）、时限性（Time-based）。

4. 个人平衡记分卡

这是哈佛大学的罗伯特·卡普兰与波士顿的大卫·诺顿在 20 世纪 90 年代最早提出的。它包括财务纬度、顾客纬度、内部业务纬度及学习与成长纬度。个人平衡记分卡能够进行比较全面的评估，通过个人目标与企业愿景的平衡，将个人平衡计分卡引入人力资源管理，而这一平衡正是提高员工的积极性、维持可持续的企业绩效的前提条件。

5. 主管述职评价

述职评价是由岗位人员作述职报告，把自己的工作完成情况和知识、技能等反映在报告内的一种考核方法。主要用于企业中、高层管理岗位的考核。

（二）行为导向型绩效评估方法

行为导向型绩效评估方法主要有关键事件法、行为观察比较法、行为锚定评价法、360 度绩效评估法等。

1. 关键事件法

这是客观评价体系中最简单的一种方法，由美国学者弗拉赖根和贝勒斯在 1954 年提出，通用汽车公司在 1955 年运用这种方法获得了成功。它是通过对工作中最好或最差的事件进行分析，对造成这一事件的工作行为进行认定从而做出工作绩效评估的一种方法。

2. 行为观察比较法

该方法是指由各项评估指标给出一系列有关的有效行为，将观察到的员工的每一项工作行为同评价标准进行比较评分，统计该行为出现的次数和频率，并将每一种行为的得分相加，得出总分进行比较的评估方法。

3. 行为锚定评价法

这是比较典型的行为导向型绩效评估方法。它侧重的是具体可衡量的工作行为，通过数值给各项评估项目打分，只不过评分项目是某个职务的具体行为事例，也就是对每一项职务指标给出评分量表，量表分段是实际的行为事例，然后给出等级对应行为，将工作中的行为与指标进行对比并做出评估。

4. 360 度绩效评估法

它是一种从不同角度获取组织成员工作行为表现的观察资料，然后对获得的资料进行分析评估的方法，它包括来自上级、同事、下属及客户的评价，同时也包括被评者自己的评价。

(三) 特质性绩效评估方法

除结果导向型绩效评估方法和行为导向型绩效评估方法外，还有以心理学知识为基础的特质性绩效评估方法，下面以图解式评估量表为例进行说明。

图解式评估量表是一张列举了达到成功绩效所需要的不同特质（如适应性、合作性、工作动机等）的特质表，每一项特质给出的满分是五分或七分，评估结果一般是“普通”、“中等”或“符合标准”等词语。这种方法适用广、成本低廉，几乎可以适用于公司内所有或大部分的工作和员工。它的缺点是针对的是某些特质而不能有效地给予行为指导；不能提出明确又不具威胁性的反馈，反馈对员工可能造成不良影响；一般不能单独用于升迁的决策。

其他绩效评估方法还有直接排序法、对比法、强制分布法（硬性分布法）、书面叙述法、工作计划考核法、标杆对比法、情景模拟法等。

互动话题

学校每年都要进行三好学生的评选，这是一种针对学生的绩效考核方法，以此对学生的学习绩效进行评价。在三好学生的评定过程中，看看你的班级是否出现过有争议的问题？请学生分组讨论，并提出使三好学生考核评定客观科学、不走形式、真正起到激励作用的对策。

管理故事

粘知了

有一天，孔子带着学生去楚国，途经一片树林，看到一个驼背老头拿着竹竿粘知了，好像是从地下捡东西一样，一粘就是一个。孔子问道：“您这么灵巧，一定有什么妙招吧?”驼背老头说：“我是有方法的。我先用了五个月的时间练习使弹丸在竹竿顶上不掉下来。如果在竹竿顶上放两个弹丸掉不下来，那么去粘知了时，它逃脱的可能性是很小的；如果竹竿顶上放三个弹丸掉不下来，知了逃脱的机会只有十分之一；如果一连放上五个弹丸掉不下来，粘知了就像捡取地上的东西一样容易了。我站在这里，有力而稳当，虽然天地广阔，万物复杂，但我看的、想的只有‘知了的翅膀’。如因万物的变化而分散精力，又怎能捕到知了呢?”

其实，企业员工的培训也和粘知了的道理相似，只是处理的对象和复杂程度不同罢了。培训同样也可分为三个层次：第一个层次就是仅仅会做；第二个层次就是能够做到熟练，就像“竹竿顶上放三个弹丸掉不下来”；第三个层次就是要做到不分散精力，看的、想的只有“知了的翅膀”。古人的这个故事可以说意味深长，既告诉我们企业培训需要很长时间，也告诉了我们培训的层次。

管理定律

彼得原理

彼得原理是美国学者劳伦斯·彼得在对组织中人员晋升的相关现象研究后得出的一个结论，即在各种组织中，由于习惯于对在某个等级上称职的人员进行晋升提拔，因而雇员总是趋向于晋升到其不称职的地位。彼得原理有时也被称为“向上爬”原理。就是说，有工作成绩的员工将被提升到高一级的职位；如果他们继续胜任，将进一步提升，直到到达他们不能胜任的位置。由此的推导是，每一个职位最终都将被一个不能胜任其工作的员工所占据。这种状况对于员工和组织双方都没有好处。对于员工来说，由于不胜任工作，将找不到工作的乐趣，无法实现自身的价值。对组织来说，一旦部分人员被推到了不能胜任的职位，就会造成组织人浮于事、效率低下。因此，必须建立科学、合理的人员选聘机制，客观评价每个员工的能力和水平，才能做到才职匹配。

知识测试

1. 人力资源规划的作用有（　　）。

A. 规划人力发展　　B. 平衡人力资源分布

C. 促使人力资源合理运用　　D. 降低人力资源成本

2. 外部招聘的优点有（　　）。

A. 缓解内部候选人竞争的矛盾　　B. 大大节省了培训费用

C. 有利于带来新思想和新方法　　D. 有利于调动内部员工的积极性

3. 确定从内部还是外部选聘时，要考虑（　　）。

A. 职务的性质　　B. 组织经营状况

C. 内部人员的素质　　D. 市场竞争情况

4. 人员甄选过程中，初选的目的是（　　）。

A. 优胜　　B. 劣汰

C. 将明显不符合要求的人及时排除　　D. 定好要面试的人数

5. 目标管理法属于绩效考核方法中的（　　）。

　A. 行为导向型绩效评估方法　　　　B. 结果导向型绩效评估方法

　C. 特质性绩效评估方法　　　　　　D. 排序型绩效评估方法

6. 请简要介绍人力资源规划的程序。

7. 请将外部招聘和内部招聘进行多角度对比。

8. 在岗培训的方法有哪些？

9. 绩效考核的目的是什么？

10. 结果导向型绩效考核方法主要包括哪几种？

素质拓展

拓展项目：模拟公司招聘流程

【实训目标】

1. 培养招聘人员招聘工作的能力

2. 训练应聘人员的应聘能力与心理素质

【实训内容与要求】

1. 角色扮演的情景设定：根据模拟公司的工作计划建立组织结构，各模拟公司组织招聘各部门负责人。各模拟公司的招聘由总经理主持，公司成员均为招聘组成员。每名学生可向不超过三家公司（不含本公司）应聘。各公司根据每个应聘者的表现决定是否聘用；招聘程序按课程讲授内容进行，同学们先在课下进行精心准备，在课上完成角色扮演。

2. 各公司要制定招聘计划，包括招聘目的、招聘岗位、任用条件和招聘程序，特别是决定聘用的办法。

3. 每个人要写出应聘提纲或应聘演讲稿，一定要体现出应聘竞争优势。

4. 以公司为单位，组织招聘活动。

【成果与检测】

1. 各公司提供招聘计划书。

2. 每个人提供应聘提纲或演讲稿。

3. 评估各公司招聘组织状况的好坏，并以前来应聘的人数作为重要衡量指标。

4. 评价每个人的表现，特别是受到其他公司聘任的频次。

5. 由教师做出统计与综合评估。

案例分析

张副总的培训计划

M快餐公司开办不足3年，业务却发展得很快，从开业时的两家店面已发展到现在由多家分店组成的连锁网络。不过，公司分管人员培训工作的副总经理张慕廷却发现，直接寄到公司和由“消费者协会”转来的顾客投诉越来越多，上个季度竟达80多封。这不能不引起他的不安和关注。

这些投诉并没有大问题，有些是抱怨菜及主食的品种、味道、卫生不好，价格太贵等，但是更多的是有关服务员服务质量的，如态度冷淡、语言不文明、上菜慢、卫生打扫不彻底等，而且业务知识差，顾客有关食品的问题，如菜的原料规格、烹制程序等常一问三不知，当有的顾客抱怨店规不合理时，服务员不但不予接受，反而粗暴反驳，拒绝退换不熟的饭菜，一味强调已经动过了，等等。

张副总分析，服务员态度不好，也不全怪他们，因为生意扩展快，大量招入新职工，业务素质差，知识不足，草草做半天或一天岗前集训，有的甚至未培训就上岗干活了，必然会影响服务质量。张副总指示人事科杨科长拟订一个计划，对全体服务员进行两周业务培训，每天3小时。开设的课既有“公共关系实践”、“烹饪知识与技巧”、“本店特色菜肴”、“营养学常识”、“餐馆服务员操作技巧训练”等务“实”的硬性课程，也有“公司文化”、“敬业精神”等务“虚”的软性课程。张副总还准备亲自讲授“公司文化”课，并指示杨科长制定“服务态度奖励细则”并予宣布。

培训效果显著，以后连续两个季度，投诉信分别减至22封和11封。

思考题

1. 你认为这项培训计划编制得如何？有无修改建议？如有，请说明。

2. 你觉得这次培训奏效，起主要作用的是哪些内容？

3. 如果要你去主讲两门“软”性课，你将讲些什么内容？你会采用什么样的教学方法？为什么？

第七章

领导与沟通

学习目标

知识点

- 了解领导的相关概念
- 理解领导与权力的关系
- 掌握领导者的类型
- 掌握领导特质理论
- 掌握领导行为理论
- 掌握领导权变理论
- 掌握沟通的过程和类别
- 理解人际沟通的障碍
- 理解组织沟通的障碍

技能点

- 有目的地培养学生的领导能力与艺术
- 学会运用沟通技巧，提升管理者的沟通能力

引例

鹦　鹉

一个人去买鹦鹉，看到一只鹦鹉前标着：此鹦鹉会两门语言，售价二百元。另一只鹦鹉前则标着：此鹦鹉会四门语言，售价四百元。该买哪只呢？两只都毛色光鲜，非常灵活可爱。这人转啊转，拿不定主意。突然他发现一只老掉了牙的鹦鹉，毛色暗淡散乱，标价八百元。这人赶紧将老板叫来问："这只鹦鹉是不是会说八门语言?"店主说："不。"这人奇怪了："那为什么它又老又丑，又没有能力，会值这个数呢?"店主回答："因为另外两只鹦鹉叫这只鹦鹉老板。"

真正的领导人，不一定自己能力有多强，只要懂得信任、懂得放权、懂得珍惜，就能团结比自己更强的力量，从而提升自己的身价。相反许多能力非常强的人却因为过于追求完美，事必躬亲，认为什么人都不如自己，最后只能做最好的公关人员、销售代表，成不了优秀的领导人。

第一节　领导概述

一、领导的含义

领导是指在一定的社会组织和群体内，为实现组织预定的目标，领导者运用其法定权力和自身影响力影响被领导者的行为，并将其导向组织目标的过程。具体包含以下内容。

(1) 领导涉及领导者以外的其他人——员工或追随者。领导工作的三要素：领导者、被领导者、环境。

(2) 领导涉及领导者本身和团体成员之间权力的不平等分配。不是团体成员没有任何权力，而是相对而言，领导者拥有更多的权力。

(3) 领导者拥有使用不同权力并以多种方式影响追随者行为的能力。

(4) 领导者关注道德准则，是道德楷模，对员工具有感召力。领导者尽力给予追随者足够的相关知识，使他们在接受领导者命令时能够做出明智的选择。

(5) 领导的实质是领导的影响力。

二、领导的作用

领导的工作有赖于领导者，领导者在一个组织中或群体中充当着重要角色，在带领和指导群体为实现共同目标而努力的过程中，起着关键的作用，主要体现在以下几个方面。

(一) 指挥作用

“只有无能的将军，没有无能的士兵”，一支训练有素的部队，如果没有优秀的指挥官，不可能在战争中取胜。领导就是组织的指挥官，在组织活动中，需要有头脑清醒、胸怀全局、高瞻远瞩、运筹帷幄的领导者帮助组织成员认清所处的环境和形势，指明活动的目标和实现目标的路径。

领导人的感染力

拿破仑在一次与敌军作战时，遭遇顽强的抵抗，队伍损失惨重，形势非常危险。拿破仑也因一时不慎掉入泥潭中，被弄得满身泥巴，狼狈不堪。

可此时的拿破仑浑然不顾，内心只有一个信念，那就是无论如何也要打赢这场战斗。只听他大吼一声：“冲啊!”

他手下的士兵见到他那副滑稽模样，忍不住都哈哈大笑起来，但同时也被拿破仑的乐观自信所鼓舞。一时间，战士们群情激昂、奋勇当先，终于取得了战斗的最后胜利。

无论在何种危急的困境中，都要保持乐观积极的心态。尤其作为一个商界的领导人，你的自信，可以感染到无数你接触到的人。有没有乐观自信的态度也直接影响到一场交易的成败与否。管理者不仅要告诉别人怎么做，更重要的是要激发队伍产生一定抱负，指挥员工朝组织目标勇往直前。

（二）协调作用

组织是通过分工与协作来实现目标的。在许多人协同工作的集体活动中，即使有了明确的目标，但因各人的才能、理解能力、工作态度、进取精神、性格、作风、地位等不同，以及外部各种因素的干扰，人们之间在思想上发生各种分歧，在行动上偏离目标的情况是不可避免的。因此，领导者的任务之一就是协调各方面的关系和活动，保证各个方面都朝着既定的目标前进。

（三）激励作用

在现阶段，劳动仍是人们谋生的手段，人们需求的满足还受到种种限制。当人们在学习、工作和生活中遇到困难、挫折或不幸时，或某种物质的、精神的需要得不到满足时，就必然会影响工作热情。怎样才能使每一个职工都保持旺盛的工作热情，最大限度地调动他们的工作积极性呢？这就需要有通情达理、关心群众的领导者来为他们排忧解难，激发和鼓舞他们的斗志，发掘、充实和加强他们积极进取的动力。

小阅读

天鹅、狗鱼和虾

有一次，天鹅、狗鱼和虾，一起想拉动一辆装满东西的货车，三个家伙套上车索，拼命用力拉，可车子还是拉不动。原来天鹅拼命向云里冲，虾是向后拖，狗鱼直向水里拉。

究竟哪个错？哪个对？用不着我们多讲，结果是车子仍停留在原地。

员工之间不协调，工作就开展不好，只会把事情弄糟。领导者的智慧所在，即能妥善分配员工的工作，协调他们之间的合作，并激励员工朝着组织共同的目标前进。

三、领导与权力

权力，最简单的理解，就是影响别人行为的能力。对管理过程和职能的领导而言，这种能力应包括三方面。

（一）职位权力

（1）惩罚权。来自下级恐惧感，感到痛苦和不能满足某些需求。

（2）奖赏权。来自下级追求满足的欲望，感到愉快或满足某些需求。

（3）合法权。来自下级传统的习惯观念，认为领导者有合法权力，必须接受其影响。

（二）个人影响权力

个人影响权力即模范权，来自下级对上级的信任。

（三）领导个人专长权

来自下级的尊敬，上级可帮助下级指明方向，排除障碍，达到目标。

管理意义上的领导，一般指这三种权力的集合。所以，领导就是关于如何有效行使管理制度权力的过程。

小阅读

佛塔上的老鼠

一只到处游荡的老鼠在佛塔顶上安了家。佛塔里的生活实在是幸福极了，它既可以在各层之间随意穿越，又可以享受到丰富的供品，甚至还享有别人所无法想象的特权：那些不为人知的秘籍，它可以随意咀嚼；人们不敢正视的佛像，它可以在上面自由闲逛，兴起之时甚至可以在佛像头上留些排泄物。

每当善男信女烧香叩头的时候，这只老鼠总是看着那令人陶醉的烟气慢慢升起，然后猛抽着鼻子，心中暗笑："可笑的人类，膝盖竟然这样柔软，说跪就跪下了！"

有一天，一只饿极了的野猫闯了进来，一把将老鼠抓住。

"你不能吃我！你应该向我跪拜！我代表着佛！"这位"高贵的俘虏"抗议道。

"人们向你跪拜，只是因为你所占的位置，不是因为你！"野猫讥讽道。

然后，野猫像品尝美味的大餐那样把老鼠吃掉了。

四、领导与管理

"领导"一词通常有两种含义：其一，作为名词，是指领导人、领导者，即组织中确定和实现组织目标的首领。其二，作为动词，领导指的是一项管理工作、管理职能，通过该项职能的行使，领导者能促成被领导者努力地实现既定的组织目标。所以，领导既可以指一种类型的管理人员，也可以是作用于被领导者的一种活动。可见，领导和管理有着密切的关系，它们既相互联系又相互区别。

（一）领导与管理的共性

从行为方式看，领导和管理都是一种在组织内部通过影响他人的协调活动，实现组织目标的过程。从权力的构成看，两者也都是组织层级的岗位设置的结果。

（二）领导与管理的区别

（1）职能不同。管理的范围大（维持秩序与运转），而领导的责任大（指明方向与创新），领导是管理的一个职能，领导行为属于管理的范围。

（2）岗位不同。领导者必定是管理者，而管理者未必是领导者，要区别二者在管理过程中的角色与地位。

（3）本质不同。管理是建立在合法的、有报酬的和强制性权力基础上的对下属进行命令的行为。而领导则可能建立在合法的、有报酬的和强制性的权力基础上，也可能建立在个人影响力和专长权以及模范作用的基础上。

（4）风险意识不同。一般而言，领导者经常追求有风险甚至危险的工作，越是机会诱人，冒险工作的决心就越大，希望通过有挑战性的努力获取更大的效益；管理者更加看重秩序，会本能地回避风险或想方设法排除风险。

因此，领导职能只是管理的一个组成部分，即一个人能够影响别人这一事实并不表明他同样也能够计划、组织和控制。

管理者与领导者的区别

序号	管理者特征	领导者特征
1	正确地做事情	做正确的事情
2	安于现状，忙于行政管理	挑战惯例，寻找新的途径
3	强调的是效率	强调的是结果
4	接受现状	强调未来的发展
5	强调控制	培养信任
6	运用制度	强调价值观和理念
7	注重短期目标	强调长远发展方向
8	要求员工顺从标准	鼓励员工进行变革
9	运用职位权力	运用个人魅力
10	避免不确定性	勇于冒险
11	等待机会的到来	令机会发生
12	仔细看管一切	创造成长
13	考虑如何把一件事做对做好	考虑一件事是不是对的
14	考虑是否以最快的速度来实行	考虑做事的方向是不是对的
15	担心事情不能低于怎样的底线	在乎事情能达到怎样的上限
16	考虑用先进方法来完成任务	考虑做一件事情的目的是否有意义
17	讲究实用性	讲究原则
18	更在意怎样加快晋升的速度	在展望未来时，考虑哪些是有前途的
19	是听话的士兵	是自己的主人
20	是模仿者	是原创者

五、领导者的类型

（一）按照管理制度权力集中与分散程度划分

组织中的领导者是复数而非单数，是一群人而非一个人。领导者类型首先可以从管理制度权力的集中与分散程度进行划分，一般可以分为集权式领导者和民主式领导者。

小阅读

爱穿工作服的总裁

当我们在旅行中或在电视里看到驰骋在世界五大洲的本田轿车和摩托车时，会自然而然地想起本田公司的创始人：本田宗一郎。这个奇迹的创造者并非富家子弟，也不是名牌大学的高才生。本田宗一郎出身清贫，没钱上学，一生全靠自我奋斗、自学成才。他从修自行车起家，在艰苦创业的道路上曾屡遭挫折，但百折不挠，终成大业。

在公司里，人们经常可以看见他身穿白色的工作服和工人们一同出入车间，同桌进餐。本田宗一郎认为，这样有利于沟通意见，协调关系，也能够及时了解工人的生产情况和情绪。在他眼里工人绝非机器，如果将工人和机器置于同等地位，那么企业就要破产了。他鼓励工人发牢骚、提建议、献计献策，工人的建议被采纳后记录评分，当积分达到某一标准时，便颁发“本田奖”或免费出国旅游。因此，工人非常喜欢这位爱穿工作服的总裁。

（二）按照领导工作的侧重点不同划分

1. 维持型领导者

维持型领导者一般也称为事务型领导者。这种领导者通过明确角色和任务要求，激励下属向着既定的目标活动，并且尽量考虑和满足下属的社会需要，通过协作提高下属的生产率水平。他们对组织的管理职能推崇备至，勤奋、谦和而且公正，致力于把事情理顺、推动工作有条不紊地进行。这种领导者重视非人格的绩效内容，如计划、日程和预算，对组织有使命感，并且严格遵守组织的规范和价值观。

2. 魅力型领导者

魅力型领导者有着鼓励下属超越他们预期绩效水平的能力。他们的影响力来自以下方面：有能力陈述一种下属可以识别的、富有想象力的未来远景；有能力提炼出一种每个人都坚定不移赞同的公司价值观系统；信任下属并获取他们充分的信任回报；提升下属对新结果的意识，激励他们为了部门或组织而超越自身的利益。这种领导者善于创造一种变革的氛围，热衷于提出新奇的、富有洞察力的想法，并且还能用这样的想法去刺激、激励和推动其他人勤奋工作。

3. 变革型领导者

变革型领导者鼓励下属为了组织的利益而超越自身利益，并能对下属产生深远而且不同寻常的影响，如蒙牛的建立者牛根生。这种领导者关心每一个下属的日常生活和发展需要，帮助下属用新观念分析老问题，进而改变他们对问题的看法，能够激励、唤醒和鼓舞下属为达到组织或群体目标而付出加倍的努力。

4. 战略型领导者

战略型领导者的特征是用战略思维进行决策。对战略领导者而言，需要将领导的权力与全面调动组织的内外资源相结合，实现组织长远目标，对组织的价值活动进行动态调整，在市场竞争中站稳脚跟的同时，积极竞争未来，抢占未来商机领域的制高点。战略型领导者认为组织的资源由有形资源、无形资源和有目的地整合资源的能力构成。他们关注的焦点经常超越传统组织边界范围中的活动，进入组织之间的相互关系地带，并将这种区域视为组织潜在的利润来源。战略型领导者是多功能的，涉及通过他人进行管理，包含整个企业的管理，并帮助组织处理随着竞争环境的巨变带来的变化。

小阅读

雅芳公司的战略领导者

雅芳公司的CEO安德瑞·乔、首席技术官苏珊·克鲁勃（Susan Kroff），灵活地避开了公司在阿根廷经历经济衰退时可能导致的灾难，并且，采取了其他行动巩固雅芳在国内和国际市场上的地位。当雅芳公司5%的销售收入来自于阿根廷时，乔和克鲁勃也对产品在世界其他地区的销售进行了有效的扩展，使得雅芳公司成为5亿美元的中东部欧洲市场的一个主要参与者，并量在中国市场上增加了30%的销售收入。雅芳公司连续3年取得了每股收益增加10%以上（这在经济衰退时期是一个很不错的成就）。

第二节　领导理论

领导理论是研究领导有效性的理论，是管理学理论研究的重点之一。影响领导有效性的因素以及如何提高领导有效性是领导理论研究的核心。领导理论的研究成果主要有领导特质理论、领导行为理论和领导权变理论。

一、领导特质理论

领导特质理论着重研究领导者的个人特性对领导有效性的影响，这种理论最初由心理学家提出。他们认为，领导效率的高低，取决于领导者个人品质或者特性方面的差异。

（一）斯托格蒂尔的六类领导特质

（1）身份特性：如精力、身高、外貌等。迄今这方面的研究还是很矛盾的，不足以服人。

（2）社会背景特性：如社会经济地位、学历等。这方面的发现也缺乏一致性和说服力。

（3）智力特性：如判断力、果断力、知识的深度和广度、口才等。研究确实发现成功的领导者在这些方面较突出，但相关性还较弱，说明还需要考虑一些附加因素。

（4）个性特征：如适应性、进取性、自信、机灵、见解独到、正直、情绪稳定、不随波逐流、作风民主等。

（5）与工作有关的特性：有些特性已经被证明具有积极的结果，如高层的需要、愿承担责任、毅力、首创性、工作主动、重视任务的完成等。

（6）社交特性：研究表明，成功的领导者具有善交际、广交游、积极参加各种活动、愿意与人合作等特点。

（二）鲍莫尔的领导特质论

（1）合作精神，即愿与他人一起工作，能赢得人们的合作，对人不是压服，而是感动和说服。

（2）决策能力，即依赖事实而非想象进行决策，具有高瞻远瞩的能力。

（3）组织能力，即能发掘部属的才能，善于组织人力、物力和财力。

（4）精于授权，即能大权独揽，小权分散。

（5）善于应变，即机动灵活，善于进取，而不抱残守缺、墨守成规。

（6）敢于求新，即对新事物、新环境和新观念有敏锐的感受能力。

（7）勇于负责，即对上级、下级的产品用户及整个社会抱有高度的责任心。

（8）敢担风险，即敢于承担企业发展不景气的风险，有创造新局面的雄心和信心。

（9）尊重他人，即重视和采纳别人的意见，不盛气凌人。

（10）品德高尚，即品德方面为社会人士和企业员工所敬仰。

（三）领导者六项特性理论

20世纪70年代中期，出现了一种均衡的观点，虽然没有哪一种特性能确保领导者成功，但某些性格特点还是有潜在作用的。到了90年代，人们开始认为某些个性特点不是天生的而是通过后天努力得到的，这将有效的领导者与其他人区别开来。领导者有六项特性不同于非领导者，即进取心、领导愿望、正直与诚实、自信、智慧和工作相关知识。

（1）进取心。领导者表现出高度的工作积极性，拥有较高的成就渴望。他们不断努力提高，进取心强，精力充沛，对自己所从事的活动坚持不懈，并有高度的主动精神。

（2）领导欲望。他们有强烈的权力欲望，喜欢领导别人，而不是被别人所领导。强烈的权力欲望驱使他们试图去影响别人，并在领导过程中获得满足和利益。

（3）正直与诚实。领导者言行一致，诚实可信。据此与下属之间建立起相互信任的关系。

（4）自信。领导者表现出高度的自信，自信能让领导者克服困难，在不确定的情况下惯于做出决策，并能逐渐将自信传给别人。

（5）智慧。领导者必须有足够的才智来收集、整理和解释大量的信息，并能确立目标、解决问题和做出正确决策。在职业生涯中高学历是重要的，但有关组织的业务专长更重要。

(6) 工作相关知识。一个有效的领导者对其公司、行业和技术问题有清楚的了解，广博的知识能使他们做出富有远见的决策，并能理解这种决策的意义。

(四) 美国管理协会的调查结论

20世纪70年代，美国管理协会花了五年时间对1 800名事业上取得成功的领导者进行了调查和研究，结果发现成功的领导者一般具有20种特质，如表7—1所示。由于该结果是从成功领导者经验总结而得，因而对现实更有启发和指导意义。

表7—1　　领导者具备的20种特质

1. 工作效率高	11. 善于利用谈心做工作
2. 主动进取，总想不断改进工作	12. 热诚关心别人
3. 逻辑思维能力、分析能力强	13. 能使下属积极而乐观地工作
4. 概括能力强	14. 能实行集体领导
5. 判断能力强	15. 自我克制能力强
6. 自信心足	16. 能自行独立地做出决策
7. 能帮助下属提高工作能力	17. 能客观地听取各方面的意见
8. 能以身作则，模范带头	18. 能正确评价自己、取长补短
9. 善于用权	19. 勤俭
10. 善于调动下属的积极性	20. 具有一定的技术与管理知识

小阅读

什么是领导特质理论

领导特质理论也称伟人理论，是研究领导者的心理特质与其影响力及领导效能关系的理论。这种理论阐述的重点是领导者与非领导者的个人品质差异。长期以来，人们一直在就“伟人”理论进行争议。历史是否是由像恺撒大帝、拿破仑、丘吉尔这样的人创造的？这些人是否具有某些品质，足以对人类重大事件的进程产生影响？这些问题诱发了学者们对领导心理特质的研究，它关注领导者的个人特性，并试图确定伟大的领导者所共有的特性。比如，什么使得温斯顿·丘吉尔、亚历山大、甘地、马丁·路德·金等与众不同？领导特质理论假定特性的存在，并且假定领导者是天生的，而不是后天形成的。从1904年到1948年，研究人员作了100多种有关领导特性的研究，企图从成功的领导者身上分离出一个或多个非领导者所不具备的特性。研究表明，一个成功的管理者，特殊的性格特点不一定是必需的。

根据我国的现状，现代领导者的素质应是在政治品德好，身体健康的前提下，努力追求知识和能力的不断提高。

二、领导行为理论

不同的领导者，在实际工作中会表现出不同的行为。

小阅读

哪种领导类型更有效

ABC公司是一家中等规模的汽车配件生产企业。最近，人力资源部对该公司的三个重要部门经理进行了一次有关领导类型的调查。

1. 韦毓

韦毓对其部门的产出感到很自豪。他总是强调对生产过程、产量控制的必要性，坚持下属人员必须很好地理解生产指令，以得到迅速、完整、准确的反馈。当韦毓遇到小问题时，会放手交给下级去处理，但若是问题很严重时，他会委派几个有能力的下属人员去解决问题。通常情况下，他只是大致规定下属人员的工作方针、完成期限及完成后如何写出工作报告。韦毓认为只有这样才能更好地促进合作，避免重复工作。

韦毓认为对下属人员采取敬而远之的态度，对一个经理来说是最好的方式，所谓的"亲密无间"会松懈纪律。他不主张公开谴责或表扬某个员工，并相信他的下属人员都有自知之明。据韦毓说，管理中的最大问题是下级不愿意承担责任。他谈到，他的下属人员原本可以有机会做更多事情，但以前他们并不是很努力地去做。他不能理解过去他的下属人员如何能与一个毫无组织能力的前任经理相处，他说，上司对他们现在的工作运转情况非常满意。

2. 张强

张强认为每个员工都享有人权，他偏重于管理者有义务和责任去满足员工需要的学说。他说，他常为他的员工做一些小事，如给员工两张下月在杭州举办的艺术展览的入场券。他认为，每张门票才80元，但对员工及其妻子（丈夫）来说，其价值远远超过80元。这种方式，也是对员工过去几个月工作的肯定。

张强说，他每天都要到工厂去一趟，与至少25%的员工交谈。

张强不愿意为难别人，他认为韦毓的管理方式过于死板，韦毓的员工也许并不那么满意，但除了忍耐别无他法。张强说，他已经意识到在管理中存在不利因素，但大都是由于生活压力造成的。他的想法是以一个友好、粗线条的方式对待员工。他承认尽管在生产率上不如其他部门，但他相信他的员工有高度的忠诚度和士气，并坚信他们会因他的开明领导而努力工作。

3. 吴刚

吴刚说他面临的基本问题是与其他部门的职责分不清楚。他认为很多不是他们的工作任务都安排在他们部门，上级似乎并不清楚这些工作应该由谁来做。吴刚承认他没有提出异议，他说这样做会使其他部门的经理产生反感。尽管他们把吴刚看成是朋友，而吴刚却不这样认为。吴刚说过去在不平等的分工会议上，他感到很窘迫，但现在已适应了，吴刚主张，一旦给一个员工分配了工作，就让他们以自己的方式去做，取消任何工作检查，他相信大多数员工自己知道如何把工作做好。如果说存在问题那就是在生产过程中部门间的工作范围和职责混淆不清。吴刚的确想过，希望公司领导把他叫到办公室听听他对某些工作的意见。然而，他并不能保证这样做会使情况有所改变。他正在考虑这些问题。

领导行为理论研究的真正萌芽开始于19世纪40年代，那时，许多管理心理学家在调查研究中发现了领导者在领导过程中的领导行为与他们的领导效率之间有密切的关系，基于此，为了寻求最佳的领导行为，许多学者对此进行过大量的研究。

（一）勒温的三种领导方式理论

美国著名心理学家勒温和他的同事们从20世纪30年代起就开始进行关于团体气氛和领导风格的研究。勒温等人发现，团体的任务领导并不以同样的方式表现他们的领导角色，领导者们通常使用不同的领导风格，这些不同的领导风格对团体成员的工作绩效和工作满意度有着不同的影响。勒温等研究者力图科学地识别出最有效的领导行为，他们着眼于三种领导风格，即专制型、民主型和放任型的领导风格，如表7—2所示。

1. 专制型领导

这种领导只注重工作的目标，仅仅关心工作的任务和工作的效率。他们对员工不够关心，被领导者与领导者之间的社会心理距离比较大，领导者对被领导者缺乏敏感性，被领导者对领导者存在戒心和敌意，容易使群体成员产生挫折感和机械化的行为倾向。

这种领导方式的主要优点是，决策制定和执行速度快，可以使问题在较短时间内得到解决。主要缺点是，下属依赖性大，领导者负担较重，容易抑制下属的创造性和工作积极性。

2. 民主型领导

这种领导方式注重对团体成员的工作加以鼓励和协助，关心并满足团体成员的需要，营造一种民主与平等的氛围，领导者与被领导者之间的社会心理距离比较近。在民主型的领导风格下，团体成员自己决定工作的方式和进度，工作效率比较高。

这种领导风格有利于集思广益，制定出质量更好的决策，同时还能使决策得到认可和接受，从而减少执行的阻力，并增进部属的自尊心和自信心，提高他们的工作热诚和工作满足感。其不足之处是，决策制定过程长，耗用时间多，领导者周旋于各派意见之间，容易优柔寡断、唯唯诺诺。尽管民主式领导备受人们推崇，但它也不是无条件适用的，而需考虑领导工作所处的具体情境，以便发挥其所长而避其所短。

3. 放任型领导

这种领导采取的是无政府主义的领导方式，对工作和团体成员的需要都不重视，无规章、无要求、无评估，工作效率低，人际关系淡薄。

这种领导方式虽能培养下属的独立性，但由于领导者的无为，下属各自为政，容易造成意见分歧，决策难以统一。因此，放任型领导很难得到提倡，除非被领导者是专家且具有高度的工作热诚，才可以采取这种“无为而治”的领导方式。

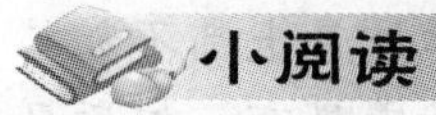
小阅读

林肯的独断

美国总统林肯，在他上任后不久，有一次将六个幕僚召集在一起开会。林肯提出了一个重要法案，而幕僚们的看法并不统一，于是便激烈地争论起来。林肯在仔细听取其他六个人的意见后，仍感到自己是正确的。在最后决策的时候，六个幕僚一致反对林肯的意见，但林肯仍坚持自己的意见，他说："虽然只有我一个人赞成但我仍要宣布，这个法案通过了。"

表面上看，林肯这种忽视多数人意见的做法似乎过于独断专行。其实，林肯已经仔细地了解了其他六个人的看法并经过深思熟虑认定自己的方案最为合理。而其他六个人持反对意见，只是一个条件反射，有的人甚至是人云亦云，根本就没有认真考虑过这个方案。既然如此，自然应该力排众议，坚持己见。因为，所谓讨论，无非就是从各种不同的意见中选择出一个最合理的。既然自己是对的，那还有什么犹豫的呢？

表 7—2　　勒温的三种领导方式

	专制型	民主型	放任型
权力分配	权力集中于领导者个人手中	权力在团队之中	权力分散在每个员工手中，采取无为而治的态度
决策方式	领导者独断专行，所有的决策都由领导者自己做出，不重视下属成员的意见	让团队参与决策，所有的方针政策由集体讨论做出，领导者加以指导、鼓励和协助	团队成员具有完全的决策自由，领导者几乎不参与
对待下属的方式	领导者介入到具体的工作任务中，对员工在工作中的组合加以干预，不让下属知道工作的全过程和最终目标	员工可以自由选择与谁共同工作，任务的分工也由员工的团队来决定。让下属员工了解整体目标	为员工提供必要的信息和材料，回答员工提出的问题
影响力	领导者以权力、地位等因素强制性地影响被领导者	领导者以自己的能力、个性等心理品质影响被领导者，被领导者愿意听从领导者的指挥和领导	领导者对被领导者缺乏影响力
对员工评价和反馈的方式	采取"个人化"的方式，根据个人的情感对员工的工作进行评价。采用惩罚性的反馈方式	根据客观事实对员工进行评价。将反馈作为对员工训练的机会	不对员工的工作进行评价和反馈

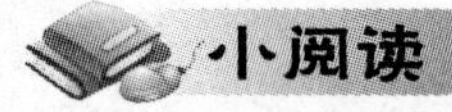

哪种领导方式最佳

关于以上三种领导方式的优越性，美国学者做了一项实验，将一群儿童分成三组从事堆雪人活动，各组的组长被事先分别训练成按专制式、民主式和放任式进行领导。实验结果表明，放任式领导下的第一小组工作效果最差，所制作的雪人在数量和质量上都不如其他小组。采取专制式领导下的第二小组，堆的雪人数量最多，说明工作效率最高，但质量不如民主式领导下的小组。最后一个小组采取民主式领导，由于儿童们积极主动发表意见，显示出很高的工作热情和创造性思维，小组长又在一旁引导、协助和鼓励，结果堆出的雪人质量最高，但工作效率不及第二组，因为儿童们在商量如何堆出最像样、最好看的雪人时花了大量时间进行讨论才达成了一致意见。这一实验验证了专制式和民主式领导是利弊并存的，而放任式领导在通常情况下往往弊多利少，不宜采用。

（二）利克特的管理方式理论

1947年，密歇根大学的利克特（Rensis Likert）及其同事开始对管理方式进行研究，试图比较群体效率如何随领导者的行为变化而变化。这项研究的目的是试图建立实现预期的绩效和满意水平的基本原理，以及有效的领导方式，结果发现了两种不同的领导方式。

（1）工作（生产）导向型的领导行为。这种领导方式关心工作的过程和结果，并用密切监督和施加压力的办法来获得良好的绩效、满意的工作期限和评估结果。对这种领导者而言，下属是实现目标或任务绩效的工具，而不是和他们一样有着情感和需要的人，群体任务的完成情况是领导行为的中心。

（2）员工导向型领导行为。这种领导方式表现为关心员工，并有意识地培养与高绩效的工作群体相关的人文因素，即重视人际关系。员工导向型领导者把他们的行为集中在对人员的监督，而不是对生产的提高上。他们关心员工的需要、晋级和职业生涯的发展。

研究人员进一步研究发现，在领导方式为员工导向型的组织中，产量要高于领导方式为工作导向型组织的产量。在员工导向型的生产单位中，员工的满意度高，离职率和缺勤率都较低。在工作导向型的生产单位中，产量虽然不低，但员工的满意度低，离职率和缺勤率都较高。在这种经验观察的基础上，密歇根大学领导行为方式研究的结论是，员工导向的领导者与高的群体生产率和高满意度相关，而生产导向的领导者则与低的群体生产率和低满意度相关。

利克特总结了环境变化趋势和工作特点后，于1967年提出了领导的四系统模型。

（1）专制命令型：管理层对下级缺乏信心，下级不能过问决策的程序，决策由上层做出，并以命令的方式，甚至以威胁和强制方法执行，上、下级间的接触在一种互不信任的气氛中进行。

（2）温和命令型：决策权仍控制在最高一级，下级能在一定的限度内参与决策，对职工的激励有奖励也有惩处。上、下级间态度谦和，采用温和的态度、商量的语气进行。

（3）协商型：虽然主要的决策权掌握在最高层手里，可是下级能就具体问题做出决策。双向沟通在十分信任的情况下进行，领导层和下属员工一起协商讨论目标的可行性。

（4）集体参与型：管理阶层对部属完全信任，决策采取高度的分权化，既有自上而下的沟通，也有自下而上的沟通，还有平行沟通，正式组织与非正式组织融为一体。

（三）领导行为四分图理论

领导行为四分图理论是由美国俄亥俄州立大学的领导行为研究者们在1945年提出来的，他们列出了一千多种刻画领导行为的因素，通过高度概括归纳为两个方面：关心组织和关心人。研究结果认为，领导者的行为是关心组织与关心员工两个方面的任意组合，即可以用两个坐标的平面组合来通过四个象限来表示四种类型的领导行为，它们是：高关心与高组织，低关心与低组织，低关心与高组织，低组织与高关心。这就是所谓的“领导行为四分图”理论，如图7—1所示。

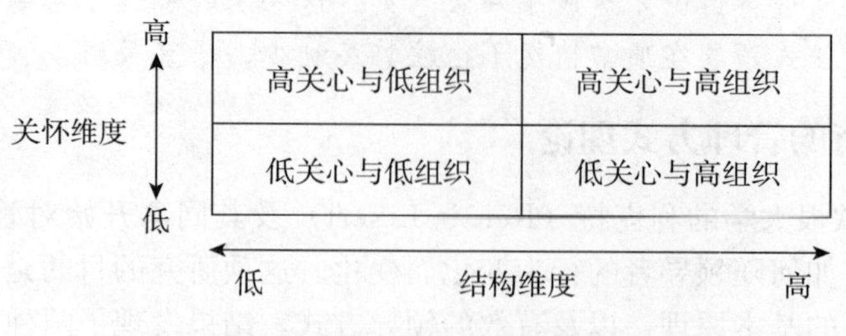

图 7—1 领导行为四分图理论

（1）结构维度是指为了达成组织目标，领导者界定和构造群体内关系的程度，包括领导者规划工作、界定任务关系和明确目标的行为。领导者具有较高的结构维度，倾向于关注目标和结果，倾向于建立明确的沟通形式和渠道，明确规章、计划、岗位责任和完成工作的方式，并使用职权与奖惩去监控和促使目标的实现。或者说，高结构维度的领导者对任务能否完成的关心程度远高于对组织中人际关系和谐的关心程度。

（2）关怀维度是指领导者尊重和关心下属的感情的程度，维度越高，则领导者越愿意与下属建立相互信任、双向交流的工作关系。高关怀维度的领导者强调相互信任、尊重、和谐的群体关系，支持开放的沟通和广泛的参与，关怀下级个人需要、福利和满意程度，与下级沟通对话并鼓励下级参与决策的制定。总之，高关怀维度的领导者特别重视群体关系的和谐以及与下属心理上的亲近。

研究者们认为，关心组织与关心员工不是一个连续带上的两个端点，不是注重了一个方面而必须忽视另一个方面，领导者的行为可以是这两个方面的任意组合，即可以用二维坐标表示。

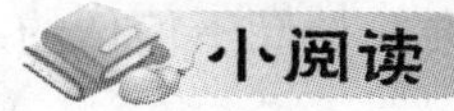

牧师 PK 外科大夫

深圳的某报曾报道了这样一个事例：当地的一家工厂经常发现有住厂的员工偷偷跑回家。经过调查，发现这些员工都有一个共同的特点，就是刚刚新婚不久。这家工厂没有选择通过完善制度来杜绝这一现象，而是特批了一笔资金，在工厂边上建了一排“夫妻房”，专门提供给这些情况特殊的员工。作为回报，这家工厂的效率在这个政策实施后提高了近3成，比任何激励或考核的效果都明显。

张瑞敏曾经说过，他在海尔，第一是设计师，第二是牧师。当相当多的领导人把注意力集中在完善各式各样的制度以改善企业管理时，张瑞敏高明地意识到，领导者职责的一个重要部分是对文化的阐释和发展。制度永远是冰冷的，而企业传播关怀的媒介只有文化，因为很难想象可以将为员工建夫妻房写入某项制度中去。如果领导者拥有了关怀，企业就有了灵魂，这种关怀就像蜂王用来维系工蜂工作的化学物质一样，使企业从一台冰冷的机器，变成了一个充满生命的组织，可以自我修复和治愈，而不必等到病入膏肓时寻找英雄来拯救。

聪明的领导者关心他们的组织与员工，他们不像外科大夫那样力求切掉问题，而是将更多时间用于寻找并治愈问题的本源，用小剂量的药方来刺激系统自我修复，让疾病自愈。

(四) 管理方格理论

管理方格理论是由美国得克萨斯大学的行为科学家罗伯特·布莱克（Robert R. Blake）和简·莫顿（Jane S. Mouton）提出的。他们认为，在企业管理的领导工作中往往出现一些极端的方式，以生产为中心，或者以员工为中心，或者以X理论为依据而强调监督，或者以Y理论为依据而强调相信人。为克服以往各种领导方式理论中的绝对化观点，提出了领导方式的管理方格论。在这种领导方式论中，首先把管理人员按他们的绩效导向行为（称为对生产的关心）和维护导向行为（称为对人员的关心）进行评估，给出等级分值。然后以此为基础，把分值标注在二维坐标界面上，并在这两个维度坐标轴上分别划出9个等级，从而生成81个方格，每个方格代表一种对"生产"和"人"关心的不同程度的组合形成的领导行为。其中，第1格表示关心程度最小，第9格表示关心程度最大。如图7—2所示。

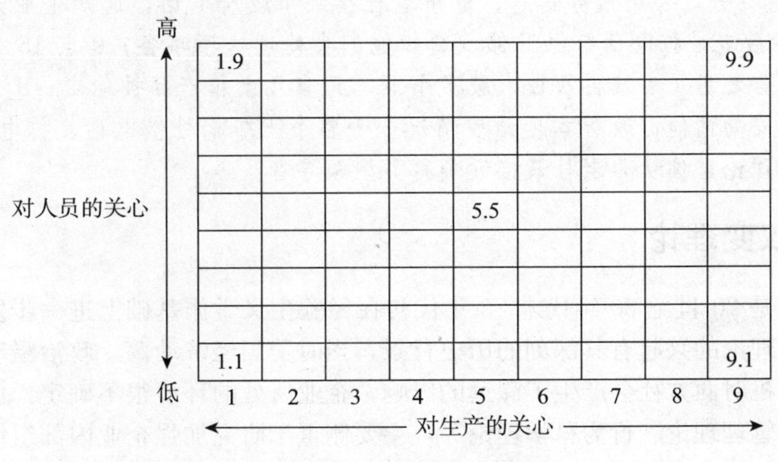

图7—2　管理方格理论

布莱克和莫顿的管理方格中列出了五种典型的领导方式。

(1) 贫乏型管理（1.1）方式，也称为无为而治式的管理。这种方式用最少的努力来完成任务和维持人际关系，对业绩和人的关心都少，实际上，他们已放弃自己的职责，只想保住自己的地位。

(2) 乡村俱乐部式的管理（1.9）方式。这种方式对员工特别关心，产生和谐的组织气氛，但很少甚至不关心生产。因为这种领导者认为只要员工精神愉快，生产自然会好。这种管理的结果可能很脆弱，一旦和谐的人际关系受到影响，生产业绩会随之下降。

(3) 专制的任务式管理（9.1）方式。这种方式只注重任务的完成，很少甚至不关心人。这种领导者希望将个人因素的干扰降低到最低程度，以求得生产的高效率，但这种专制的领导方式可能会造成员工离心离德，情绪低落，下属只是奉命行事，不能发挥积极性和创造性。

(4) 团队式管理（9.9）方式。这种方式对人和生产的关心都到了最高点。在这种方式下，职工关系协调，士气旺盛，企业目标与职工利益紧密结合，能上下一心地完成任务。

(5) 中庸式管理 (5.5) 方式。这种方式对人和生产都有适度的关心，使必须完成的工作与维持令人满意的士气保持平衡，以实现充分的业绩。这种领导方式追求平衡，但不追求卓越，从长远看，可能使企业落伍。

20 世纪 60 年代，管理方格理论受到美国工商界的普遍推崇。它启示我们在实际管理工作中，一方面要高度重视手中的工作，要布置足够的工作任务，向下属提出严格的要求；另一方面又要十分关心下属，包括关心他们的利益，创造良好的工作条件和工作环境，给予适度的物质和精神的鼓励等。从而，使下级机构及其工作人员在责、权、利等方面高度统一起来，以提高下属的积极性和工作效率。

小阅读

老杜的领导风格

早晨 8 点 30 分，公司常务副总、董事老杜接到市政府电话，通知企业开展冬季消防检查；10 分钟后老杜打电话给保卫部，通知他们去处理这项事务；9 点 15 分，老杜接到库房电话，被告之房屋后墙再次被人敲了个洞，又有几十箱产品被偷走；8 分钟后，老杜打电话给市公安局请他们改善本地治安情况……整个上午老杜接电话、打电话，忙得很。根据管理方格理论，你认为老杜最接近哪种类型领导者?

三、领导权变理论

权变理论是 20 世纪 60 年代末 70 年代初在经验主义学派基础上进一步发展起来的管理理论。权变理论的兴起有其深刻的历史背景，当时美国经济动荡、政治骚动达到空前的程度，石油危机对西方社会产生了深远的影响，企业所处的环境很不确定。但以往的管理理论，如科学管理理论、行为科学理论等，主要侧重于研究加强企业内部组织的管理，而且以往的管理理论大多都在追求普遍适用的、最合理的模式与原则，而这些管理理论在解决企业面临瞬息万变的外部环境时又显得无能为力。正是在这种情况下，人们不再相信管理会有一种最好的行事方式，而是认为必须因地制宜地处理管理问题，于是形成一种管理取决于所处环境状况的理论，即权变理论，“权变”的意思就是权宜应变。

(一) 菲德勒权变理论

权变理论认为不存在一种“普遍适用”的领导方式，领导工作强烈地受到领导者所处的客观环境的影响。或者说，领导和领导者是某种既定环境的产物，即领导方式是领导者特征、追随者特征和环境共同作用的结果。

领导者的特征主要指领导者的个人品质、价值观和工作经历。追随者的特征主要指追随者的个人品质、工作能力、价值观等。环境主要指工作特征、组织特征、社会状况、文化影响、心理因素等。工作具有创造性还是简单重复，组织的规章制度比较严密还是宽松，社会时尚倾向于追随服从还是推崇个人能力等，都会对领导方式产生强烈的影响。

菲德勒的领导权变理论是比较有代表性的一种权变理论。该理论认为各种领导方式都可能在一定环境内有效，这种环境是多种外部与内部因素的综合作用体。菲德勒将权变理论具体化为三个方面。

（1）职位权力。所谓职位权力是指领导者所处的职位具有的权威和权力的大小，或者说领导的法定权、强制权、奖励权的大小。权力越大，群体成员遵从指导的程度越高，领导的环境也就越好；反之，则越差。

（2）任务结构。任务结构是指任务的明确程度和下属对这些任务的负责程度。这些任务越明确，而且下属责任心越强，领导环境越好；反之，则越差。

（3）上下级关系。上下级关系是指下属乐于追随的程度。下级对上级越尊重，并且乐于追随，则上下级关系越好，领导环境也越好；反之，则越差。

菲德勒设计了一种问卷来测定领导者的领导方式，即最难共事者问卷（Least Preferred Co-worker Questionnaire，LPC）。该问卷的主要内容是询问领导者对最不与自己合作的同事的评价。如果领导者对这种同事的评价大多用敌意的词语，则该领导者趋向于工作任务型的领导方式（低 LPC 型）；如果评价大多用善意的词语，则该领导者趋向于人际关系型的领导方式（高 LPC 型）。

菲德勒认为环境的好坏对领导的目标有重大影响。对低 LPC 型领导来说，比较重视工作任务的完成。如果环境较差，他将首先保证完成工作任务；当环境较好，任务容易完成时，他的目标将是搞好人际关系。对高 LPC 型领导来说，比较重视人际关系。如果环境较差，他会将人际关系放在首位；如果环境较好，人际关系也比较融洽时，他将追求完成工作任务。如图 7—3 所示。

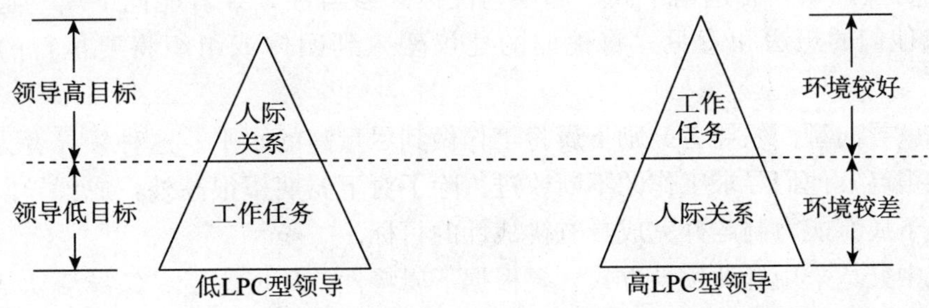

图 7—3　菲德勒的权变理论

菲德勒对 1 200 个团体进行了抽样调查，得出了以下结论，如表 7—3 所示：

表 7—3　　菲德勒模型

环境类型	有利			中间状态			不利	
	Ⅰ	Ⅱ	Ⅲ	Ⅳ	Ⅴ	Ⅵ	Ⅶ	Ⅷ
上下级关系	好	好	好	好	差	差	差	差
任务结构	明确	明确	不明确	不明确	明确	明确	不明确	不明确
职位权力	强	弱	强	弱	强	弱	强	弱
领导方式	任务取向性（低 LPC）			关系取向型（高 LPC）			任务取向性（低 LPC）	

领导环境决定了领导的方式。在环境较好的Ⅰ、Ⅱ、Ⅲ和环境较差的Ⅶ、Ⅷ情况下，采用低 LPC 领导方式，即工作任务型的领导方式比较有效。在环境中等的Ⅳ、Ⅴ和Ⅵ情况下，采用高 LPC 领导方式比较有效，即人际关系型的领导方式比较有效。

（二）路径—目标理论

路径—目标理论是领导权变理论的一种，由多伦多大学的组织行为学教授罗伯特·豪斯（Robert House）最先提出，后来华盛顿大学的管理学教授特伦斯·米切尔（Terence R. Mitchell）完善和补充了这一理论。

该理论认为，领导者的工作是帮助下属达到他们的目标，并提供必要的指导和支持，以确保各自的目标与组织的总体目标一致。根据路径—目标理论，领导者的行为被下属接受的程度，取决于下属是将这种行为视为获得当前满足的源泉，还是作为未来满足的手段。领导者行为的激励作用在于：使下属的需求满足取决于有效的工作绩效；提供有效绩效所必需的辅导、指导、支持和奖励。基于这一理论，豪斯确定了四种领导行为。

（1）指导型。领导者对下属需要完成的任务进行说明，包括对他们有什么希望、如何完成任务、完成任务的时间限制等。指导性领导者能为下属制定出明确的工作标准，并将规章制度向下属讲得清清楚楚。指导不厌其详，规定不厌其细。

（2）支持型。领导者对下属的态度是友好的、可接近的，他们关注下属的福利和需要，平等地对待下属，尊重下属的地位，能够对下属表现出充分的关心和理解，在部下有需要时能够真诚帮助。

（3）参与型。领导者邀请下属一起参与决策。参与性领导者能同下属一道进行工作探讨，征求他们的想法和意见，将他们的建议融入到团体或组织将要执行的那些决策中去。

（4）成就导向型。领导者鼓励下属将工作做到尽量高的水平。这种领导者为下属制定的工作标准很高，他们寻求工作的不断改进。除了对下属期望很高外，成就导向型领导者还非常信任下属有能力制定并完成具有挑战性的目标。

在现实中究竟采用哪种领导方式，要根据下属特性、环境变量、领导活动结果的不同因素，以权变观念求得同领导方式的恰当匹配。

路径—目标理论认为，对于一个领导者来说，没有什么固定不变的最佳领导行为，要根据不同的环境选用适当的领导方式。指导型的领导行为适合于不清晰的工作或领导没有经验的下属。但在经验丰富和工作清晰的情况下，例如会计工作，指导型的领导行为只会令下属反感。但工作环境不好，下属感到灰心的时候，支持型的领导行为则最合适，可以重新建立下属的信心。参与型的领导行为最适合于领导有内在控制能力的下属，由于他们认为自己具有影响力，因此特别喜欢参与决策。成就导向型的领导行为适用于复杂的工作，因为这种行为可以通过增强下属完成工作的信心来增加他们付出的努力，从而改善工作表现。

（三）领导生命周期理论

领导生命周期理论是由美国管理学者保罗·赫塞（Paul Hersey）和肯尼斯·布兰查德（Kenneth Blanchard）提出的。他们补充了另外一种因素，即在确定领导行为是任务绩效重要还是维持行为重要之前应当考虑的因素——成熟度（Maturity），并以此发展了领导方式生命周期理论。这一理论把下属的成熟度作为关键的情景因素，认为依据下属的成熟度水平选择正确的领导方式，决定着领导者的成功。

领导生命周期理论提出任务行为和关系行为两种领导维度，并且将每种维度进行了细化，从而组合成四种具体的领导方式，如图 7—4 所示。

（1）命令型（Telling）领导（高任务—低关系）。适用于下属成熟程度很低的情形，即被领导者既无能力也无意愿承担责任。这时，领导者应该定义角色，告诉下属应该做什么、怎样做以及在何时何地做。

（2）说服型（Selling）领导（高任务—高关系）。适用于下属成熟程度中等偏低（较低）的情形。这时，由于被领导者虽有意愿承担责任但缺乏应有的能力，所以需要领导者提供指导行为与支持行为。

（3）参与型（Participating）领导（低任务—高关系）。适用于被领导者有能力但不愿意承担责任的中等偏高（较高）成熟程度的情形。领导者与下属共同决策，领导者的主要角色是提供便利条件和沟通。

（4）授权型（Delegating）领导（低任务—低关系）。领导者提供不多的指导或支持。

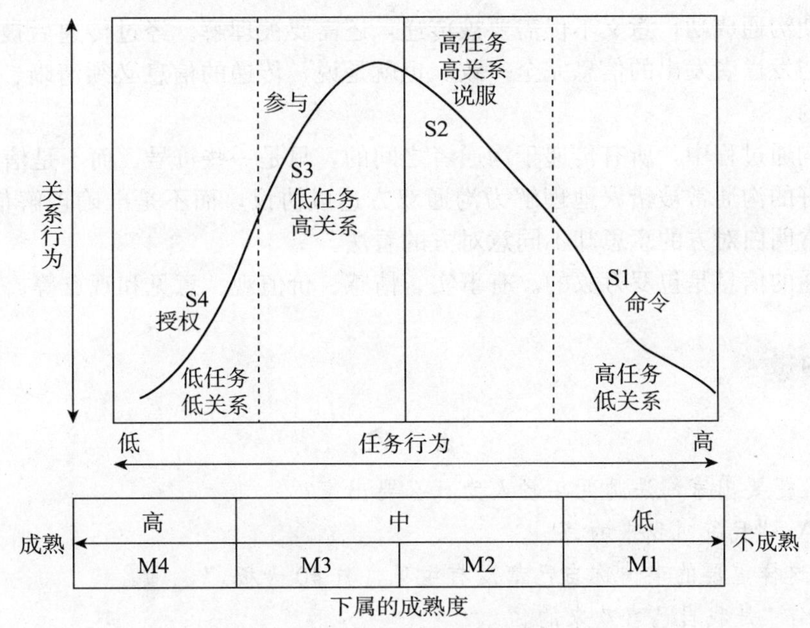

图 7—4 领导生命周期理论

图 7—4 中，S 代表四种领导方式，分别是授权、参与、说服和命令，它们依赖于下属的成熟度 M，M1 表示低成熟度，M4 代表高成熟度。当下属成熟程度为第一阶段时，选择命令型领导方式；当下属成熟程度为第二阶段时，选择说服型领导方式；当下属成熟程度为第三阶段时，选择参与型领导方式；当下属成熟程度为第四阶段时，选择授权型领导方式。

和菲德勒的权变理论相比，领导生命周期理论更直观和容易理解。但它只针对了下属的特征，而没有包括领导行为的其他情景特征。因此，这种领导方式的情景理论算不上完善，但它对于深化领导者和下属之间的研究，具有重要的基础作用。

第三节　沟通概述

一、沟通的含义

沟通是指可理解的信息或思想在两个或两个以上的人或人群中传递或交换的过程，目的是激励或影响人的行为。在很大程度上，组织的整个管理者工作都与沟通有关。在组织内部，有员工之间的交流、员工与工作团队之间的交流、工作团队之间的交流；在组织外部，有组织与客户之间的交流、组织之间的交流。具体可以从以下几个方面来理解管理沟通的内涵。

(1) 沟通首先是意义上的传递。如果信息和想法没有被传递到，则意味着沟通没有发生。

(2) 要使沟通成功，意义不仅需要被传递，还需要被理解。经过传递后被接收者感知到的信息应与发送者发出的信息完全一致。也就是说，传递的信息必须清晰、明确，必须让接收者明白。

(3) 在沟通过程中，所有传递于沟通者之间的，只是一些符号，而不是信息本身。

(4) 良好的沟通常被错误地理解为沟通双方达成协议，而不是准确理解信息的意义。如你可以非常明白对方的意思却不同意对方的看法。

(5) 沟通的信息是包罗万象的。有事实、情感、价值观、意见和观点等。

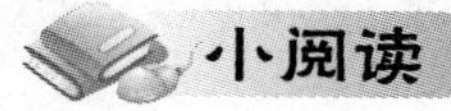

出　家

有年轻人想要出家，法师问年轻人为什么要出家？

年轻人A：“我爸叫我来的。”

法师：“这样重要的事情你自己都没有主见，打40大板。”

年轻人B：“是我自己喜欢来的。”

法师：“这样重要的事情你都不和家人商量，打40大板。”

年轻人C：不作声。

法师：“这样重要的事情想都不想就来了，打40大板。”

年轻人D：“我受到法师的感召，我很喜欢来，我爸也很支持我来！”

法师乐呵呵地接受了年轻人D。

在法师和年轻人的沟通中，年轻人要出家和法师收弟子的沟通目的要一致。

二、沟通的过程

从表面上看，沟通就是传递信息的过程。但是实际上，管理学意义上的沟通是一个复杂的过程。这种复杂过程可以通过图7—5反映出来。

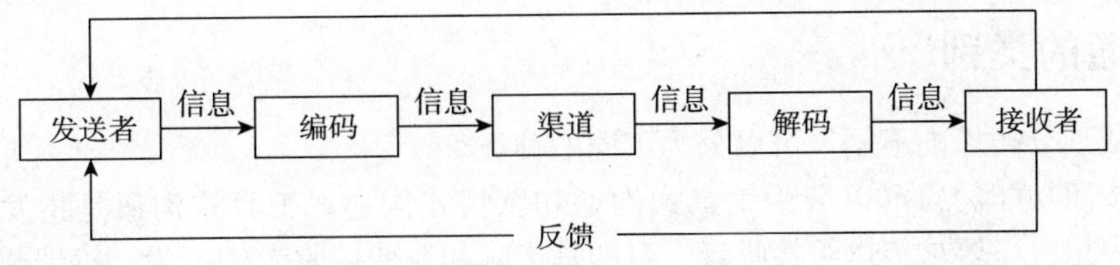

图 7—5　沟通过程

在这个过程中，至少存在着一个发送者和一个接收者，即信息发出方和信息接收方。其中沟通的载体称为沟通渠道，编码和解码分别是沟通双方对信息进行的信号加工形式。信息则为沟通的内容。

(1) 发送者。信息的发送者就是信息的来源，他必须充分了解接收者的情况，选择合适的沟通渠道以利于接收者理解。要顺利地完成信息的输出，必须对编码（Encoding）和解码（Decoding）两个概念有一定的了解。编码是指将想法、认识及感觉转化成信息的过程。解码是指信息的接收者将信息转换为自己的想法或感觉。

(2) 接收者。接收者是指获得信息的人。接收者从事信息解码工作，即将信息转化为他所能了解的想法和感受。这一过程会受到接收者的经验、知识、才能、个人素质以及对信息发送者的期望等因素的影响。

(3) 信息。信息是指在沟通过程中传给接收者（包括口语和非口语）的消息，同样的信息，发送者和接收者可能有着不同的理解，这可能是发送者和接收者的差异造成的，也可能是由于发送者传送了过多的不必要信息。

(4) 沟通渠道。企业组织的沟通渠道是信息得以传送的载体，可分为正式和非正式的沟通渠道；向下沟通渠道、向上沟通渠道、水平沟通渠道。

小阅读

哈雷彗星与哈雷将军

据说，1910 年一支美军部队的命令传递是这样的：

营长对值班军官说："明晚 8 点钟左右，哈雷彗星将可能在这个地区看到，这种彗星每隔 76 年才能看见一次。命令所有士兵着野战服在操场上集合，我将向他们解释这一罕见的现象。如果下雨的话，就在礼堂集合，我为他们放一部有关彗星的影片。"

值班军官对连长说："根据营长的命令，明晚 8 点哈雷彗星将在操场上空出现。如果下雨的话，就让士兵穿着野战服列队前往礼堂，这一每隔 76 年的现象将在那里出现。"

连长对排长说："根据营长的命令，明晚 8 点，非凡的哈雷彗星将身穿野战服在礼堂中出现。如果操场上下雨，营长将下达另一个命令，这种命令每隔 76 年才会出现一次。"

排长对班长说："明晚 8 点，营长将带着哈雷彗星在礼堂中出现，这是每隔 76 年才有的事。如果下雨的话，营长将命令彗星穿上野战服到操场上去。"

班长对士兵说："在明晚 8 点下雨的时候，著名的 76 岁的哈雷将军将在营长的陪同下身着野战服，开着他那彗星牌汽车，经过操场前往礼堂和我们见面。"

三、沟通的类别

沟通依划分的标准不同，可以分为不同的种类。

(1) 按照功能沟通可以分为工具式沟通和感情式沟通。工具式沟通是指发送者将信息、知识、想法、要求传送给接收者，目的是影响和改变接收者的行为。感情式沟通是指沟通双方表达情感，获得对方精神上的同情和谅解，最终改善相互之间的人际关系。

(2) 按照方法沟通可以分为口头沟通、书面沟通、非语言沟通和电子媒介沟通等。这些沟通方式的比较如表 7—4 所示。

表 7—4　　各种沟通方式比较

沟通方式	举　例	优　点	缺　点
口头	交谈、讲座、讨论会、电话	快速传递，快速反馈，信息量很大	传递中经过层次越多，信息失真越严重，核实越困难
书面	报告、备忘录、信件、文件、内部期刊、布告	持久、有形、可以核实	效率低，缺乏反馈
非语言	声、光信号、体态、语调	信息意义十分明确，内涵丰富，含义隐含灵活	传递距离有限，界限模糊，只能意会，不能言传
电子媒介	传真、闭路电视、计算机网络、电子邮件	快速传递，信息容量大，一份信息可同时传递给多人，廉价	单向传递，电子邮件可以交流，但看不见表情

小阅读

经典的说错话

一个人非常好客，一天他决定大摆宴席，请左邻右里、亲朋好友赴宴。到了开饭时间，人来得差不多了，但仍有几人没到，有人等得不耐烦了提议可以用餐了，主人没有应允，说："等等，该来的没来！"大家一听，觉得自己是不该来的。于是这个推说家里有事，那个说突然想起一件必须马上办的事纷纷借故离去。不一会儿，人走得差不多了，只剩下几个与客人最好的朋友。主人急了，忙问怎么回事，其中一个人告诉他是由于主人不会说话造成的。主人明白了，大喊有点冤："嗨，我哪里是在说他们哪！"这几个平日和他要好的朋友随后也离他而去了。

这个人为何事与愿违？只怪他语言表达能力太糟糕了。

(3) 按照组织系统沟通可以分为正式沟通和非正式沟通。一般来说，正式沟通是指以企业正式组织系统为渠道的信息传递方式。美国心理学家莱维特把组织中常见的沟通分为链式、Y 式、轮式、环式和全通道式。

1) 链式（见图 7—6）。表示信息传递是逐级进行的，信息可由上而下传递，也可由下而上传递。这种信息沟通具有传递速度快的特点。但是，它没有横向联系，成员的满意程度低，只适合组织庞大、需分层授权管理的企业。

2）Y式（见图7—7）。表示逐级传递，最上层有多个主管。这种沟通网络传递信息速度较快，但成员满意程度不高，尤其是多头领导，要求不一，不利于下级正常开展工作。

3）轮式（见图7—8）。表示主管人员居中，分别与若干下级发生联系的沟通方式。这种沟通方式消息传递迅速、易控制。在这种企业中，速度与控制往往比士气、创造性更重要，居中心地位的主管信息多，有较大的权力，因而比较自信和有自主性，心理上也比较满足。但是，由于缺乏联系，各下级成员之间互不了解，信息闭塞，成员满意程度低，有利于保密，不利于协作。

4）环式（见图7—9）。表示各成员之间依次联系沟通。这种沟通网络具有群体士气高、满意感强的特点，但信息传递速度慢，效率不高。在委员会之类的群体中可以采用此沟通形式。

5）全通道式（见图7—10）。表示组织内每个人都可以与其他成员直接地、自由地沟通，无中心人物，所有的成员都处于平等地位，但由于缺乏中心人物，没有权威，信息传递速度慢。委员会开会时即属于这种沟通网络。

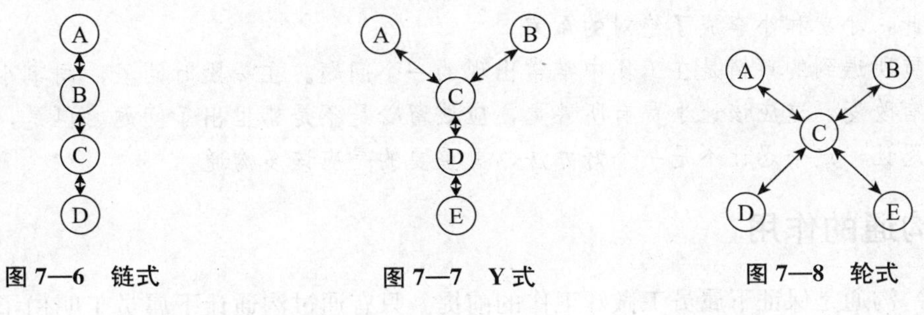

图7—6 链式　　图7—7 Y式　　图7—8 轮式

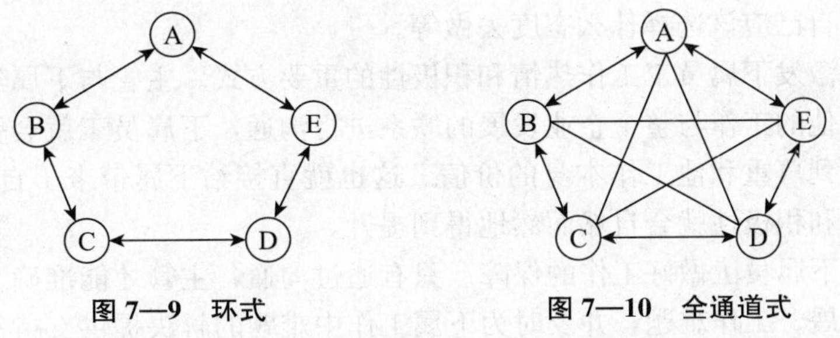

图7—9 环式　　图7—10 全通道式

非正式沟通是指以企业非正式组织系统或个人为渠道的信息传递方式。美国心理学家戴维斯曾在一家皮革制品公司专门对67名管理人员进行调查研究，发现非正式沟通途径有四种传播信息的方式。

1）单线式。通过一连串的人，把信息传递到最终接收者。

2）流言式。一个人主动地把信息传递给其他许多人。

3）偶然式。利用偶然的机会传播小道消息。

4）集束式。把小道消息有选择地告诉自己的朋友或有关人。

（4）按照方向沟通可分为下行沟通、上行沟通和平行沟通。下行沟通是指上级将信息传递给下级，是由上至下的沟通。上行沟通是指下级将信息传递给上级，是由下至上的沟通。平行沟通是指同级之间横向的信息传递，也称为横向沟通。

（5）按照是否进行反馈沟通可分为单向沟通和双向沟通。一般来说，单向沟通是指没有反馈的信息传递。双向沟通是指有反馈的信息传递，是发送者和接收者相互之间进行信息交流的沟通。

小阅读

不会沟通，从同事到冤家

小贾是公司销售部一名员工，为人比较随和，不喜争执，和同事的关系处得都比较好。但是，前一段时间，不知道为什么，同一部门的小李老是处处和他过不去，有时候还故意在别人面前指桑骂槐，对跟他合作的工作任务也都有意让小贾做得多，甚至还抢了小贾的好几个老客户。

起初，小贾觉得都是同事，没什么大不了的，忍一忍就算了。但是，过了几个月后小李依然如此，看到小李如此嚣张，小贾一赌气，告到了经理那儿。经理把小李批评了一通，从此，小贾和小李成了绝对的冤家。

小贾所遇到的事情是在工作中常常出现的一个问题。在一段时间里，同事小李对他的态度大有改变，这应该让小贾有所警觉，应该留心是不是哪里出了问题。但是，小贾只是一味地忍让，这个忍让不是一个好办法，更重要的是应该多沟通。

四、沟通的作用

（1）沟通是保证下属员工做好工作的前提。只有通过沟通让下属员工明白了他的工作的目标要求、所要承担的责任、完成工作后的个人利益，才能使其明确自己应该做什么、做到什么程度，自己应该选择什么态度去做等。

（2）沟通是激发下属员工工作热情和积极性的重要方式。主管与下属经常就下属所承担的工作，以及他的工作与整个企业发展的联系进行沟通，下属员工就会受到鼓舞，就会使其感到自己受到尊重和他工作本身的价值。这也就直接给下属带来了自我价值的满足，他们的工作热情和积极性就会自然而然地得到提升。

（3）沟通是下属员工做好工作的保障。只有通过沟通，主管才能准确、及时地把握下属员工的工作进展、工作难题，并及时为下属工作中难题的解决提供支持和帮助。这有助于他的工作按照要求，及时、高质量地完成，进而保证整个部门，乃至整个企业的工作协调进行。

五、组织中的沟通

（一）人际沟通

一般意义上，组织中的人际沟通是指组织中的个体成员将个体目标和组织目标相联系的过程。人际沟通在组织中是最基本的协调工作。管理学中的人性理论以及各种类别的激励理论，都是以协调人在组织中的行为为出发点的。

（二）组织间沟通

组织间沟通是指组织之间加强有利于实现各自组织目标的信息交流和传递的过程。组织间沟通的目的，是通过协调共同的资源投入活动，实现有利于合作各方的共同利益。组织间沟通日益成为管理学中沟通的重要一环，这主要是企业战略管理中战略和企业边界扩张范式分别转型的结果。

组织间沟通的重要基础是建立相互信任的互惠关系。如果沟通的主要目标是有关践约和履约的问题，那么组织间的关系就会走向纯粹的市场交易关系，进而失去组织间沟通的本来意义。在经济活动全球化和技术进步日益加快的背景中，组织间沟通对企业尤其对互联网领域的企业正起着越来越重要的作用。

小阅读

隧道视野

销售部经理说："我们的销售队伍与竞争对手相比是实力最强大的，要不是我们的产品缺乏多样性、不能及时满足消费者需要，我们的销售业绩也不会这么差。"生产部经理说："一流的熟练技术工人完全被缺乏想象力的产品设计局限了。"研发部经理打断说："创新思维凝结出的高科技含量的产品葬送在单调乏味而又机械的低产出生产线上。"技术部经理说……

企业施行职能制，容易造成各部门各自为政的"隧道视野"，沟通与协调性较差。沟通协调是一个重要的管理职能，缺乏有效沟通，组织也就不能有效运转了。

第四节　克服沟通障碍与组织冲突

一、沟通的障碍

在管理实践中，沟通障碍是普遍存在的，而且往往困扰着管理者，致使他们的管理效率下降。信息沟通的障碍会阻止信息的传递或歪曲信息，这些障碍可能来自信息发送者，也可能来自信息接收者，或者来自环境因素，但无论障碍来自何方，均会破坏整条信息沟通链的连续性和有效性。由于沟通是人与人之间的沟通，所以沟通必然会受人的性格、气质、态度、情绪、见解、处世方式、思想观点、文化水平、工作经验、思维能力等各种主观因素的影响。组织结构造成的职位差别是沟通的客观障碍，特别是在等级森严的组织内，往往只能实现下行的单向沟通，而上行沟通就比较困难。沟通方式的障碍主要表现在沟通方式选择不当所造成的沟通低效和沟通无效。此外，沟通还会遇到语言、信息超载、环境"噪声"干扰等障碍。所谓有效沟通，简单地说就是传递和交流信息的可靠性和准确性高，它表明了组织对内外噪声的抵抗能力，因而和组织的智能是联系在一起的。沟通的有效性越高，说明组织智能越高。

小阅读

应该与谁沟通

一位市场营销专业的毕业生受聘去了一家房地产开发公司做市场部经理，经过一段市场调查以后，他发现公司新开发的住宅楼房型需要做一些微小的调整，他立即在工地的办公室约见了该项目承包商的项目经理，但是在当面沟通了很长时间以后双方仍然没有真正弄懂对方的真正意图和想法。

房型需要做一些微小的调整，属于设计变更内容，应该与设计院的工程师而不是施工现场的项目经理沟通，双方在信息沟通中存在障碍。

（一）人际沟通障碍

造成人际沟通困难的障碍主要有自我认知的偏误、已有经验的影响、语言障碍以及沟通双方地位的差异。

小阅读

张丹峰的苦恼

张丹峰刚刚从某名校管理学专业毕业，出任某企业的制造部门经理。张丹峰一上任，就着手对制造部门进行改造。张丹峰发现生产现场的数据很难及时反馈上来，于是决定从生产报表开始改造。借鉴跨国公司的生产报表，张丹峰设计了一份非常完美的生产报表，从报表中可以看出生产中的任何一个细节。每天早上，所有的生产数据都会及时地放在张丹峰的桌子上，张丹峰很高兴，认为他拿到了生产的第一手数据。没有过几天，出现了一次大的品质事故，但报表上根本没有反映出来，张丹峰这才知道，报表的数据都是随意填写上去的。

为了这件事情，张丹峰多次开会强调，认真填写报表的重要性，但每次开会，在开始几天可以起到一定的效果，但过不了几天就又恢复了原来的状态。张丹峰怎么也想不通。后来，张丹峰将生产报表与业绩奖金挂钩，并要求干部经常检查，工人们才开始认真填写起来。

在沟通中，不要简单地认为所有人都和自己的认识、看法、高度是一致的。

（二）组织沟通障碍

无论采用何种方式沟通，在组织信息沟通过程中，除了会发生人际沟通过程中发生的问题外，还会遇到一些组织沟通所特有的问题。影响组织良好沟通的特殊障碍主要有等级观念的影响、部门本位主义的影响、利益的影响、信息的超负荷。

小阅读

县官不如现管

很久以前，县衙门口贴出一张告示，说是三月将进行乡试，金秋进行大考。但此时县太爷恰好生病，无奈之下只好将此美差委托给心腹主簿单淦。

那些文人墨客，有的是一心想凭借自己的才学来个独占鳌头；有的则破囊捐钱，倾财加码忙着给主簿送钱送礼。时光飞逝，不觉期限已到，单淦看着堆成小山似的财礼喜在心头。正要关门时，一名衙役报告，来了一个后生赶来应试。单淦心想，真是老天有眼，又为我送来一位财神，于是赶忙叫人请他进来。只见此人身穿绸缎，挺胸凸肚，一看就是富家子弟，单淦见状，马上喜笑颜开。孰料，那人却是一只"铁公鸡"，半天也未见其献上一两银子，更不用说财礼了。单淦不由脸色阴沉，合上花名册便再也不搭理那个人了。那人赶忙解释说："我是……"，单淦一下子火冒三丈，大声吼道："滚！此乃枉读诗书不知礼，哪里还配应什么试?"

原来那位富家子弟正是县太爷的小舅子，他怒气冲冲闯进县太爷家号啕大哭起来。刚开始，县太爷对此感到有点愕然，待慢慢问明缘由后，便唉声叹气地说："真是县官不如现管呀!""县官不如现管"由此而来。

二、有效沟通的实现

从上述沟通障碍看，只要采取适当的行动方式将这些沟通障碍有效消除，就能实现管理的有效沟通。因而，无论是组织中沟通还是组织间沟通，有效沟通的实现取决于对沟通技能的开发和改进。

克服沟通中的障碍一般有以下准则。

(1) 明确沟通的重要性。管理人员十分重视计划、组织、领导和控制，对沟通常有疏忽，认为信息的上传下达有了组织系统就可以了，对非正式沟通中的"小道消息"常常采取压制的态度，这表明企业管理层没有从根本上对沟通给予足够的重视。

(2) 培养"听"的艺术。对管理人员来说，"听"不是件容易的事。要较好地"听"，也就是要积极倾听。一些积极倾听的要点见表 7—5。

表 7—5　　积极倾听的要点

要	不　要
表现出兴趣	争辩
全神贯注	打断
该沉默时必须沉默	从事与谈话无关的活动
选择安静的地方	过快地或提前做出判断
留适当的时间用于辩论	草率地给出结论
注意非语言暗示	让别人的情绪直接影响你
当你没有听清楚时请以疑问的方式重复一遍	
当你发觉遗漏时，直截了当地问	

(3) 创造一个相互信任、有利于沟通的小环境。企业经理人员不仅要获得下属的信任，而且要得到上级和同僚们的信任。

(4) 缩短信息传递链，拓宽沟通渠道，保证信息的畅通无阻和完整性。如减少组织机构层级，在利用正式沟通渠道的同时，开辟高层管理人员至基层管理人员的非正式的沟通渠道，以便于信息的传递。

(5) 建立特别委员会，定期加强上、下级的沟通。特别委员会应由管理人员和一线员工组成，定期相互讨论各种问题。

(6) 非管理工作组。当企业发生重大问题、引起上下关注时，管理人员可以授命组成非管理工作组。该工作组由一部分管理人员和一部分员工自愿参加，利用一定的时间，调查企业存在的问题，并向最高主管部门汇报。最高管理层也要定期公布他们的报告，就某些重大问题或“热点”问题在全企业范围内进行沟通。

(7) 加强平行沟通，促进横向交流。通常，企业内部的沟通以与命令链相符的垂直沟通居多，部门之间、车间之间、工作小组之间的横向交流较少，而平行沟通却能加强横向的合作。这一方式对组织间沟通尤为奏效。

倾听的艺术

美国知名主持人林克莱特有一天访问一名小朋友，问他说：“你长大后想要当什么呀?”小朋友天真地回答：“嗯……我要当飞机的驾驶员!”林克莱特接着问：“如果有一天，你的飞机飞到太平洋上空所有引擎都熄火了，你会怎么办?”小朋友想了想：“我会先告诉坐在飞机上的人绑好安全带，然后我挂上我的降落伞跳出去。”当在场的观众笑得东倒西歪时，林克莱特继续注视着这孩子，想看他是不是“自作聪明”的家伙。没想到，接着孩子的两行热泪夺眶而出，这才使得林克莱特发觉这孩子的悲悯之心远非笔墨所能形容。于是林克莱特问他：“为什么你要这么做?”小孩的答案透露了这个孩子真挚的想法：“我要去拿燃料，我还要回来!”

这就是“听的艺术”，沟通就是在人际交流中听明白别人的话，也让别人明白自己的意思。在没能进行有效沟通的时候，我们的意思或者别人的意思会被完全误解，在人际交往中，我们需要准确地明白彼此的意思，这样我们的交往才会更加顺利，所以沟通是人际交往中最重要的环节。在日常管理中，一是听话不要听一半；二是不要把自己的意思，投射到别人所说的话上，要学会聆听，用心听，虚心听。

三、冲突的原因

沟通是为了降低组织的管理成本，进而降低组织之间的交易成本。但是，由于组织之间以及组织中员工之间本质的区别，沟通并不会达到尽善尽美的效果，这样，组织摩擦和人员摩擦就会不可避免地发生，带来额外的组织管理成本。这种摩擦程度越大，组织的协调成本越高。这就是冲突的由来。因此，冲突是指由于某种差异而引起的抵触、争执或争斗的对立状态。人与人之间在利益、观点、掌握的信息或对事件的理解上都可能存在差异，有差异就可能引起冲突。因此，要了解冲突，前提是了解出现差异的原因及其表现形式。

这些原因大体上可以归纳为三类。

(一) 沟通的差异

文化和历史背景不同、语义困难、误解及沟通过程中噪声的干扰，都可能造成人们之间意见不一致。进而产生沟通不良，引起冲突。

（二）结构差异

管理中经常发生的冲突，绝大多数是由组织结构的差异引起的。分工会造成组织结构中垂直方向和水平方向各系统、各层次、各部门、各单位、各岗位的分化，组织越庞大、越复杂，组织分化越细密，组织整合就越困难。由于信息不对称和利益不一致，人们在计划目标、实施方法、绩效评估、资源分配、劳动报酬、奖惩等许多问题上都会产生不同看法，这种差异是由组织结构本身造成的。为了本单位的利益和荣誉，许多人都会理直气壮地与其他单位甚至上级组织发生冲突。不少管理者甚至把挑起这种冲突看做是自己的职责，或作为建立自己威望的手段。

（三）个体差异

每个人的社会背景、教育程度、阅历、修养，塑造了每个人不同的性格、价值观和作风。人们之间这种个体差异造成的合作和沟通的困难往往也容易导致某些冲突的发生。

墨子训徒

春秋战国时期，耕柱是一代宗师墨子的得意门生，不过，他老是挨墨子的责骂。有一次，墨子又责备了耕柱，耕柱觉得自己非常委屈，因为在众多门生之中，大家都公认耕柱是最优秀的，但又偏偏常遭到墨子指责，这让他很没面子。一天，耕柱愤愤不平地问墨子：“老师，难道在这么多学生当中，我竟是如此的差劲，以致要时常遭您老人家责骂吗?”墨子听后，毫不动肝火：“假设我现在要上太行山，依你看，我应该要用良马来拉车，还是用老牛来拖车?”耕柱回答说：“再笨的人也知道要用良马来拉车。”墨子又问：“那么，为什么不用老牛呢?”耕柱回答说：“理由非常简单，因为良马足以担负重任，值得驱遣。”墨子说：“你答得一点也没有错，我之所以时常责骂你，也只因为你能够担负重任，值得我一再地教导与匡正。”

虽然这只是一个很简单的故事，不过从这个故事中，可以给企业的沟通管理一些有益的启示。

启示一：员工应该主动与经理人沟通。

启示二：经理人应该积极和部属沟通。

启示三：沟通是双向的，众多的误会都可以在沟通中消除。

四、冲突的管理与有效谈判的实现

（一）冲突的管理

对组织冲突的看法，一般有如下三种观点。

第一种观点存在于19世纪末到20世纪40年代，认为组织应避免冲突，冲突本身表明组织内部的机能失调。在这种观点看来，冲突对组织有害无益。这种观点一般被称为冲突的传统观点。

第二种观点认为冲突是任何组织不可避免的产物，但它同时指出，冲突并不一定会导致对组织的危害，甚至可能有利于组织中的积极动力。显然，这一观点承认冲突的客观存在，主张接纳冲突，使冲突的存在合理化，并希望将冲突转化为有利于组织的动力。自20世纪40年代到70年代中期，这一观点在冲突理论中占主导地位。因为强调冲突的必然性，这种观点又被称为冲突的人际关系观点。

第三种观点是当今的冲突管理观点，认为冲突不仅可以成为组织中的积极动力，而且其中有些冲突对于组织或组织单元的有效运作是必要的。换言之，冲突是组织保持活力的一种有效手段。因而，这种观点鼓励管理者维持一种冲突的最低水平，以使组织保持创新的激发状态。由于突出冲突有利于组织的运作效率，所以这种观点又被称为冲突的相互作用观点。

冲突管理实际上包括两个方面：一是管理者要设法消除冲突产生的负面效应；二是要求管理者激发冲突，利用和扩大冲突对组织产生的正面效应。

优秀的管理者一般按下列方式管理冲突。

1. 谨慎地选择你想处理的冲突

管理者可能面临许多冲突。管理者应当选择那些员工关心、影响面大，对推进工作、打开局面、增强凝聚力、建设组织文化有意义、有价值的事件，亲自抓，一抓到底。对冲突事必躬亲的管理者并不是真正的优秀管理者。

2. 仔细研究冲突双方的代表人物

哪些人卷入了冲突？冲突双方的观点是什么？差异在哪里？双方真正感兴趣的是什么？代表人物的人格特点、价值观、经历和资源因素如何？

3. 深入了解冲突的根源

管理冲突不仅要了解公开的表层的冲突原因，还要深入了解深层的、没有说出来的原因。冲突可能是多种原因交叉作用的结果，如果是这样，还要进一步分析各种原因作用的强度。

4. 妥善地选择处理办法

通常处理冲突的办法有五种：回避、迁就、强制、妥协、合作。当冲突无关紧要时，或当冲突双方情绪极为激动、需要时间恢复平静时，可采用回避策略；当维持和谐关系十分重要时，可采用迁就策略；必须对重大事件或紧急事件进行迅速处理时，可采用强制策略，用行政命令方式牺牲某一方利益处理后，再慢慢做安抚工作；当冲突双方势均力敌、争执不下需要采取权宜之计时，只好让双方都做出一些让步，实现妥协；若事件十分重大，双方不可能妥协，应通过开诚布公的谈判，采用对双方均有利的合作或双赢的方式解决。

（二）有效谈判的实现

为了管理冲突，管理者必须和组织内外的人员打交道。谈判是双方或多方为实现某种目标就有关条件达成协议的过程。这种目标可能是为了实现某种商品或服务的交易，也可能是为了实现某种战略或策略的合作；可能是为了争取某种待遇或地位，也可能是为了减税或贷款；可能是为了弥合相互的分歧而走向联合，也可能是为了明确各自的权益而走向独立。市场经济本身就是一种契约经济，一切有目的的经济活动、有意义的经济关系都要通过谈判来建立。

优秀的管理者实现有效的谈判，一般应依循如下原则。

（1）理性分析谈判的事件。抛弃历史和感情上的纠葛，理性地判别信息、依据的真伪，分析事件的是非曲直，分析双方未来的得失。

（2）理解你的谈判对手。他的制约因素是什么？他的真实意图是什么？他的战略是什么？他的兴奋点和抑制点在哪里？

（3）抱着诚意开始谈判。态度不卑不亢，条件合情合理，提法易于接受，必要时可主动让步，尽可能寻找双赢的方案。

（4）坚定与灵活相结合。对自己目标的基本要求要坚持，对双方最初的意见不必太在意，那多半只是一种试探，有极大的伸缩余地。当陷入僵局时，应采取暂停、冷处理后再谈，或争取第三方调停，尽可能避免破裂。

互动话题

1. 你认为教师的权力有哪些，主要来源是什么？

2. 对比你所了解的一些团队领导，如学生会干部、班干部或辅导员，你更喜欢谁的领导风格，从他们身上你学到了什么？

3. 管理者如何对待管理中的非正式沟通也就是小道消息？

管理故事

刘邦用人才而得天下

刘邦在洛阳南宫摆酒宴，说："各位王侯将领都说说我得天下的真正原因是什么呢？项羽失天下的原因又是什么呢？"高起、王陵回答："陛下让人攻取城池取得土地，并分给大家，与天下的利益相同，项羽却不是这样，杀害有功绩的人，怀疑有才能的人，这就是失天下的原因。"刘邦说："你只知道一个方面，却不知道另一个方面，比如在大帐内出谋划策，在千里以外一决胜负，我不如张良；平定国家，安抚百姓，供给军饷，不断绝运粮食的道路，我不如萧何；联合众多的士兵，打仗一定胜利，我不如韩信。这三个人都是豪杰，我能够利用他们，这是我取得天下的原因。项羽却仅有范增而不重用他，这就是被我打败的主要原因。"众大臣都被说服了。

从刘邦的评论可以看出：在整个团队里，每个人都有所长，但更重要的是刘邦能将这些人依其专长安排到最适当的岗位，使其能够发挥自己的专长，进而取得天下并开创大汉王朝。

管理定律

帕金森定律：从自己身上找问题

英国著名历史学家诺斯古德·帕金森通过长期调查研究，写了一本名叫《帕金森定律》的书。他在书中阐述了机构人员膨胀的原因及后果：一个不称职的官员，可能有三条出路，第一是申请辞职，把位子让给能干的人；第二是让一位能干的人来协助自己工作；第三是任用两个水平比自己更低的人当助手。第一条路是万万走不得的，因为那样会丧失许多权力；第二条路也不能走，因为那个能干的人会成为自己的对手；看来只有第三条路最适宜。于是，两个平庸的助手分担了他的工作，他自己则高高在上发号施令，他们不会对自己的权力构成威胁。两个助手既然无能，他们就上行下效，再为自己找两个更加无能的助手。以此类推，就形成了一个机构臃肿、人浮于事、相互扯皮、效率低下的领导体系。

帕金森定律告诉我们，从事企业经营管理工作的人特别是一把手，要从自己身上找问题，并反思领导体系的效能，找出领导效率低下的原因，解决问题，选配能人，建立一个精干高效的领导体系，这样的“火车头”才能带动“火车”跑得更快。

知识测试

1. 领导者采用何种领导风格，应当视其下属的“成熟”程度而定。当某一下属既不愿也不能负担工作责任，学识和经验较少时，领导对于这种下属应采取如下哪种领导方式？（　　）

   A. 命令型　　B. 说服型　　C. 参与型　　D. 授权型

2. 如果你是某公司总经理，一位下属找你汇报工作，这位下属比较啰唆，在汇报工作之时讲许多与工作无关的理论、教条，而你此时正有其他下属在等待汇报工作。在这种情况下，你应该（　　）。

   A. 任其讲下去，让其他下属耐心等待
   B. 不客气地打断其讲话，让其他下属开始汇报工作
   C. 情绪急躁地让其别啰唆，挑主要的讲
   D. 有策略地打断其讲话，指出时间宝贵，别人还等着呢

3. 一个企业中的管理者为了提高自己对下属的领导效果，他应当（　　）。

   A. 提高自己在下属中的威信和影响力
   B. 尽量升到更高的位置
   C. 采取严厉的惩罚措施
   D. 增加对下属的物质刺激，因为每个员工都是“经济人”

4. 依据领导生命周期理论，适合于高成熟度情况的领导方式是（　　）。

   A. 授权型领导　　B. 参与型领导
   C. 说服型领导　　D. 命令型领导

5. “士为知己者死”这一古训反映了有效的领导始于（　　）。

   A. 上、下级之间的友情　　B. 为下属设定崇高的目标
   C. 为下属的利益不惜牺牲自己　　D. 了解下属的欲望和需要

6. 有些领导事必躬亲、劳累不堪，但管理的效果不理想，这可能主要是因为他忽视了（　　）。

   A. 提高自己的领导能力　　B. 运用现代的办公设施
   C. 过分集权的弊端和分权的重要性　　D. 锻炼身体的重要性

7. 从管理方格理论中，我们体会到，欲使领导工作卓有成效则应（ ）。

A. 采取集权领导注重完成任务　　B. 注重和谐的人际关系

C. 注重组织目标的达成和对职工的关心　　D. 充分发挥激励作用

8. 属于领导者个人的权力的是（ ）。

A. 强制权　　B. 奖励权　　C. 专长权　　D. 法定权

9. 在正式组织环境中，正式沟通可以有链式、轮式、环式、全通道式和“Y”式五种沟通形态，它们各有优点。其中有助于实行分权管理的沟通形态是（ ）。

A. 链式沟通　　B. 环式沟通

C. 轮式沟通　　D. 全通道式沟通

10. 关于非正式沟通的如下说法中，哪一种是正确的？（ ）

A. 非正式沟通必须具备发送者和接收者这两个要素，所传递的内容无关紧要

B. 非正式沟通必须同时具备发送者、接收者和所传递的内容三个要素

C. 非正式沟通的流向是自上而下的

D. 非正式沟通的流向是自下而上的

11. 通常存在于参与的和民主的组织环境中的沟通方式是（ ）。

A. 自上而下的信息沟通　　B. 自下而上的信息沟通

C. 横向的信息沟通　　D. 交叉的信息沟通

12. 什么是权力？领导者的权力来源是什么？发挥领导者的影响力为什么不能单纯依靠职权？如何正确地使用这些权力？

13. 领导行为的理论模式有哪几种类型？各类理论的特点是什么？

14. 从所学的领导方式及其理论中，你得到哪些启示？

15. 正式的沟通方式有哪些？怎样更好地发挥正式沟通的作用？

素质拓展

训练项目一：口头指令训练

【实训目标】

这是一个生动、有趣的训练项目，参与者在训练中口头教一位“外星人”穿短袜和网球鞋——不允许进行示范。本项目训练的目的是教会参与者清晰地发出指挥的命令。

【实训内容与要求】

一双短袜、一双球鞋（其中一只网球鞋没系上鞋带）、向学生分发材料（或放映幻灯片，人手一份）。

步骤：

1. 教师自己扮演“外星人”，走进教室，一只脚穿着袜子和系了鞋带的鞋，另一只脚则光着。将材料分发给大家，或放映幻灯片，然后坐下，将短袜、鞋带和网球鞋放在面前，等大家对教师进行指导。

2. 教师的任务是帮助参与者认识到，他们做出的指令必须意思清晰。不要说话，完全按照他们的指令去做。如果一个参与者说“将短袜放在脚上”，你就捡起短袜放在脚上。

如果参与者说“捡起鞋带”，就从中间捡起鞋带，而不是从两头。如果参与者说“将鞋带穿进鞋上的孔”，就将鞋带的头部穿进任何一个空，而不一定是第一个，或者是将鞋带整个塞进孔里。

3. 如果几个参与者同时进行指导，或某个参与者变得过于情绪化，教师可以停下来。如果参与者有对教师说了或做了愿意继续训练的事，教师可以继续配合他们进行训练。

4. 限时 10 分钟，停止活动，提出问题。如果时间允许，继续这个训练，参与者在进行第二轮指导时就应好多了。

【成果与检测】

1. 你从指导他人中学会了什么？

2. 在这个训练项目中，你会看到“外星人”有时听从指导，有时又不听从指导。那么怎么让“外星人”理解学生的指导并加以实施呢？

3. 你怎样才能更好地领导你的下属呢？

训练项目二：寻找共同的图案

【实训目标】

综合运用领导手段，包括指挥与沟通的具体运用。

【实训内容与要求】

时间：20～30 分钟。

所需材料：空白纸条，带有信息的纸条。

步骤：

1. 教师首先将学生分成多个小组，每个小组 6～8 人。小组划分后，教师要求各小组成员在小组内部选举出 1 位“董事长”，然后由“董事长”从小组成员中挑选并任命 1 位“经理”，其他小组成员作为“员工”。

2. 教师说明训练规则：

第一，不许越级指挥和汇报，即“董事长”不能越过“经理”直接指挥“员工”，“员工”也不允许越过“经理”直接向“董事长”汇报和询问。

第二，只允许使用文字方式沟通，不允许讲话。在30分钟内哪个组最先完成任务就算优胜者。

第三不管遇到什么问题，只有“董事长”有权举手示意，并低声向教师询问，此外的所有事情都只能在组织内部通过文字沟通的方式解决。

3. 教师给每个小组发放一沓类似便签的空白纸条，供大家沟通使用。让这些“董事长”们远离他们的“经理”和“员工”，“经理”和“员工”坐在一起。教师先给每一位“董事长”发放一张上面画有五种图案的纸，图的下面有几行文字说明，接着给每一个小组的成员放类似的一张纸，郑重声明不能交换，训练开始了。

4. “经理”和“员工”拿到的纸是一样的，上面画有五种图案，有的图案是一种鸟，有的图案是交通标志，图案的下面注明教师刚刚宣布的各种训练规则，此外什么都没有。“董事长”拿到的纸有所不同，除了其他成员掌握的信息外，这张纸上还多了一条信息：你们小组的每个人都拿了这样一张纸，上面也有五种图案，这些图案是不同的，只有一种图案在你们每个人拿到的纸上都有，你的任务是带领你的下属，在最短的时间内将这个共同的图案找出来，要求小组成员每个人都能向教师指出这个共同的图案。

【成果与检测】

1. 仔细观察，每个小组的做法都有什么不同?

2. 结合案例信息，分析各小组表现差异的原因。

案例分析

吴经理错了吗

主管：总经理张先生

下属：销售部经理吴先生

吴经理以前是某跨国公司的职业经理人，负责南大区的运作，职位已经很高了，但总感觉才能没有充分发挥，很苦恼。正好有个机会结识了民营企业家张先生，经过“甜蜜的恋爱”以后，被重金聘为销售部经理。

但刚上任三个月，销售代表小李，被客户投诉贪污返利，审计部去查，果真如此，返利单上还有吴经理的签名。这件事惹得总经理很是光火，于是他亲自到销售部质问此事。

“我不知道你是怎么当经理的，”张总对吴经理说，“你手下的销售代表，竟然胆敢贪污客户的返利，这么长时间了，你居然不知道?要等到客户投诉到我这里才知道，也不知道你是怎么管理的。”

“我也知道了这件事，”吴经理辩解道，“按照流程，小李先把返利单报到我的助理那里，她审一下，整理好，给我签字，我的工作也多，可能没看清楚。”

“是没看清楚那么简单吗?你的工作比我多吗?”张总怀疑地看着吴经理。

吴经理无奈地说道：“是我工作的疏忽，回头我会和助理商量改进工作流程，并要求公司处理她，也请处理我。”

“处理助理能补回公司的损失吗?这件事应该负全责的是你!”张总对吴经理这种模糊的态度很气愤。

“是这样的，”吴经理继续辩解道，“张总，你也知道我刚来，销售部很多关系还没有理顺，我们都知道，这个助理很能干，在工作上是一把好手。但她和我的配合，我感觉总存在问题，没有理得很顺，甚至有时，我要顺着她的意思来签署一些文件。毕竟我是新来的，要有适应的阶段，我保证今后，这样的事情，一定不会发生了，你再给我一次机会吧。”

“本来我过来，是来了解一下事情的原因，并不是要处理你的，”张总说道，“不过现在得考虑一下你的能力问题了。”

思考题

1. 权力=影响力吗?为什么?
2. 这件事情是谁的过错?
3. 你认为吴经理正确的做法应该是什么?

第八章
激　励

学习目标

知识点

- 了解激励的含义、特征和构成要素
- 掌握需要与激励的关系
- 理解需要层次理论的基本观点和意义
- 掌握激励的过程理论和强化理论

技能点

- 使学生可以有效识别实践中激励的形式
- 用需要层次理论和双因素理论解决一般的激励问题

引例

日本本田公司利用"鲶鱼效应"，保持企业活力

如何才能使自己的企业充满活力，永葆青春？日本本田公司总经理本田先生陷入了沉思，经过自己对欧美企业的考察，发现许多企业的人员基本上由三种类型组成：一是不可缺少的能干之才，约占二成；二是以公司为家的勤劳人才，约占六成；三是终日东游西荡，拖企业后腿的蠢才，占二成。而自己公司的人员中，缺乏进取心和敬业精神的人员也许还要多些。那么如何使前两种人增多，使其更具有敬业精神，而使第三种人减少呢？如果对第三类型的人员实行完全的淘汰，一方面会受到工会方面的压力；另一方面又会使企业蒙受损失。其实，这些人也能完成工作，只是与公司的要求与发展相距远一些，如果全部淘汰，这显然行不通。

于是他找来了自己的得力助手、副总裁宫泽。宫泽先生认为，企业的活力从根本上取决于企业全体员工的进取心和敬业精神，取决于全体员工的活力，特别是企业各级管理人员的活力。公司必须想办法使各级管理人员充满活力，即让他们有敬业精神和进取心。

于是宫泽给本田讲了一个挪威人捕沙丁鱼的故事：利用鲶鱼使沙丁鱼都活着回到渔港。本田听完了宫泽的故事，豁然开朗，连声称赞这是个好办法。宫泽说道："其实人也一样，一个公司如果人员长期固定不变，就会缺乏新鲜感和活力，容易养成惰性，缺乏竞争力。只有引入外部压力，营造竞争气氛，员工才会有紧迫感，才能激发进取心，企业才有活力。"这时本田接着说："那我们就找一些外来的'鲶鱼'加入公司的员工队伍，制造一种紧张气氛，发挥鲶鱼效应。"

随即，本田先生进行人事方面的改革，特别是销售部经理的观念离公司的要求相距太远，而且他的守旧思想已经严重影响了他的下属。必须找一条"鲶鱼"来，尽早打破销售部只会维持现状的沉闷气氛，否则本田公司的发展将会受到严重影响。经过周密的计划和努力，终于把松和公司销售部副经理、年仅35岁的武太郎挖了过来。武太郎接任本田公司销售部经理后，凭着自己丰富的市场营销经验和过人的学识，以及惊人的毅力和工作热情，受到了销售部全体员工的好评，员工的工作热情被极大地调动起来，活力大为增强。公司的销售出现了转机，月销售额直线上升，本田公司在欧美及亚洲市场的知名度不断提高。本田先生对武太郎上任以来的工作非常满意，这不仅在于他的工作表现，而且在于销售部作为企业的龙头部门带动了其他部门的工作热情和活力。本田深为自己有效地利用"鲶鱼效应"而得意。

从此，本田公司每年都重点从外部"中途聘用"一些精干利索、思维敏捷的30岁左右的生力军，有时甚至聘请常务董事一级的"大鲶鱼"，这样一来，公司上下的"沙丁鱼"都有了触电式的感觉。

把忧患意识注入竞争机制之中，使组织保持恒久的活力，这是日本本田公司取得成功的关键。本田先生营造的这种充满忧患意识的竞争环境，激发了每一个人的进取心、荣誉感，调动了员工的工作热情，使得本田公司又重新充满了活力。

第一节　激励概述

一、激励的含义

激励是指人类的一种心理状态，它具有加强和激发动机，推动并引导行为指向目标的作用。激励作为一种内在的心理活动过程和状态，不具有我们可以观察的外部状态。但可以通过人的行为表现及效果来对激励的程度加以推断和测定。

激励在管理中的作用包括：有助于激发和调动员工的工作积极性；有助于将员工的个人目标导向实现组织目标的轨道；有助于增强组织的凝聚力，促进组织内部各组成部分的协调统一。

二、激励的特征

激励作为重要的管理手段，具有以下特征：

(1) 目的性。任何激励行为都有其目的性，这个目的可能是一个结果，也可能是一个

过程，但必须具有明确的方向，因此，对管理者来说，任何希望达到目标的人都可以将激励作为手段进行管理工作。

（2）自觉性。人的行为来自动机，动机来源于需要，激励正是由于动机和需要的刺激而产生的，因此，从根源上说，激励产生人们的行为是自觉、主动的行为。

（3）驱动型。激励起源于需要，是被管理者追求个人需要满足的过程，不带任何强制性。

老农喂牛的启示

一位游人到乡间旅行，看到一位老农把喂牛的草料铲到一间小茅屋的屋檐上，不免感到奇怪，于是就问："老人家，你为什么不把喂牛的草放在地上，方便它直接吃呢？"老农说："这种草草质不好，我要是放在地上它就不屑一顾；但是我放到让它勉强可以够得着的屋檐上，它会努力去吃，直到把全部草料吃个精光。"

管理也是如此，太容易到手的东西没有人会珍惜，很多时候，一个头衔、一点奖励，官职再小、奖品再薄，也不要轻易授人，最好能够激励下属们通过公平竞争去获得。

三、激励的构成要素

从激励的定义可以看出，激励的构成要素主要包括以下几个：

（1）动机：动机是激励的核心要素，激励是否起作用，关键是动机激发。

（2）外部刺激：这是激励的基本条件。外部刺激主要是指管理者为实现组织目标而对被管理者所采取的管理手段及相应形成的管理环境。

（3）需求：需求是激励的起点与基础，人的需求是人的积极性和创造性的源泉和实质，而动机则是需求的表现形式。

（4）行为：行为是指人在激励状态下，为动机驱使所采取的实现目标的一系列的动作表现，因此，行为是激励的目的。

动机、需求、行为与外部刺激这些要素相互组合与作用，就构成了对人的激励。

赞美激励

某公司一名清洁工，本来是一个被人忽视的角色，却在一天晚上公司保险箱被窃时，与小偷进行了殊死搏斗。事后，有人问他的动机时，答案却出人意料。他说："总经理从我身旁经过时，总会赞美我扫得真干净。"

真诚的赞美，能激发他人无限的潜能。

第二节　激励理论

激励理论主要研究人类动机激发的因素、机制与途径等问题，心理学家和管理学家进行了大量的研究，形成了一些著名的理论。这些理论主要分为激励的内容理论、激励的过程理论、激励的强化理论。

一、激励的内容理论

这类理论重点研究激发动机的诱因，主要包括“X—Y”理论、需要层次理论、成就激励理论、双因素理论等。

（一）“X—Y”理论

“X—Y”理论是关于人性的问题，由美国管理心理学家道格拉斯·麦格雷戈提出。关于人性的观点是建立在一些假设基础上的，管理者正是根据这些假设来塑造激励下属的行为方式。管理者对人性的假设有两种对立的基本观点：一种是消极的X理论；另一种是积极的Y理论。

X理论认为：员工天性好逸恶劳，只要可能，就会躲避工作；以自我为中心，漠视组织要求；员工只要有可能就会逃避责任，安于现状，缺乏创造性；不喜欢工作，需要对他们采取强制措施或惩罚办法，迫使他们实现组织目标。

Y理论认为：员工并非好逸恶劳，而是自觉勤奋，喜欢工作；员工有很强的自我控制能力，在工作中执行完成任务的承诺；一般而言，每个人不仅能够承担责任，而且还主动寻求承担责任；绝大多数人都具备做出正确决策的能力。

麦格雷戈认为，Y理论的假设比X理论更实际有效，因此他建议让员工参与决策，为员工提供富有挑战性和责任感的工作，建立良好的群体关系，认为这有助于调动员工的工作积极性。

（二）需要层次理论

需要层次理论是由美国社会心理学家亚伯拉罕·马斯洛提出来的，也称为马斯洛需求层次论。

1. 马斯洛需要层次理论的内容

马斯洛的需要层次理论有两个基本论点：一个基本论点是人是有需要的动物，其需要取决于它已经得到了什么，还缺少什么。换言之，已经得到满足的需要不再起激励作用。另一个基本论点是人的需要具有层次性，某一层需要得到满足后，另一层需要才出现。

为此，马斯洛认为，每个人都有五个层次的需要：生理需要、安全需要、社交或情感需要、尊重需要、自我实现需要，如图8—1所示。

（1）生理需要是任何动物都有的需要，只是不同的动物这种需要的表现形式不同而已。对人类来说，这是最基本的需要，如衣、食、住、行等。

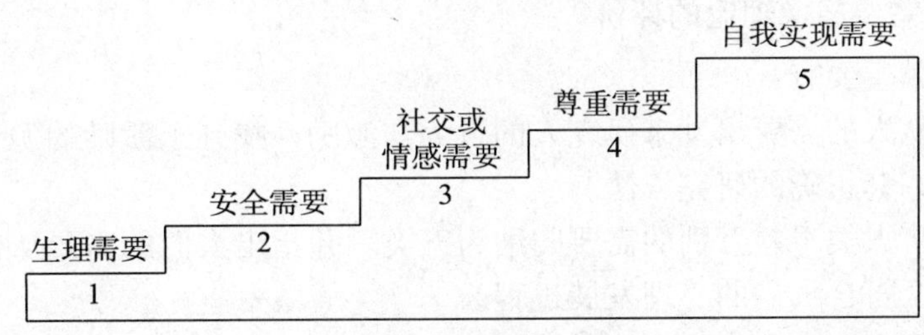

图 8—1 需要的层次性

(2) 安全需要是保护自己免受身体和情感伤害的需要。它又可以分为两类：一类是现在的安全需要，另一类是未来的安全需要。即一方面要求自己在现在的社会生活的各个方面均能有所保证，另一方面，希望未来生活能有所保障。

(3) 社交或情感需要包括友谊、爱情、归属及接纳方面的需要。马斯洛认为，人是一种社会动物，人们的生活和工作都不是孤立地进行的，这已由20世纪30年代的行为科学研究所证明。这说明，人们希望在一种被接受的情况下工作，即属于某一群体，而不希望在社会中成为离群的孤雁。

(4) 尊重需要分为内部尊重和外部尊重。内部尊重因素包括自尊、自主和成就感；外部尊重因素包括地位、认可和关注，即受人尊重。自尊是指在自己取得成功时有一种自豪感，它是驱使人们奋发向上的推动力。受人尊重是指当自己做出贡献时能得到他人的承认。

(5) 自我实现需要包括成长与发展、发挥自身潜能、实现理想的需要。这是一种追求个人能力极限的内趋力。这种需要一般表现在两个方面：一是胜任感方面，有这种需要的人力图控制事物或环境，而不是等事物被动地发生与发展。二是成就感方面，对有这种需要的人来说，工作的乐趣在于成果和成功，他们需要知道自己工作的结果，成功后的喜悦远比其他任何报酬都重要。

小阅读

小猴进城

小猴想进城，可没人拉车。它想呀想，终于想出了一个好主意。它在车上系了三个绳套：一个长，一个短，一个不长也不短。它叫来了小老鼠，让它闭上眼，拉长套；又叫来小狗，让它闭上眼，拉短套；它再叫来小猫，在小猫背上系了一块肉骨头，让小猫闭上眼，拉不长不短的绳套。小猴爬上车，让大家一齐睁开眼。小老鼠看见身后有猫，吓得拉着长套拼命跑；小猫看见前面有只老鼠，拉着套使劲地追；小狗看见猫背上的肉骨头，馋得直往前赶。小猴快快活活地坐在车里，不一会儿就进了城。

调动员工的积极性，最重要的是要分析员工的不同需要，为员工设置看得见的目标，让他们感到有奔头、有动力。在这个寓言故事中，小猴分别为小猫、小狗准备了小老鼠、肉骨头，使它们不仅看得见，而且几乎触手可及。不仅如此，聪明的小猴还想到了小猫、小狗需要的差别，分别为它们准备了不同的食物。因此企业管理者在激励时要考虑到人的不同需求从而“投其所好”。

2. 对马斯洛需要层次理论的评价

该理论的贡献主要有：

（1）马斯洛从人的需要出发来研究人的行为与激励，找到了激励的源头，为我们研究激励理论提供了一套正确的研究方法。

（2）该理论将人类千差万别的需要归纳为五类，并指出人们的需要从低级向高级发展变化的趋势，完全符合人们的心理发展过程。

（3）该理论将自我实现作为人类需要最高层次，并认为满足人的高级需要将具有更大更持久的激励力量。因为自我实现需要实质上是一种成就感需要。一个组织、一个国家有成就需要的人越多，这个组织、这个国家就越兴旺，这已从无数的事实中得到了验证。

该理论的不足主要有：

（1）对需要层次的分析比较简单、机械。表现在需要层次的"递进规律"不太科学，因为人类需要的发展不是非经过某一层需要才能有下一层的需要，即在某一特定环境下人的需要并不是一种，而是若干种。

（2）认为人都是自私的。它以人本主义为其理论基础，认为人的需要都是本能的。生理需要是为了满足人的生存，安全需要是出于趋利避害，社交或情感需要是为了人自己享受生活乐趣，自尊和自我实现需要是为了出人头地。总之人的行为都是出于利己的本能，这显然有失偏颇。

（3）把人的需要归为五个层次也不尽完善。因为人还有为他人服务、为社会贡献的需要等。

（4）认为人的需要由低向高发展，在某些国家或某些群体中不一定正确。

猎狗的故事

一、动机

一只猎狗把兔子从窝里赶了出来，但追赶它很久也没抓住。牧羊人看到这个情景，讥笑猎狗道："你们两个之间，小的反而跑得快得多。"猎狗回答："我们俩的跑是不一样的，我是为了一顿饭而跑，而它是为了性命而跑呀！"

二、目标

猎狗的话被猎人听到了，猎人想："猎狗说得对啊，我要想得到更多的猎物，就得想个好办法才行。"于是，猎人又找来几条猎狗，并规定：凡是能抓住兔子的猎狗，就能得到几根骨头，抓不到的就没有饭吃。这一招果然管用，猎狗们纷纷拼命去追兔子，因为谁都不愿意看着别人有骨头吃而自己没饭吃。这样猎人的收入好了起来，然而过了一段时间，新问题出现了。在追逐兔子的过程中，猎狗们发现：大兔子很难捉住，抓小兔子却容易得多，而抓住一个大兔子和抓住一只小兔子，得到的奖赏却是一样的……于是聪明的猎狗就只盯着小兔子抓，很快，所有的猎狗就都只抓小兔子了。猎人不满意地对猎狗们说："你们抓的兔子越来越小了，这是为什么？"猎狗们回答："反正抓大的和抓小的，奖赏没区别，那谁还费精力去抓不好抓的大兔子呢？"

三、长期的骨头

猎人经过思考后，决定不将分得骨头的数量与是否捉到兔子挂钩，而是采用每过一段时间，就统计一次猎狗捉到兔子的总重量，按照重量来评价猎狗，决定一段时间内的待遇。于是猎狗们捉到兔子的数量和重量都增加了，猎人很开心。但是过了一段时间，猎人发现，猎狗们捉兔子的数量又少了，而且越有经验的猎狗，捉兔子的数量下降得就越快。于是猎人又去问猎狗。猎狗说："我们把最好的时间都奉献给了您，主人。但是我们随着时间的推移会老，当我们捉不到兔子的时候，您还会给我们骨头吃吗?"

于是猎人做了论功行赏的决定，分析与汇总了所有猎狗捉到兔子的数量与重量，规定如果捉到的兔子超过了一定的数量后，即使捉不到兔子，每顿饭也可以得到一定数量的骨头。猎狗们都很高兴，大家都努力去达到猎人规定的数量，一段时间过后，终于有一些猎狗达到了猎人规定的数量。这时，其中有一只猎狗说："我们这么努力，只得到几根骨头，而我们捉的猎物远远超过了这几根骨头。我们为什么不能给自己捉兔子呢?"于是，有些猎狗离开了猎人，自己捉兔子去了……

在不同的阶段，猎狗的需求是不一样的，正如同马斯洛的需要层次理论一样。从最初的希望有骨头吃到希望年迈体弱时有骨头吃，继而是希望自己去捉兔子，即慢慢由开始的解决生理需要发展到后来的解决自我实现的需要。

（三）成就激励理论

美国哈佛大学教授戴维·麦克利兰（David C. Mclelland）是当代研究动机的权威心理学家。他从 20 世纪 40—50 年代起就开始对人的需求和动机进行研究，提出了著名的成就、权力和归属需求。

1. 成就需求（Need for Achievement）：争取成功、希望做得最好的需求

麦克利兰认为，具有强烈成就需求的人渴望将事情做得更为完美，提高工作效率，获得更大的成功，他们追求的是在争取成功的过程中克服困难、解决难题、努力奋斗的乐趣，以及成功之后的个人成就感，他们并不看重成功所带来的物质奖励。个体的成就需求与他们所处的经济、文化、社会、政府的发展程度有关，社会风气也制约着人们的成就需求。

2. 权力需求（Need for Power）：影响或控制他人且不受他人控制的需求

权力需求是指影响和控制别人的一种愿望或驱动力。不同的人对权力的渴望程度也有所不同。权力需求较高的人对影响和控制别人表现出很大的兴趣，喜欢对别人"发号施令"，注重争取地位和影响力。他们常常表现出喜欢争辩、健谈、直率和头脑冷静；善于提出问题和要求；喜欢教训别人，并乐于演讲。权力需求是管理成功的基本要素之一。

3. 归属需求（ Need for Affiliation）：建立友好亲密的人际关系的需求

归属需求就是寻求被他人喜爱和接纳的一种愿望。有归属需求的人更倾向于与他人进行交往，至少是为他人着想，这种交往会给他带来愉快。

麦克利兰指出，有着强烈成就需求的人，是那些倾向于成为企业家的人。他们喜欢比竞争者把事情做得更好，并且敢冒商业风险。有着强烈依附需求的人，是成功的"整合者"，他们的工作是协调组织中几个部门的工作。高归属需求者喜欢合作而不是竞争的环境，希望彼此间有良好的沟通和理解。而有着强烈权力需求的人，则经常有较多的机会晋升到组织的高级管理层。

小阅读

母亲节的问卷

2003年的母亲节，华盛顿大学的校园网上，贴出这么一张问卷——你从母亲那儿继承了什么？

为了吸引人们回答，在打开问卷的地方设计有一幅小小的动画：一位老太太注视着一只金鱼缸，缸中一只大白鲨在鱼群中游动，你一点击，它就会吃掉一只小金鱼，并传出一句话："任何会动的东西，都是我的猎物。"起初，大家认为这幅动画是随便设计的，点击以后才知道，注视鱼缸的老太太是华盛顿大学的董事长——比尔·盖茨的母亲玛丽·盖茨，大白鲨的那句话是他儿子的名言。他们之所以用这幅动画做引子，据说是为了纪念他们的董事长，因为前不久她去世了，同时也给网站访问者一个暗示："要是你回答了这个问题，我们就告诉你，比尔·盖茨是怎么回答的。"

为了知道比尔·盖茨的母亲给儿子留下的秘诀，马克按要求填上了来自于自己母亲的品性——赏识。点击"发送"之后，眼睛还没来得及眨一下，就弹出一句话，说："OK！你和比尔·盖茨一样从母亲那儿继承了同样的东西。"正当马克以为上当受骗的时候，一个画面出现在屏幕上，它是一张实物问候卡的影印件，是比尔·盖茨在1975年母亲节时，寄给他妈妈的，这一年，他在哈佛大学读二年级。比尔·盖茨在卡上用斜体英文写着这么一段话："我爱您！妈妈，您从来不说我比别人差，您总是在我做的事情中，不断寻找值得赞许的地方，我怀念和您在一起的所有时光。"原来，这位独步天下的天才富翁，从他母亲那儿得到了一份被许多母亲忽视了的东西：赏识。

赏识是人既有的一种意识，也是一种习惯，这种习惯可以通过强化行为来养成。许许多多的研究表明，最能激发员工全力以赴，高水平发挥的方法是给予他们赞扬与肯定。

(四) 双因素理论

双因素激励理论也叫做"保健—激励理论"，是美国心理学家弗雷德里克·赫兹伯格于20世纪50年代提出的。这一理论的研究重点是组织中个人与工作的关系问题。赫兹伯格提出，影响人们行为的因素主要有两类：保健因素和激励因素。

(1) 保健因素是那些与人们的不满情绪有关的因素，如公司的政策、管理和监督、人际关系、工作条件等。保健因素处理不好，会引发员工对工作产生不满情绪，处理得好，可以预防或消除这种不满。但这类因素并不能对员工起激励作用，只能起到保持人的积极性、维持工作现状的作用。所以保健因素又称为"维持因素"。

(2) 激励因素是指那些与人们的满意情绪有关的因素。与工作有关的激励因素处理得好，能够使人们产生满意情绪，如果处理不当，其不利效果最多是没有满意情绪，而不会导致不满。激励因素主要包括：工作表现机会和工作带来的愉快、工作上的成就感、由于良好的工作成绩而得到的奖励、对未来发展的期望、职务上的责任感等。

上述两类因素与员工对工作的满意度之间的关系如图8—2所示。

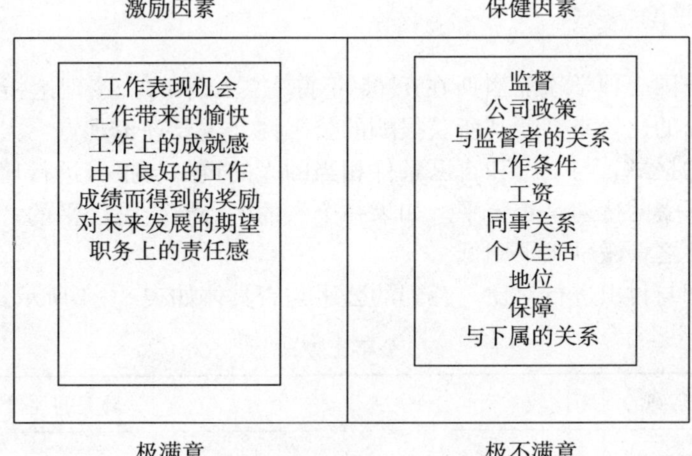

图 8—2 赫兹伯格双因素激励理论

这种理论对企业管理的基本启示是：要调动和维持员工的积极性，首先要注意保健因素，以防止不满情绪的产生。但更重要的是要利用激励因素去激发员工的工作热情，创造奋发向上的局面，因为只有激励因素才会增加员工的工作满意度。

不过，赫兹伯格的双因素理论也有欠完善之处。例如在研究方法、研究方法的可靠性以及满意度的评价标准方面，赫兹伯格这一理论就存在不足。另外，赫兹伯格讨论的是员工满意度与劳动生产率之间存在一定的关系，但他所用的研究方法只考察了满意度，并没有涉及劳动生产率。

杰克·韦尔奇的故事

1961 年的一天，韦尔奇发现付出和能力都不如自己的几位同事，却和自己的工资完全一样，他非常恼火，就去找老板谈，但是讨论没有任何结果。于是，他萌生了换工作的想法。不久，他找到了一份体面的工作。这可急坏了他的上司古托夫。他很看重这个自命不凡的韦尔奇，当晚就邀请他们夫妇共进晚餐，苦口婆心地劝他留下。但四个小时的晚餐也没有说服一颗要走的心。古托夫不甘心，在回家的途中，他把车停在高速公路边的投币电话机旁，继续游说韦尔奇到午夜一点多。他说："我给你涨一点工资。我知道，钱不是主要原因。我认为，你留在通用这样一个大公司里，一定会有许多发展的机会，看远点。"黎明后的几个小时里，韦尔奇出席了为他举行的欢送会。但他决定留下，不走了。

二、激励的过程理论

激励的过程理论试图说明面对激励员工的措施，将如何选择行为方式去满足他们的需要，以及确定其行为方式的选择是否成功。过程理论有两种：公平理论和期望理论。

（一）公平理论

公平理论是美国心理学家亚当斯在 1965 年首先提出来的。该理论指出人们将通过横向和纵向两个方面的比较来判断其所获报酬的公平性。主要理论观点：人们总是将自己所做的贡献和所得的报酬，与一个和自己条件相当的人的贡献与报酬进行比较，在比较的基础上，感受自己享受的待遇是否公平。如果一个人的内心感受是公平的，其工作积极性即激励水平就高；反之，激励水平则低。

以两人的报酬与付出进行对比，感到的公平与否具体如表 8—1 所示。

表 8—1　公平比较

觉察到的比率比较	员工的评价
$\frac{A所得}{A付出}<\frac{B所得}{B付出}$	不公平（报酬过低）
$\frac{A所得}{A付出}=\frac{B所得}{B付出}$	公平
$\frac{A所得}{A付出}>\frac{B所得}{B付出}$	不公平（报酬过高）

公平理论对企业管理的启示是非常重要的，它告诉管理人员，工作任务以及公司的管理制度都有可能产生某种关于公平性的影响作用。而这种作用对仅仅起维持组织稳定性的管理人员来说，是不容易觉察到的。研究表明，不公平使人紧张、不平衡、不舒服。要想获得公平，会采取一定的行为，如表 8—2 所示。

表 8—2　不公平的后果

方　式	做　法
改变投入	一个人对组织增加或减少投入调节内心平衡
改变报酬	一个人要求增加工资等改变报酬调节平衡
改变他人的投入	一个人可能试图说服参照人改变投入
改变参照人	改变参照人，减少不舒服感觉
离开这种环境	离开现有环境寻找公平

公平理论的不足之处在于，员工本身对公平的判断是极其主观的，这种行为对管理者施加了比较大的压力。因为人们总是倾向于过高估计自我的付出，而过低估计自己所得到的报酬，而对他人的估计则刚好相反。因此管理者在应用该理论时，应当注意实际工作绩效与报酬之间的合理性，并注意留心对组织的知识吸收和积累有特别贡献的个别员工的心理平衡。

小阅读

不一样的底薪

小刘去年进入一家小有名气的外资企业。这家公司实行工资保密制度，一般情况下，员工之间都不知道彼此的收入。小刘对这份工作是很满意的，一方面是因为公司人际关系和谐，气氛轻松，工作虽累却挺舒心；另一方面是因为薪水也还不错，底薪每月 4 000 元，还有不固定的奖金。

小刘一门心思扑到了工作上，经常加班加点，有时还把工作带回家做，而且也确实取得了显著的成效。有次安装一个设备项目，在小刘的努力下只用了 1/3 的时间就完成了，为公司节约了大量成本。项目负责人为此还写了一份专门报告表扬小刘。同事们都很佩服他，主管也很赏识他。

年终考核，人力资源主管对小刘的工作予以了高度评价，并告诉小刘公司将给他加薪 15%。听到这个消息，小刘高兴极了。这不仅是钱的问题，也是公司对他的业绩的肯定。

同年进入公司的小李却开心不起来，因为他今年的业绩并不好。午饭时两人聊了起来，小李唉声叹气地说："你今年可真不错，不像我这倒霉，薪水都加不了，干来干去还是 4 900 元，什么时候才有希望啊。"猛然间小刘才意识到，原来小李的底薪比他高900元。他对小李并没有意见，可是他想不通，即使不考虑业绩，他们俩同样的职务，小李的学历、能力都不比他强，为什么工资却比他高这么多呢？他不仅感到不公平，而且有一种上当的感觉：我一直还以为自己的工资不低了，应该好好干，原来别人的工资都比我高。他马上就往人力资源部跑去……

（二）期望理论

期望理论认为，只有当人们预期某一行为能给个人带来有吸引力的结果时，个人才会采取特定的行动。它对于组织通常出现的这样一种情况给予了解释，即面对同一种需要以及满足同一种需要的活动，为什么不同的组织成员会有不同的反应：有的人情绪高昂，而另一些人却无动于衷。有效的激励取决于个体对完成工作任务以及接受预期奖赏的期望，员工在工作中的积极性或努力程度（激励力）是期望值和效价的乘积，即：

激励力（M）＝ 期望值（E）× 效价（V）

其中，激励力是衡量激励水平高低的标准；期望值指自己主观上估计实现目标、得到报酬的可能性；效价指个人对某一目标的重视程度与评价高低。

期望理论的基础是自我利益，它认为每一员工都在寻求获得最大的自我满足。期望理论的核心是双向期望：管理者期望员工的行为、员工期望管理者的奖赏。期望理论的假说是管理者知道什么对员工最有吸引力。期望理论的关键是正确识别个人目标和判断三种联系，即努力与绩效的联系、绩效与奖励的联系、奖励与个人目标的联系。激励过程的期望理论对管理者的启示是，管理人员如果处理好了以上三个关系，便可有效地提高下属的工作积极性。

三、激励的强化理论

激励的强化理论主张对激励进行针对性的刺激，只看员工的行为及其结果之间的关系，而不是突出激励的内容和过程。强化理论是由美国心理学家斯金纳首先提出的。该理论认为人的行为是其所受刺激的函数。如果这种刺激对他有利，这种行为就会重复出现；若对他不利，这种行为就会减弱直至消失。因此管理要采取各种强化方式，以使人们的行为符合组织的目标。根据强化的性质和目的，强化可以分为正强化和负强化两大类型。

海尔的正激励

海尔集团开始宣传“人人是人才”时，员工反应平淡。他们想：“我又没受过高等教育，当个小工人算什么人才?”但是当海尔把一个普通工人发明的一项技术革新成果以这位工人的名字命名时，在工人中很快就兴起了技术革新之风。比如工人李启明发明的焊枪被命名为“启明焊枪”，杨晓玲发明的扳手被命名为“晓玲扳手”。这一措施大大激发了普通员工创新的激情，后来不断有新的命名工具出现，员工的荣誉感得到极大的满足。

对员工创造价值的认可，是对他们最好的激励，及时的激励能让员工觉得工作起来有盼头，有奔头，进而也能激发出员工更大的创造性。

拿破仑的负激励

一天，拿破仑外出打猎，走到一条河边，突然听到一位落水者在水里呼救，拿破仑见他在水中扑腾，却不往岸边来，于是他拿起猎枪说：“你再不往岸边来，我就要向你开枪了。”那人听了，顾不得自己不会游泳，奋力往岸边靠近，经过多次挣扎，那人终于上岸了。他气愤地指着拿破仑说：“你为什么见死不救，还说要开枪打死我?”拿破仑说：“如果我不吓唬你，你现在还在水中扑腾，你至少现在懂得自己可以救自己。”

拿破仑的枪口激发了他的求生欲，激发了他的本能——他一定要逃离枪口，否则将被打死。他的本能和自信，使他靠了岸。适当的批评和惩罚能够帮助员工认清自我，重新激发工作斗志。

第三节　激励不足与激励过度

一、激励不足

激励不足是指企业为了节约成本，降低员工的福利待遇。如果员工的付出得不到应有的回报，企业也就失去了凝聚力，如同一盘散沙。罗伯特·博施说过一句话：“我不是因为钱多而支付高工资，而是因为支付高工资而有许多钱。”这句话道出了员工激励的真谛。

二、激励过度

企业一味地高薪揽人，也是一种激励过度的表现。员工的薪酬一旦超过其为企业创造的价值，久而久之，就会使企业的效益产生负增长，造成“坐吃山空”的局面。

因此激励员工是一门学问，必须掌握一定的度，首先要做到完全了解你的下属的能

力，分层次激励。其次要了解你的下属的需求，合理地支持。最后要讲求激励的实效，激励，不光是金钱方面，还包括褒奖、认同、放权等多种方式。

小阅读

徽州渔翁

清江渔舟是徽州一道明丽的风景线。岸边三户渔家各有一只小舟、数只鱼鹰。商界旅游团前去参观。导游介绍，这三家中一家致富；一家亏损；另一家最惨，鱼鹰都死了，只能停业。商界来客细问缘由，导游说："原因就出在扎在鱼鹰脖子上的细铁丝上，致富的渔翁给鱼鹰捆的铁丝不紧不松，不大不小，鱼鹰小鱼吞下，大鱼吐出；亏本的那家的鱼鹰捆得过松过大，本可卖钱的鱼也让鱼鹰吞下去了；而最惨的渔家自以为精明，把鱼鹰的脖子扎得过紧，结果事与愿违，鱼鹰全部饿死了，血本无归！"

商界人士听罢，感叹不已："到底是徽商故乡，处处可闻商道。"

看来用铁丝捆鱼鹰的脖子也是门学问，捆得太紧，把鱼鹰勒死了，就无法捕鱼了；捆得太松，大鱼、小鱼全都被鱼鹰吃掉了，渔翁什么也没得着；只有捆得不松不紧，才能有双赢的结果，这其中就要讲究个"度"。

员工是企业的第一生产力，是为企业创造价值的元素，如果把企业比做小船，那么，员工就是载舟之水。如何有效地激励员工，是领导者的一门必修课。

互动话题

1. 世界上有绝对的公平吗？为什么？
2. 运用本章所学的理论理解"士为知己者死"这句话？

管理故事

赞美的力量

罗杰·罗尔斯出生在纽约的一个叫做大沙头的贫民窟，在这里出生的孩子长大后很少有人获得较体面的职业。罗尔斯小时候，正值美国嬉皮士流行的时代，他跟当地其他孩子一样，顽皮、逃课、打架、斗殴、无所事事，令人头疼。幸运的是，罗尔斯当时所在的诺必塔小学来了位叫皮尔·保罗的校长，有一次，当调皮的罗尔斯从窗台上跳下，伸着小手走向讲台时，出乎意料地听到校长对他说，我一看就知道，你将来是纽约州的州长。校长的话对他的震动特别大。从此，罗尔斯记下了这句话，"纽约州州长"就像一面旗帜，带给他信念，指引他成长。他衣服上不再沾满泥土，说话时不再夹杂污言秽语，开始挺直腰杆走路，很快成了班里的主席。几十年间，他没有一天不按州长的身份要求自己，终于在51岁那年，他真的成了纽约州州长，而且是纽约历史上第一位黑人州长。

杰克·韦尔奇认为，团队管理的最佳途径并不是通过"肩膀上的杠杠"来实现的，而是致力于确保每个人都知道最紧要的东西是构想，并激励他们完成构想。韦尔奇在自传中用很多词汇描述那个理想的团队状态，如"无边界"理论、四E素质（精力、激发活力、锐气、执行力）等，以此来暗示团队成员“如果你想，你就可以”。在这方面，韦尔奇还是一个递送手写便条表示感谢的高手，这虽然花不了多少时间，却几乎总是能立竿见影。因此，韦尔奇说：“给人以自信是到目前为止我所能做的最重要的事情。”

有“经营之神”美誉的松下幸之助首创了电话管理术，经常给下属，包括新招的员工打电话。每次他也没有什么特别的事，只是问一下员工的近况如何。当下属回答说还算顺利时，他又会说：“很好，希望你好好加油。”这样使接到电话的下属感到总裁对自己的信任和看重，精神为之一振。许多人在皮格马利翁效应的作用下，勤奋工作，逐步成长为独当一面的人才。

美国钢铁大王卡耐基选拔的第一任总裁查尔斯·史考伯说：“我认为，我那能够使员工鼓舞起来的能力，是我所拥有的最大资产。而使一个人发挥最大能力的方法，是赞赏和鼓励。再也没有比上司的批评更能抹杀一个人的雄心……我赞成鼓励别人工作。因此我急于称赞，而讨厌挑错。如果我喜欢什么的话，就是我诚于嘉许，宽于称道。我在世界各地见到许多大人物，还没有发现任何人——不论他多么伟大，地位多么崇高——不是在被赞许的情况下，比在被批评的情况下工作成绩更佳、更卖力气的。”史考伯的信条同卡耐基如出一辙。正是因为两人都善于激励和赞赏自己的员工，才稳固地建立起了他们的钢铁王国。

当下属出现失误时，激励尤为重要。美国石油大王洛克菲勒的助手贝特福特，有一次因经营失误使公司在南美的投资损失了40%。贝特福特正准备挨骂，洛克菲勒却拍着他的肩说：“全靠你处置有方，替我们保全了这么多的投资，能干得这么出色，已出乎我们意料了。”这位因失败而受到赞扬的助手后来为公司屡创佳绩，成为了公司的中坚人物。

人类本性中最深刻的渴求就是赞美。每个人只要能被热情期待和肯定，就能得到希望的效果。管理者应该而且必须赏识你的下属，要把赏识当成下属工作中的一种需要。赞美下属会使他们心情愉快，工作更加积极，用更好的工作成果来回报你，何乐而不为呢！

管理定律

罗森塔尔（皮格马利翁）效应

美国心理学家罗森塔尔等人于1968年做过一个著名实验。他们到一所小学，在一至六年级各选三个班的儿童进行煞有介事的“预测未来发展的测验”，然后实验者将认为有“优异发展可能”的学生名单通知教师。其实，这个名单并不是根据测验结果确定的，而是随机抽取的。它以“权威性的谎言”暗示教师，从而调动了教师对名单上的学生的某种期待心理。8个月后，再次智能测验的结果发现，名单上的学生的成绩普遍提高，教师也给了他们良好的品行评价。这个实验取得了奇迹般的效果，人们把这种通过教师对学生心理的潜移默化的影响，从而使学生取得教师所期望的进步的现象，称为“罗森塔尔效应”。

罗森塔尔等人也把此效应称为皮格马利翁效应，皮格马利翁是古希腊神话中塞浦路斯国王。这个国王性情孤僻，常年一人独居。他善于雕刻，孤寂中用象牙雕刻了一座表现他理想中的女性的美女像。久而久之，他竟对自己的作品产生了爱慕之情。他祈求爱神阿佛罗狄忒赋予雕像以生命。阿佛罗狄忒为他的真诚所感动，就使这座美女雕像活了起来。皮格马利翁遂称她为伽拉忒亚，并娶她为妻。后人就把由期望而产生实际效果的现象叫做皮格马利翁效应。

罗森塔尔效应告诉我们，作为领导者，对自己的下属实施领导时，一定要善于把握和运用激励的手段来调动他们的积极性，这是一项重要而且卓有成效的领导技能。人类本性中最深切的渴求就是受到赞扬，因此对下属恰如其分的鼓励与重视，可以挖掘他们的潜能，增强自信心，调动积极性，从而做到上下齐心，实现组织的最终目标。

知识测试

1. 现在许多工厂，脏活累活没人干，不得不请临时工干，从需要层次理论对该现象进行解释，（　　）。
   A. 正式工人觉得这样的活丢面子，所以不愿意去做
   B. 正式工人希望能更好地实现自我价值
   C. 临时工更多考虑生理需要，多赚钱养家糊口
   D. 正式工人考虑的是安全需要及更高层次的需求
2. 在一次管理知识和技能培训班上，就如何调动企业员工积极性的问题展开讨论时，学员们众说纷纭，莫衷一是，这里归纳四种不同的主张，假如四种主张都能切切实实做好，你认为（　　）应成为首选的主张。
   A. 成立员工之家，开展文体活动，增强凝聚力
   B. 从关心员工需要出发，激发员工的主人翁责任感，从而努力做好本职工作
   C. 表扬先进员工，树立学习榜样
   D. 批评后进员工，促使其增强工作责任心
3. 根据赫茨伯格的双因素理论，工作条件属于（　　）。
   A. 正强化因素　　B. 激励因素　　C. 负强化因素　　D. 保健因素
4. 马斯洛的“需要层次理论”和赫茨伯格的“双因素理论”相比较而言，（　　）。
   A. 生理需要相当于保健因素
   B. 生理和安全需要相当于保健因素
   C. 生理、安全和社交需要相当于保健因素
   D. 安全、社交和尊重需要相当于保健因素
5. 如果有一新入厂的员工工作热情饱满，进步明显，你将（　　）。
   A. 表扬他的成绩，询问他打算如何进一步提高
   B. 不加干涉，相信他能够不断提高自己的绩效
   C. 指导他采取正确的工作方法和工作程序
   D. 表扬他已取得的成绩，并告诉他如何进一步提高自己的工作成绩
6. 从期望理论中，我们得到的最重要的启示是（　　）。
   A. 目标效率的高低是激励是否有效的关键
   B. 期望概率的高低是激励是否有效的关键
   C. 存在着负效率，应引起领导者注意
   D. 应把目标效率和期望概率进行优化组合

7. 设 Q_p 是某人对自己所获报酬的感觉，I_p 是其对自己投入量的感觉；Q_x 和 I_x 分别是其对别人所获报酬和投入的感觉。按公平理论在如下哪种情况下，这个人会对组织的激励措施感到不公平？（　　）

A. $Q_p/I_p>Q_x/I_x$　　B. $Q_p/I_p<Q_x/I_x$

C. $Q_p/Q_x>I_p/I_x$　　D. $Q_p/I_p=Q_x/I_x$

8. 某公司的一位年轻人工作非常突出，同时也取得了高于同行业平均水平的薪资，但他仍未感到满意。这种现象可用何种激励理论解释？（　　）

A. 期望理论　　B. 公平理论　　C. 需要层次理论　　D. 强化理论

9. 如果一个管理者非常熟悉而且能灵活应用马斯洛的需要层次理论，那么在下列的错误中，他最不可能犯的是哪一种错误？（　　）

A. 违背双因素理论　　B. 违背期望理论

C. 违背公平理论　　D. 违背强化理论

10. 某企业规定，员工上班迟到一次，扣发当月50%的奖金，自此规定出台之后，员工迟到现象基本消除，这是哪一种强化方式？（　　）

A. 正强化　　B. 负强化　　C. 惩罚　　D. 忽视

11. 请评价和分析马斯洛的需要层次理论。

12. 公平理论结合管理实践带来哪些启示？在实际工作中，如何才能做到公平？

13. 谈谈我国企业管理在激励方面存在的主要问题及相应的解决办法。

素质拓展

激发创造力的自由讨论

【实训目标】

给学生一个机会参与创造性解决问题的讨论。

【实训内容与要求】

在每张桌子上放一个回形针。

研究表明，一些简单实用的练习可以激发创造力。然而，创造的火花经常被具有杀伤力的话熄灭，如“我们去年就这样试过了”，“我们已经那样做过了”，以及其他一系列诸如此类的评论。要使学生养成为自己的创造力开绿灯的习惯，可以使用下面这种自由讨论的方法。自由讨论的基本规则如下。

（1）不允许使用批评性的评语。

（2）欢迎海阔天空式的自由讨论（思路越开阔越好）。

（3）要的是数量，而不是质量。

（4）寻求观点的结合与深化。

按照这四条基本原则，把学生分成4～6人的小组进行讨论。给他们60秒的时间，请他们想出使用回形针的尽可能多的方法。每组指定一人负责统计，只需统计想出的方法的数目，不一定要把方法本身也记录下来。1分钟以后，请各组长首先报告想出的方法的数目，再请他们说出一些看起来极其“疯狂”、极其“不着边际”的想法。

替代项目训练：改进普通铅笔（非自动铅笔）的办法。

【成果与检测】

1. 你对于自由讨论的方法有无保留意见？
2. 自由讨论对哪类问题最适用？
3. 你认为自由讨论这一方法还有哪些有待开发的应用方式？

案例分析

马恩华的精神激励法

优秀企业家马恩华是河北省保定市棉纺厂厂长，在他上任之初，由于企业经营困难，有2 000多名职工人心要求调走，另谋出路，即使来上班的职工也心不在厂里。马恩华没有怨职工。他说："职工人心涣散，关键是领导没有把大家的心凝聚在一起。企业越是困难的时候，领导越要关心群众的疾苦，职工才能和企业共渡难关。"他任厂长的第二天，就到职工反映较大的食堂去和食堂管理人员研究如何提高饭菜质量。他让厂工会建立职工家庭经济、住房条件、健康状况等小档案，他定期调阅，实实在在地为职工解决实际困难，排除后顾之忧。他赢得了职工的信任，也充分调动了职工的劳动积极性和主动性，经过 10 年努力，不仅使一个濒临倒闭的企业恢复了勃勃生机，而且使企业进入全国同行业一流水平。

思考题

案例中提到了马恩华以情动人，激励职工的事例，主要是运用了精神激励方法，请问，目前企业经常采用的精神激励方法主要有哪几种？

第九章

控　制

学习目标

知识点

- 理解控制的含义及作用
- 了解控制的目的及重要性
- 掌握控制的不同类型及适用特点
- 熟悉控制过程中每个步骤的具体任务
- 了解控制的方法
- 掌握有效控制的特征

技能点

- 学会分析和解决有关控制方面的问题

引例

丰田的“拉闸”现象

丰田与通用都是生产汽车的大型公司，但却有着完全不同的管理模式。丰田管理模式的首要特点在于避免任何浪费，激励员工参与管理。第二次世界大战后，日本开始大规模经济建设，它的汽车工业起步晚，无论资金、技术和管理还是市场都面临着巨大的困境。1950年，丰田英二从美国考察汽车工厂回日本后，首要任务就是让时任丰田总经理的大野耐一以福特的生产力为目标，改造丰田的制造流程，提升丰田的生产力水平。为了确保资金链不发生断裂，丰田快速周转资金。经过艰苦努力和大胆创新，丰田终于创造出了一种全新的生产管理模式——丰田生产方式（Toyota Production System，TPS）。简单地说，TPS的最终目标就是使企业利润最大化，而实现这一具体目标的方式，则是通过控制一切生产过程中的浪费来实现成本的最小化。丰田发现，在传统的管理中，很多生产加工现场工艺问题本可以现场解决，但因为员工没有基本的控制权力，以及层层汇报的机制而延迟了问题的解决，最终错过了最佳的解决时机，给企业带来巨大的损失。丰田认为，在现代生产管理中，效率尤为重要，所有能现场解决的问题必须立刻解决，否则就会影响整个生产并且给企业带来更大的损失，这也与丰田消灭库存和浪费的根本经营理念相一致。为了使问题能够得到尽快解决，丰田决定实行现场管理，直接给予员工解决现场问题的授权。而这种管理方式的关键就是要给予员工充分的信任，授权员工解决问题的权力。这就是丰田所独有的“拉闸”现象，所谓“拉闸”就是当生产线上某一环节的员工发现存在问题时，他可以在第一时间停掉整条生产线，以便查询和解决问题，使汽车零部件质量得到即时控制，避免工件流入下一道工序继续加工造成浪费。优质的品质和合理的价格，使丰田汽车在国际市场上获得巨大成功。成就丰田的与其说是丰田极具竞争力的产品，倒不如说是丰田的科学管理控制系统。对于浪费和库存的消灭似乎成了每一个员工的职责，丰田的荣誉与耻辱也与每一个员工息息相关，而不仅仅涉及制定生产决策的管理者。

第一节　控制概述

一、控制的含义和作用

（一）控制的含义

控制就是管理者按既定的标准，对组织内部的管理活动及其效果进行衡量和校正，以确保组织的目标以及为此而拟订的计划得以实现的管理职能。控制职能是每一位负责执行计划的主管人员的主要职责，尤其是直线主管人员的主要职责。随着人类对客观世界认识活动的进一步加深，对控制一词的理解也在发展。目前人们对控制含义的解释主要有以下几种。

（1）控制是监视组织各方面的活动，使组织在动态环境中为保证既定目标实现而采取的检查和纠偏活动的过程。

（2）控制是按照计划标准衡量所取得的成果并纠正所发生的偏差，以确保计划目标实现的活动过程。

（3）控制是通过对信息的收集、传输、变换、加工、处理来实现的，整个控制过程就是信息流通和反馈的过程。

（4）控制是使系统能自动按照人们预定的程序运行，最终达到最优目标的学问。

（5）控制是把绩效和标准进行比较，并且在必要的时候采取纠正措施的过程。事实上控制的核心就是纠偏和“调适”。

控制与计划是紧密相关的，一些管理学学者认为这两大职能本来就是不可分割的，计划和控制可被视为一把剪刀的两片刃，只有两者协作，才能正常工作。控制与计划既相互区别，又紧密联系：计划为控制工作提供标准，在管理者对已经完成的工作与计划所应达到的标准进行比较之前，他并不知道他的部门的工作是否进行得正常，所以没有了计划，控制也就没有了依据；而控制保障了计划工作的实现，如果只编制计划，而不对其执行情况进行控制，计划目标就很难得到实现。

（二）控制的作用

1. 控制对组织的作用

（1）控制可以防止和纠正偏差的发生，使计划执行结果符合计划目标的要求（标准），确保组织稳定运行。

（2）控制职能可通过修订原有计划或重新制定新的计划或积极调整计划（战略）目标来保证组织对内外环境的适应，确保组织的应变能力。例如，我国服装制造出口企业在2008年美国金融危机爆发后，生产订单锐减，为了保证企业正常运营，必须对原有国外市场的产品计划进行重新修订。

（3）控制可以防范风险发生和减小舞弊行为。例如，2010年年初，丰田汽车召回门事件就是一起因质量控制而导致的重大安全事件。

2. 控制对员工的作用

控制使员工行为与公司目标相一致。如果没有控制职能，管理者就不知道员工是否能够正确地工作。控制使管理者能够考量公司是否达到了预期的目标。控制在激励员工方面也有重要作用，在控制系统中，员工达到一定的工作标准就可以得到认同和奖励。精确的控制测量可以给那些努力工作的员工一个证明自己能力的机会。

二、控制的目的及重要性

（一）控制的目的

1. 维持现状

"维持现状"即在变化着的内外环境中，通过控制工作，随时将计划的执行结果与标准进行比较，若发现有超过计划允许范围的偏差时，及时采取必要的纠正措施，以确保组织活动趋于相对稳定，从而实现组织的既定目标。

2. 打破现状

在某些情况下，内外环境的变化会对组织提出新的要求。例如，主管人员对现状不满，要求改革、创新、开拓新局面。这时，就势必要打破现状，修改既定的计划，确立新的现实目标和管理控制标准，使之更先进、更合理。

尽管在日常活动中，控制工作的目的主要是前述两个。但进行控制工作的最佳目标是防止问题的发生。这就要求管理人员应当"向前看"，把控制系统建立在前馈而不是简单的信息反馈的基础上，即在偏离计划的情况出现以前就能预测到并能及时采取措施加以防范。

（二）控制的重要性

1. 任何组织、活动都需要进行控制

任何组织、活动都需要进行控制是因为即便是在制订计划时进行了全面的、细致的预测，考虑到了各种实现目标的有利条件和影响因素，但由于环境条件是变化的，主管人员受到其本身的素质、知识、经验、技巧的限制，预测不可能完全准确，制定出的计划在执行过程中可能会出现偏差，还会发生未曾预料到的情况。这时控制工作就起到了执行和完成计划的保障作用以及在管理控制中产生新的计划、新的目标和新的控制标准的作用。通过控制工作，能够为主管人员提供有用的信息，使之了解计划的执行进度和执行中出现的偏差及偏差的大小，并据此分析偏差产生的原因。对于那些可以控制的偏差，通过组织机构查究责任，予以纠正；对于那些不可控制的偏差，则应立即修正计划，使之符合实际。

2. 控制使管理过程形成系统

控制工作通过纠正偏差的行动与其他四个职能紧密地结合在一起，使管理过程形成了一个相对封闭的系统。在这个系统中，计划职能选择和确定了组织的目标、战略、政策和方案以及实现它们的程序。然后，通过组织职能、领导职能去实现这些计划。为了保证计划的目标能够实现，就必须在计划实施的不同阶段，根据由计划产生的控制标准，检查计划的执行情况。这就是说，虽然计划工作先于控制活动，但其目标是不会自动实现的。

一旦计划付诸实施，控制工作就必须穿插其中进行。控制对于衡量计划的执行进度、揭示计划执行中的偏差以及指明纠偏措施等都是非常必要的。

三、控制的类型

控制的类型多种多样，按照不同的划分标准可分为不同的类型。

（一）根据信息获取的方式和时点不同分类

1. 前馈控制（预防控制）

前馈控制又称为指导将来的控制，即通过对情况的观察、规律的掌握、信息的分析、趋势的预测，预计未来可能发生的问题，在其未发生前即采取措施加以防范。前馈控制是在行为发生之前的控制，如各类的考勤标准和交通、火灾和疾病的控制。前馈控制系统比较复杂，影响因素也很多，输入因素常常混杂在一起，这就要求前馈控制建立系统模式，对计划和控制系统做好仔细分析，确定重要的输出变量，并定期估计实际输入的数据与计划输入的数据之间的偏差，评价其对预期成果的影响，并采取相应措施解决这些问题。前馈控制比反馈控制更为理想，但由于计划必须面对许多不确定因素和无法估计的意外情况，即使进行了前馈控制，也不能保证结果一定符合计划要求，因此，计划执行结果仍然要进行检验和评价。

2. 现场控制

现场控制是指在某项活动或者工作过程中，管理者在现场对正在进行的活动或行为给予必要的指导、监督，以保证活动和行为按照规定的程序和要求进行的管理活动。现场控制是一种主要为基层主管人员所采用的控制方法。现场控制要做到以下几方面。

（1）在人和物的控制结合中，突出人的控制。例如，在运输安全管理工作中，人和物的因素都是重要的，既要不断加强物的控制管理（物包含实体“物”——机械设备；虚拟“物”——各类规章制度、标准），更要重视人的因素的控制。“人”在主观上往往缺乏与“物”主动结合的积极性，因此，搞好现场安全控制，首先必须从“人的管理和管理好人”的基点出发，采取一切有效手段和办法（包括传统的、科学的）去控制在安全生产过程中人（含各级干部）的行为，以加强安全管理的力度，减少或控制事故的发生。

（2）在自控、互控、联控相结合过程中，突出自控管理。在现场作业过程中，互控、联控仅体现在运输生产过程中某一阶段或某一特定时间内的共同作业或关联作业中，而自控则贯穿于整个运输生产过程的始终。因此，现场作业控制必须在突出自我管理的同时，进行互控和联控。

（3）在自控、互控、他控相结合过程中，突出自控、互控。在现场控制中，要重点发挥班组的互控作用和提高职工的自控能力，干部监控检查“两违”（违章、违纪）主要是检查车间、班组、职能部门的管理工作是否有序，了解上级的命令指示、规章制度在落实上存在的问题，在生产、生活中存在的问题，以及职工的思想动态和标准化作业执行情况。制度的强化控制也是现场控制的一种形式，是现场控制制度的规范手段。

（4）在超前控制和事后控制相结合过程中，突出超前控制。超前控制是对系统安全管理的超前预想，是防患于未然的控制方式。事后控制不能直接防止或控制已经发生的安全问题，但可通过总结教训避免同类问题的重复发生。

（5）在静态控制和动态控制相结合过程中，突出动态控制。例如，铁路运输生产是由各部门、单位、工种在动态中以接递式作业方式完成的。这一特点决定了现场控制必须精细到分秒，必须是全过程的动态控制。因此，必须在常规静态控制的基础上，从抓动态信息入手，建立信息收集、反馈、分析、处理系统，及时捕捉不安全因素，从中找出规律性的东西，及时发现和纠正现场作业各环节上的偏差，堵死安全漏洞，实现安全管理的科学化。

3. 反馈控制

反馈控制就是根据过去的情况来指导现在和将来，是依据行为执行之后的评价结果进行的控制，是指从组织活动进行过程中的信息反馈中发现偏差，通过分析原因，采取相应的措施纠正偏差。

（二）按照控制的原因与结果分类

1. 直接控制

直接控制是通过提高管理人员的素质来进行控制工作的。直接控制着眼于培养更好的主管人员，使他们能够熟练地应用管理的概念、技术和原理，能以系统的观点来进行和改善他们的管理工作，从而防止出现因管理不善而造成的不良后果。直接控制有以下主要优点。

（1）主管人员管理素质的提高可使决策和计划更加科学，管理者对计划和目标的理解更加准确、深刻，可为开展有效的控制工作奠定良好基础。

（2）直接控制可以提高管理人员的控制技能，更加及时、准确地发现偏差，并及时采取校正措施。

（3）直接控制有助于培养管理人员的自我控制意识，提高自我控制能力，增强控制工作的主动性和自觉性。

(4) 有效的直接控制可以减少间接控制发生的费用和导致的损失。

(5) 直接控制的实施使管理人员的管理水平和业务能力不断提高，有助于培养主管人员在下属中的威望，减小控制工作的阻力。

需要注意的是，直接控制的实施也是有条件的，管理人员的素质和工作水平的提高是一个长期的、不断努力的过程，也需要支付很高的成本。此外，直接控制的有效实施还需要一套严密、科学的管理制度作为保证。例如，对主管人员工作绩效的客观公正的考核、评价等。

2. 间接控制

间接控制是指着眼于发现工作中的偏差，分析产生的原因，并追究其个人责任使之改进未来工作的控制方法。间接控制的优点在于它能纠正管理人员由于缺乏知识、经验和判断力所造成的管理上的失误和偏差，并能帮助主管人员总结经验，吸取教训，增加知识、经验，提高判断能力和管理水平。

要保证间接控制方法有效，必须满足一些严格的条件，如工作成效可以准确地计量；能够明确人们对工作成效的具体责任；出现的偏差能够被及时发现；有关部门或人员将会采取纠正措施。如果以上条件不能完全满足，则间接控制很难有效发挥作用。因为，有许多管理工作的成效很难计量，如主管人员的决策能力、预见性和领导水平等；有些主管人员可能不愿意花费时间和费用去调查分析造成偏差的事实真相；有许多偏离计划的误差并不能被预先估计并及时发现，而往往发现过迟以至于难以采取有效的校正措施；有时即使发现了误差产生的原因，但由于大家相互推卸责任而没有人愿意采取纠正措施；等等。

此外，间接控制对于那些由于未来的不确定性因素造成的工作偏差也是无能为力的。所以间接控制并不是普遍有效的控制方法，仍存在许多不完善之处。

(三) 按照控制的管理力度分类

1. 集中控制

集中控制是决策权高度集中的一种控制方式。集中控制的特点是由一个集中控制机构对整个组织进行控制。在这种控制方式中，把各种信息都集中传送到集中控制机构，由集中控制机构进行统一加工处理。在此基础上，集中控制机构根据整个组织的状态和控制目标，直接发出控制指令，控制和操纵所有部门和成员的活动。集中控制方式比较简单，控制指令统一，便于整体协调。但缺乏灵活性和适应性，机构的变革和创新会很困难。

2. 分散控制

分散控制与集中控制相对应，其特点是由若干分散的控制机构来共同完成组织的总目标。在这种控制方式中，各种决策及控制指令通常是由各局部控制机构分散发出的，各局部控制机构主要是根据自己的实际情况，按照局部最优的原则对各部门进行控制。分散控制方式的灵活性和适应性较强，但不利于整体协调，适应结构复杂、功能分工较细的组织。

扁鹊三兄弟

魏文王问名医扁鹊："你们家兄弟三人，都精于医术，到底哪一位最好呢?"

扁鹊答说："长兄最好，中兄次之，我最差。"

文王再问："那么为什么你最出名呢?"

扁鹊答说："我长兄治病，是治病于病情发作之前。由于一般人不知道他事先能铲除病因，所以他的名气无法传出去，只有我们家的人才知道。我中兄治病，是治病于病情初起之时。一般人以为他只能治轻微的小病，所以他的名气只及于本乡里。而我治病，是治病于病情严重之时。一般人都看到我在经脉上穿针管来放血、在皮肤上敷药等，所以以为我的医术高明，名气因此响遍全国。"

文王说："你说得好极了。"

第二节　控制过程及控制要求

一、控制的过程

控制是指根据计划的要求，设立衡量绩效的标准，然后把实际工作结果与预定标准相比较，以确定组织活动中出现的偏差及其严重程度，在此基础上，有针对性地采取必要的纠正措施，以确保组织资源的有效利用和组织目标的圆满实现。尽管控制类型多种多样，但控制的基本工作是相同的。控制工作分为三个步骤：确定控制标准、根据标准衡量执行情况以及纠正偏差。

（一）确定控制标准

确定控制标准是控制过程的起点。由于计划是进行控制的依据，所以从逻辑上讲，控制过程的第一步是制订计划。由于计划内容详尽、环节复杂，往往不便于各级管理人员在实际管理活动中掌握其中的每个细节，因而有必要建立一整套控制标准。

控制标准就是计量实际或预期工作效果的尺度。这是衡量工作的规范，是在一个完整计划中选出的计量工作效果的关键点。控制标准体系是指多层次、多形式地围绕组织及其内部各环节所要完成的目标体系而制定的控制标准的总和。一个较好的控制体系，在内容上一般包括数量标准、质量标准、综合标准和时间标准等，并要求有较大的稳定性和较强的适应性，在文字表述上要明确具体，便于考核，具体标准如下：

(1) 实物标准。这是一类非货币标准，一般适用于原材料、人员、提供劳务和产品的基本单位。

(2) 财务标准。这是一类货币标准，它同实物标准一样普遍适用于基层单位。它的内容具体包括费用标准、资金标准和收入标准。

（3）无形标准。这是既不能用实物也不能用货币来计量的标准。这类问题很难确定定量或定性的标准。

（4）目标标准。即在各级管理机构中，建立一个可考核的完整目标网络，这样就可以使无形标准的作用逐渐减少。可考核的目标分为定量目标和定性目标两种，定量目标多半是可以准确考核的，而定性目标则难以准确考核。不过，定性目标可以用详细说明计划或其他具体目标的特征和完成日期的方法来提高可考核的程度。

（二）根据标准衡量执行情况

根据标准衡量执行情况是控制过程的第二个步骤，这个步骤通常被称为控制过程的反馈。

1. 明确衡量的手段和方法，设置监测机构，落实进行衡量和检查的人员

为准确地测定执行情况，必须凭借切实可行的测定手段，还要考虑测定的精度和频率。测定精度是指对执行情况的衡量结果能在多大程度上反映被控制对象的变化。精度越高越能反映被控制对象的状态，但衡量工作就越细杂。因此，总的原则是衡量的精度要适度。测定频率是指对被控制对象多长时间进行一次测量和评定。频率越高越能掌握状态变化，但同时也会增加机构的工作量，有时根本做不到。因此，总的原则是测定频率要适当。

2. 通过衡量工作，获得大量信息

通过衡量工作，一方面，可反映出计划的执行进程，使主管人员了解实际成效，以便对其进行协调。另一方面，可使主管人员发现那些已经发生或预计将要发生的偏差。

（三）纠正偏差

1. 找出产生偏差的原因

找出产生偏差的原因是在衡量工作的基础上，针对被控制对象的状态相对于标准的偏离程度，及时找出产生偏差的原因。偏差产生的原因主要有两类：一是计划执行过程中的工作失误（人为因素，可以控制）；二是原有计划不周（非人为因素，不可控制），比如原计划或标准制定得不切合实际或是由于客观环境发生了预料不到的变化，原来被认为是正确的计划或标准不再适应新形势。

管理者必须对这两类不同性质的偏差做出准确判断，以便在查明原因的基础上采取纠偏措施，使组织的活动回到预定轨道上来。

2. 有针对性地采取控制措施

在深入分析偏差产生原因的基础上，管理者要根据不同的原因采取不同的措施。对于因工作失误造成的问题，控制的办法主要是“纠偏”，即通过加强管理和监督，如改进工作方法、改进组织和领导工作、改进人事工作等，确保工作与目标的接近或吻合。若目标不切合实际或是组织运行环境出现了重大变化，致使目标失去客观的依据，控制的办法主要是“调适”，即按照实际情况修改标准或重新制定新标准。

偏差较大，有可能是原有计划安排不当（如制定的标准太高或太低）导致的；也可能是内外部环境变化导致的。当其他措施都被证明无效的时候，可以考虑对原有的计划加以

修订（调整或修改）。调整计划不是任意地变动计划，这种调整不能偏离组织总的发展目标，调整计划归根结底还是为了实现组织目标。

上述控制过程的三个基本步骤构成了完整的控制体系，三个步骤完成一个控制周期。通过每一次循环，使偏差不断缩小，保证管理活动向目标方向健康发展。

小阅读

被撤职的小和尚

有一个小和尚担任撞钟一职，半年下来，觉得“做一天和尚撞一天钟”，无聊之极。有一天，住持宣布调他到后院劈柴挑水，原因是他不能胜任撞钟一职。小和尚很不服气地问：“我撞的钟难道不准时、不响亮？”住持耐心地告诉他：“你撞的钟虽然很准时、也很响亮，但钟声空泛、疲软，没有感召力。钟声是要唤醒沉迷的众生，因此，撞出的钟声不仅要洪亮，而且要圆润、浑厚、深沉、悠远。”

本故事中的住持犯了一个常识性管理错误，“做一天和尚撞一天钟”是由于住持没有提前公布工作标准造成的。如果小和尚进入寺院的当天就明白撞钟的标准和重要性，他就不会因怠工而被撤职了。工作标准是员工的行为指南和考核依据。缺乏工作标准，往往导致员工的努力方向与公司整体发展方向不一致，造成大量人力和物力资源的浪费。因为缺乏参照物，时间久了员工容易形成自满情绪，导致工作懈怠。制定工作标准尽量要做到数字化，与考核联系起来，并注意可操作性。

二、控制的要求

控制是管理的基本职能，为了使控制有成效，必须满足以下要求。

（一）控制的目的性

控制必须有明确的目的性。控制作为管理职能，它为组织目标服务。由于不同的组织具有不同的层次、工作性质和对象，所以控制的目的也是不同的。无论什么性质的工作都能列举出许多目标，但总有一个或几个目标是最关键的。达到这些关键目标，其他目标可能也就随之实现了，即使有些次要目标不能实现也无碍大局。

（二）控制的及时性

控制的及时性是指及时发现偏差，并能及时采取措施加以纠正。由于信息滞后，往往会造成不可弥补的损失。时滞现象是反馈控制的一个难以克服的困难，较好的解决办法是采用前馈控制，使管理者尽早发现乃至预测到偏差的产生，采取预防性措施。为此，控制的及时性就要求依靠现代化的信息管理系统，随时传递信息，随时掌握工作进度，尽早发现偏差，以便及时采取措施进行控制。

（三）控制的经济性

控制的经济性是指将控制活动所需费用同控制所产生的结果进行比较，当通过控制获得的价值大于所需费用时，才实施控制。控制的费用是否经济是相对的，因为控制的效益随业务活动的重要性、业务规模大小的不同而有所不同。当费用成为控制系统的限制因素时，会促使主管人员在他们认为重要的业务领域中，选择一些关键因素来加以控制。

（四）控制的客观性

控制的客观性是指管理者对绩效评价工作应客观公正，防止主观片面。实现客观的控制，首先要尽量采用客观的计量方法，即尽量把绩效用定量的方法记录并评价，把定性的内容具体化；其次是管理者要从组织目标的角度来观察问题，避免形而上学的观点，避免个人偏见和成见。

（五）控制的灵活性

控制的灵活性是指必须保证在发生了未能预测的事件时，包括环境突变、计划疏忽、计划变更等，控制工作仍然有效、不受影响。在某些特殊情况下，一个复杂的管理计划可能失常。控制系统应当有足够的灵活性，以便在失常情况下保持对运行过程的管理控制。这就要求在制订计划时，要考虑各种可能情况来拟定备选方案。一般来说，灵活的计划最有利于灵活的控制。应注意，这仅仅是应用于计划失常的情况，不适用于在正确计划指导下人们工作不当的情况。

（六）控制的适应性

控制的适应性是指所有的控制系统都应反映所制定的有待实施的计划；控制应该同组织结构、职位分工相适应。每项计划和每个方面的业务活动都有独特之处，主管人员必须针对不同的计划采取不同的控制措施。

三、控制的关键点与例外情况

控制的关键点是指主管人员把有限的精力投入到对计划的执行和完成具有举足轻重的关键问题上，尽可能选择计划的关键点作为控制标准，以使控制工作更有效。

例外情况是指在一个职责分明的组织机构中，每个问题应由相应的职能部门或主管人员去处理，最高主管处理各部门权限以外的问题。在实际工作中只有坚持例外原则，控制才能有效率。应注意到，在偏离标准的各种情况中，某些方面的微小偏离比其他方面的较大偏离影响更大。

小阅读

控制什么

从前有一位经营地毯的商人，对自己地毯店的外观陈设十分上心。他每天总要在店内四处巡视，看看有没有什么不妥帖的地方，如果有的话赶紧纠正。

一天，他照例巡视店面，意外地看见自己布置的地毯中央鼓起一块，就上前用脚将它踩平；可过了一会儿，别处又隆起一块，他再次去踩平；然而，似乎有什么东西在专门和他作对，隆起接连在不同的地方出现，他不停地去踩，可总有新的地方隆起。

一气之下，商人干脆拉开了地毯的一角，一条蛇立刻溜了出来。

第三节 控制方法

一、预算控制

（一）预算控制的含义

企业在未来的几乎所有活动都可以利用预算进行控制。预算是一种用数字编制来反映组织在未来某一个时期的经营收入和现金流量的综合计划，或者可以简单地理解为预算是计划的数量体现，即用数字来表明预期的结果。它预估了组织在未来时期的经营收入或现金流量，也限定了各项活动的资金、人员、材料、设施、能源等方面的支出额度。

预算控制是指通过编制预算并以预算规定的收入和支出标准为基础，来检查、监督和控制组织各个部门的活动，在活动过程中比较预算和实际的差距并分析原因，以保证各种活动或各个部门在充分实现既定目标的过程中对资源的利用，从而使费用支出受到严格有效的约束。

（二）预算控制的内容

不同的组织、同一组织的不同时期，由于活动的不同，预算表中的项目也会有差异。一般来说，企业组织的预算内容主要包括以下几个方面。

1. 收入预算

收入预算表现为一定形式的销售预算，是在销售预测基础上编制的。一般来说，是通过分析企业过去的销售情况、目前和未来的市场需求特点以及发展趋势，在比较竞争对手与本企业实力的基础上来确定的。

2. 支出预算

支出预算主要包括直接材料预算、直接人工预算和附加费用预算。直接材料预算是根据实现销售收入所需要产品的种类与数量，以及为了生产这些产品所需要的原材料的数量与种类来确定的。直接人工预算是在预计生产的产品或者提供的服务所需要的劳动人员的种类与数量后得出的直接成本，即经济学中的可变成本。附加费用预算是指除去直接材料和直接人工后企业行政管理、营销宣传、人员推销、销售服务、固定资产折旧等所耗费的企业成本，它与直接材料成本构成经济学上的不变成本。

3. 现金预算

现金预算是指对企业未来生产与销售活动汇总现金的流入与流出进行预测，通常由财务部门编制。它指那些实际包含在现金流程中的项目。那些赊销的收入、赊购的支出以及实际上需要今后逐年分摊的费用也全部列入其中。所以，它只反映企业在未来活动中的实际现金流量和流程，而不能反映企业的资产负债情况。

4. 资金支出预算

资金支出预算是一种长期预算。它的内容包括以下几个方面：用于更新改造或扩充包括厂房、设备在内的生产设施的支出；用于增加品种、完善产品性能或改进工艺的研究与开发的支出；用于提高职工及管理队伍素质的人事培训支出；用于广告宣传、寻找顾客的市场发展支出等。

5. 资产负债预算

资产负债预算是对企业会计年度末期的财务状况进行的预测。它通过将各部门和各项目的分项预算汇总在一起，表明如果企业的各种业务活动达到预先规定的标准，那么在年度末期企业资产与负债会呈现的情况。比如，通过分析流动资产的流动债务比率，可能发现企业未来的财务安全性不高，偿债能力不强，从而要求企业在资金的筹措方式以及筹措来源等方面作出相应的调整。

（三）预算的编制

为了有效地从预算收入和费用两个方面对企业经营进行全面控制，不仅需要对各个部门、各项活动指定分预算，而且要对企业整体编制全面预算。分预算是按照部门和项目来编制的，它们详细说明了相应部门的收入目标或费用支出水平，规定了它们的生产、销售、采购或财务活动中筹措和利用劳力、资金等生产要素的标准；全面预算则是在对所有部门或项目分预算进行综合平衡的基础上编制而成的，它概括了企业相互联系的各个方面在未来时期的总体目标。只有编制了总体预算，才能进一步明确组织各部门的任务、目标、制约条件以及各部门在活动中的相互关系，从而为正确评价和控制各部门的工作提供客观的依据。

在编制预算之前，应首先建立一套预算制度。通过规章制度的建立，为预算的制定和执行提供保障；同时，选择出预算的类型，确定预算的期限、分类等。在此基础上，可以参考以下步骤来编制预算：

（1）深入了解企业在过去财政年度的预算执行情况和企业在未来年度的发展战略规划，并以此作为企业制度预算的重要依据。

（2）围绕企业的发展战略规划和企业内外部环境条件，制定企业的总预算，主要包括收入总预算、支出总预算、现金流量总预算、资金总预算、主要产品产量和销量总预算等，并粗略编制企业的预算资产负债表。

（3）将企业总预算中确定的任务层层分解，由各部门、基层单位以及个人参照制定本部门、本岗位的预算，上报企业高层管理部门。

（4）企业高层决策者在综合企业各个部门上报的预算后，调整部门预算，甚至调整总预算，最终确定预算方案，并下发各部门。

（5）组织贯彻落实预算确定的各项目标，在实施过程中予以监控，及时发现问题并采取相应的措施。

（四）预算控制的方法

1. 弹性预算

弹性预算是指以预算期间可能发生的多种业务量水平为基础，分别确定与之相应的费用数额而编制的、能适应多种业务量水平的费用预算。由于这种预算可以随着业务量的变

化而反映各该业务量水平下的支出控制数，具有一定的伸缩性，因而称为弹性预算。

2. 零基预算

零基预算是指在编制某项职能预算时从零起点开始其预算过程，即每次都从零开始编制预算。

二、非预算控制

除了预算控制方法以外，管理控制工作中还采用了许多不同种类的控制手段和方法，统称为非预算控制。主要有以下几种方法。

（一）视察

视察是一种传统的、直接的控制方法，它的基本作用在于获得第一手信息。对企业而言，作业层（基层）的主管人员通过视察，可以判断出产量、质量的完成情况以及设备的运转情况和劳动纪律的执行情况等；职能部门的主管人员通过视察，可以了解工艺文件是否得到了认真的贯彻，生产计划是否按预定进度执行，劳动保护等规章制度是否被严格遵守，以及生产过程中存在哪些偏差和隐患等；上层主管人员通过视察，可以了解到组织的方针、目标和政策是否深入人心，可以发现职能部门的情况报告是否属实以及员工的合理化建议是否得到认真对待，还可以从与员工的交谈中了解他们的情绪和士气等。

（二）报告

报告是控制对象用来向控制者全面地、系统地阐述计划的进展情况、存在的问题及原因、已经采取了哪些措施、收到了什么效果、预计可能出现的问题等情况的一种重要方式。

控制报告的主要目的是提供一种如有必要即可用做纠正措施依据的信息。对控制报告的基本要求是：适时、突出重点、指出例外情况、简明扼要。通常，运用报告进行控制的效果取决于控制者对报告的要求。而管理实践表明，控制者对控制对象应当向他报告什么，通常缺乏明确的要求。随着组织规模及其经营活动规模的日益扩大，管理也日益复杂，而控制者的精力和实践是有限的，从而，定期的情况报告也就显得越发重要。

负责实施计划的上层控制者需要掌握的情况可归纳为以下四个方面：投入程度、进展情况、重点情况和全面情况。

（三）比率分析法

对企业而言，在经营活动中的各种不同度量之间进行的比率分析是经常采用的控制方法。

1. 财务比率

企业的财务状况综合地反映着企业的生产经营情况。通过财务状况的分析可以迅速地、全面地了解一个企业的资金来源和资金运用的情况；了解企业资金利用的效果以及企业的支付能力和清偿债务的能力。常用的财务比率有：资本金利润率、销售利润率、成本费用利润率、流动比率、速动比率、应收账款周转率等。

2. 经营比率

财务利率是衡量一个企业生产经营状况和财务状况的综合指标。除此以外，还有一些更直接的比率，可以用来进一步说明企业的经营情况。这些比率称为经营比率，常用的有市场占有率、相对市场占有率、投入—产出比率等。

（四）审计控制

审计控制是指对反映组织资金运动过程及其结果的会计记录及财务报表进行审核、鉴定，以判断组织有关经济活动的真实性、合法性和效益，从而为控制和管理组织活动提供依据。根据审查的内容和主题的不同，可将审计划分为：由外部机构进行的外部审计、由内部专职人员对组织财务控制系统进行全面评估的内部审计和由外部和内部审计人员共同对管理政策及其绩效进行评估的管理审计。

1. 外部审计

外部审计是指由外部机构（国家审计机关或社会审计机构）选派的审计人员对组织的财务报表及其反映的财务状况进行独立的评估。

2. 内部审计

内部审计是指由组织内部的机构或财务部门的专职人员独立进行的审计。

3. 管理审计

管理审计是指以组织的管理活动为审计检查的内容，对其组织机构、计划、决策的科学性、可行性、效益性等进行审核检查，从而评价其管理素质的审计行为。

第四节　有效控制

控制的目的是保证企业活动符合计划的要求，以有效实现预定目标。为此，有效的控制一般具有下述特征。

一、适时控制

企业经营活动中产生的偏差只有及时采取措施加以纠正才能避免其扩大，或防止偏差对企业不利影响的扩散。及时纠偏，要求管理人员及时掌握能够反映偏差产生及其严重程度的信息。如果等到偏差已经非常明显，且对企业造成了不可挽回的影响后，才获得反映偏差的信息，那么即使这种信息是非常系统、绝对客观、完全正确的，也大大降低了其对纠正偏差产生的作用。

纠正偏差的理想情况应该是在偏差未产生以前，就注意到偏差产生的可能性，从而预先采取必要的防范措施，防止偏差的产生；或者企业由于某种无法抗拒的原因，偏差的出现不可避免，那么这种认识也可以指导企业预先采取措施，消除或遏制偏差产生后可能对企业造成的不利影响。

预测偏差的产生，虽然在实践中有许多困难，但在理论上是可行的，即可以通过建立

企业经营状况的预警系统来实现。我们可以为需要控制的对象建立一条警戒线，反映经营状况的数据一旦超过这条警戒线，预警系统就会发出警报，提醒人们采取必要的措施防止偏差的产生和扩大。

二、适度控制

适度控制是指控制的范围、程度和频度要恰到好处。这种恰到好处的控制要注意以下几个方面的问题。

（一）防止控制过多或控制不足

控制常常会给被控制者带来某种不愉快，但是缺乏控制又可能导致组织活动的混乱。有效的控制应该既能满足对组织活动监督和检查的需要，又能防止与组织成员发生强烈的冲突。适度的控制应能同时体现两个方面的要求：一方面，要认识到过多的控制会对组织中的人造成伤害。对组织成员行为限制过多，会扼杀他们的积极性、主动性和创造性，会抑制他们的首创精神，从而影响个人能力的发展和工作热情的提高，最终会影响企业的效率。另一方面，也要认识到，过少的控制将不能使组织活动有序地进行，将不能保证各部门活动进度成比例地协调，从而造成资源的浪费；过少的控制还可能使组织中的个人无视组织的要求，我行我素，不提供组织所需要的贡献，甚至利用在组织中的便利谋求个人利益，最终导致组织的涣散和崩溃。

（二）处理好全面控制与重点控制的关系

任何组织都不可能对每一个部门、每一个环节的每一个人在每一时刻的工作情况进行全面控制。由于存在对控制者的再控制的问题，这种全面控制甚至会造成组织中控制人员远远多于现场作业者的现象。全面系统的控制不仅代价极高，而且是不可能的，也是不必要的。适度的控制要求企业在建立控制系统时，利用观察分析法和例外原则等工具，找出影响企业经营成果的关键环节和关键因素，并据此在相关环节上设立预警系统或控制点，进行重点控制。

（三）花费一定费用的控制产生足够的控制收益

任何控制都需要一定的费用。衡量工作成绩、分析偏差产生的原因，以及为了纠正偏差而采取的措施都需要支付一定的费用。同时，任何控制，由于纠正了组织活动中存在的偏差，都会带来一定的收益。一项控制，只有当它带来的收益超出其所需成本时，才是值得的。控制费用与收益的比较分析，实际是从经济角度去分析上述考察过的控制程度与控制范围的问题。

三、客观控制

控制工作应针对企业的实际状况，采取必要的纠偏措施，或促进企业活动沿着原先的轨道继续前进。因此，有效的控制必须是客观的，符合企业实际的。客观的控制源于对企业经营活动状况及其变化的客观了解和评价。为此，控制过程中采用的检查、测量的技术与手段必须能正确地反映企业经营在时空上的变化程度与分析状况，准确地判断和评价企业各部门、各环节的工作与计划要求相符或相背离的程度。这种判断和评价的正确程度还取决于衡量工作成效的标准是否客观和恰当。为此，企业还必须定期检查过去规定的标准和计量规范，使之符合现实的要求。另外，由于管理工作带有许多主观评定，因此，判断一名下属人员的工作是否符合计划要求，不应不切实际地加以主观评定。只要是凭主观控制的地方，都会影响对业绩的判断。没有客观的标准和准确的检测手段，人们对企业的实际工作就不易有一个正确的认识，从而难以制定出正确的措施，进行客观的控制。

四、弹性控制

企业在生产经营过程中可能会经常遇到某种突发的、无力抗拒的变化，这些变化会使企业计划与现实条件严重背离。有效的控制系统在这样的情况下应仍能发挥作用，维持企业的运营，也就是说，应该具有灵活性或弹性。

弹性控制通常与控制的标准有关。比如说，预算控制通常规定了企业各经营单位的主管人员在既定规模下能够用来购买原材料或生产设备的经营额度。这个额度如果规定得绝对化，那么一旦实际产量或销售量与预测数值存在差异，预算控制就可能失去意义。经营规模扩大，会使经营单位感到经费不足；而销售量低于预测水平，则可能使经费过于充足，甚至造成浪费。有效的预算控制应能反映经营规模的变化，应该考虑到未来的企业经营可能呈现出的不同水平，从而为经营规模的参数值规定不同的经营额度，使预算在一定范围内是可以变化的。

通常，弹性控制要求企业制定弹性的计划和弹性的衡量标准。

除此以外，一个有效的控制系统还应站在战略的高度，抓住影响整个企业行为或绩效的关键因素。有效的控制系统往往集中精力于例外发生的事情，即例外管理原则，凡已出现过的事情，皆可按规定的控制程序处理，而第一次发生的事情，需投入较大的精力。

小阅读

厨房失火

有位客人到某人家里做客，看见主人家厨房的灶上烟囱是直的，旁边又有很多木材。客人告诉主人："烟囱要改曲，木材须移去，否则将来可能会导致厨房火灾。"主人听了不以为然，没有做任何表示。

不久主人家厨房果然失火，四周的邻居赶紧跑来救火，最后火被扑灭了，于是主人烹羊宰牛、宴请四邻，以酬谢他们救火的功劳，但是并没有请当初建议他将木材移走，烟囱改曲的客人。

有人对主人说："如果当初你听了那位先生的话，今天也不用准备筵席了，而且没有火灾的损失，现在论功行赏，原先给你建议的人没有被感恩，而救火的人却是座上客，真是很奇怪的事呢！"

主人顿时省悟，赶紧去邀请当初给予建议的那位客人来吃酒。

一般人认为，足以摆平或解决企业经营过程中各种棘手问题的人，才是优秀的管理者，其实这是有待商榷的。俗话说："预防重于治疗"，能防患于未然之前，更胜于治乱于已成之后。由此观之，企业问题的预防者其实优于企业问题的解决者。

1. 不了解内部控制与管理的关系，就不可能充分加强内部控制工作。你认为这样的说法对吗？

2. 运用本章的知识理解“管理是通过别人完成任务的艺术。让经理：找到管理的感觉，让员工：知道怎样在企业中生存和发展。”

管理故事

李若谷的智慧

春秋时期，楚国令尹孙叔敖在苟陂县一带修建了一条南北水渠。这条水渠又宽又长，足以灌溉沿渠的万顷农田，可是一到天旱的时候，沿堤的农民就在渠水退去的堤岸边种植庄稼，有的甚至还把农作物种到了堤中央。等到雨水一多，渠水上涨，这些农民为了保住庄稼和渠田，便偷偷地在堤坝上挖开口子放水。这样的情况越来越严重，一条辛苦修建的水渠，被弄得遍体鳞伤，而且因堤坝被破坏还经常发生决口等事故。

面对这种情形，历任苟陂县的行政官员都无可奈何。每当渠水暴涨成灾时，便调动军队去修筑堤坝，堵塞滑洞。后来宋代李若谷出任知县时，也碰到了决堤修堤这个头疼的问题，他便贴出告示说，“今后凡是水渠决口，不再调动军队修堤，只抽调沿渠的百姓，让他们自己把决口的堤坝修好。”这则布告贴出以后，再也没有人偷偷地去决堤放水了。

这是一个有趣的故事，但是故事背后的寓意却值得做管理者深思。如果在执行一项政策之前就把其中的利害关系对执行者讲清楚，他们也许就不会了为自己的私利而做出损害团队利益的事情了，当然这只是对素质高的团队而言。

有的企业可能因为行业的原因，员工的素质都不太高，遇到这种情况即使你说明了利害还是有人会为了自己的利益偷偷地去做一些损公肥私的事情，怎么办？此时，严格有效的监督控制机制的建立就显得非常重要了。

以人的主观行为去实施管理，总是有漏洞的，因为人都是有弱点、有感情的。制度却能起到人所不能起到的作用。当制度都不能发挥作用的时候，就只有利用李若谷的办法，以子之矛攻子之盾，当他发现这样做得到的好处还不如他损失的多时，他自然也就不会再去做这样的事情了。

所以，不论具体用什么方法来执行，制定一套科学有效的内部控制制度是非常必要的。而一个没有制度的企业则只是一个货堆。

海恩法则

海恩法则是飞机涡轮机的发明者德国人帕布斯·海恩提出的一个在航空界关于飞行安全的法则。海恩法则指出：每一起严重事故的背后，必然有29次轻微事故和300起未遂先兆以及1 000起事故隐患。

虽然这一分析会随着飞行器的安全系数增加和飞行器的总量变化而发生变化，但它确实说明了飞行安全与事故隐患之间的必然联系。当然，这种联系不仅仅表现在飞行领域，在其他领域也同样存在。

按照海恩法则，当一件重大事故发生后，我们在处理事故本身的同时，还要及时对同类问题的“事故征兆”和“事故苗头”进行排查处理，以此防止类似问题的再次发生，及时解决再次发生重大事故的隐患，把问题解决在萌芽状态。

知识测试

1. “治病不如防病，防病不如讲卫生。”根据这一说法，以下几种控制中，（　　）最重要。
   A. 预先控制　　B. 现场控制
   C. 反馈控制　　D. 前馈控制
2. 管理控制工作的程序是（　　）。
   A. 确定控制标准—根据标准衡量执行情况—纠正偏差
   B. 纠正偏差—根据标准衡量执行情况—确定控制标准
   C. 确定控制标准—纠正偏差—根据标准衡量执行情况
   D. 根据标准衡量执行情况—纠正偏差—确定控制标准
3. 一般来说，规模比较小的组织适合于（　　）。
   A. 集中控制　　B. 分层控制
   C. 分散控制　　D. 分别控制
4. 以下四种说法中，哪种最能说明组织所采取的是较为分权的做法？（　　）
   A. 采取了多种有利于提高员工个人能力的做法
   B. 努力使上级领导集中精力于高层次管理
   C. 更多的、较为重要的决定可由较低层次的管理人员作出
   D. 采取积极措施减轻上级领导的工作负担
5. 为保证新生能适应新的环境，学校对新生进行入学教育。这种控制类型属于（　　）。
   A. 综合控制　　B. 现场控制
   C. 反馈控制　　D. 前馈控制
6. 为保证教学秩序，教师在课堂上的点名属于（　　）。
   A. 综合控制　　B. 现场控制
   C. 反馈控制　　D. 前馈控制
7. 原材料的入库检验和成品的入库检验（　　）。
   A. 前者属于前馈控制，后者属于反馈控制
   B. 前者属于反馈控制，后者属于前馈控制
   C. 都属于前馈控制
   D. 都属于反馈控制
8. 财政收支预算在执行过程中几乎没有变动余地，这种预算属于（　　）。
   A. 弹性预算　　B. 刚性预算
   C. 收入预算　　D. 支出预算

9. 在每个预算年度开始时，把所有还在继续开展的活动都视为从零开始，重新编制预算，这种预算方法被称为（　　）。

A. 传统预算　　B. 过程预算　　C. 零基预算　　D. 年度预算

10. 什么是控制？请进一步解释控制的含义。

11. 控制的作用包括哪些？

12. 按照不同的分类依据控制可分为哪几类？

13. 控制的过程是什么？

14. 控制的要求有哪些？

素质拓展

拓展项目一：企业控制系统调研分析

【实训目标】

1. 增强学生对控制类型的理解，明确控制运作的具体内容。
2. 提升学生对企业控制问题的分析能力。

【实训内容与要求】

1. 分组讨论，5～6 人一组，每组指定一名负责人。
2. 对某选定企业进行调研，了解企业控制系统的相关内容。
3. 总结企业的控制类型，分析其控制过程和主要控制环节。
4. 分析该企业控制方面的优点与不足，针对存在的问题提出相关改进意见。

【成果与检测】

1. 完成企业控制调研报告。
2. 各小组选代表进行 PPT 讲解，交流讨论。
3. 教师根据学生任务的完成情况进行考核与评价。

拓展项目二：质量监督岗位实训

【技能培养目标】

1. 了解质量监督的基本过程。
2. 了解控制的方法与技术。

【实训内容与要求】

1. 联系一家企业，让学生以组为单位进行质量监督岗位的顶岗实习，6～8 人一组。
2. 在顶岗实训前，公司负责对学生进行业务培训，明确他们的责任和义务。
3. 学生在质量监督员的带领下进行质量监督岗位的实训学习。

【成果与检测】

1. 每名同学实训后应完成 2 000 字左右的质量控制报告。
2. 同学在班内交流讨论实训过程中的收获。
3. 教师和企业负责人对学生的质量控制报告及表现进行考核。

案例分析

西湖公司的控制方法

西湖公司是由李先生靠30万元创建起来的一家化妆品公司。公司开始时只经营指甲油，后来逐渐发展成为颇具规模的化妆品公司，资产已达6 000万元。李先生于2004年，发现自己患癌症之后，对公司的发展采取了两个重要措施：制定了公司要向科学医疗卫生方面发展的目标；高薪聘请雷先生接替自己的职位，担任董事长。

雷先生上任以后，采取了一系列措施，推进李先生为公司制定的进入医疗卫生行业的计划：在特殊医疗卫生方面开辟一个新行业，同时开设一个凭处方配药的药店，并开辟上述两个新部门所需产品的货源、运输渠道。与此同时，他在全公司内建立了一个严格的控制系统：要求各部门制定出每月的预算报告，每个部门在每月初都要对本部门的问题提出切实的解决方案，每月定期举行一次由各部门经理和顾客参加的管理会议。要求各部门经理在会上提出自己本部门在当月的主要工作目标和经济来往数目。同时他特别注意资产回收率、销售边际及生产成本等经济动向。他也注意人事、财务收入和降低成本费用方面的问题。

由于实行上述措施，该公司获得了巨大成功，到2010年，年销售量平均增长率为24%，销售额达到20亿元。2012年出现了公司有史以来第一次收入下降，商品滞销、价格下跌。主要原因有：化妆品市场的销售量已达到饱和状态；该公司制造的高级香水，一直未能打开市场，销售情况没有预想的乐观；国外公司对本国市场的占领；公司在国际市场上出现了不少问题，如推销员的冒进得罪了推销商，未能很好地树立公司形象。

雷先生也意识到公司存在的问题。准备采取有力措施，以改变公司目前的处境，他计划对国际市场方面进行总结和调整。公司开始研制新产品，他相信用大量资金研制的医疗卫生工业品不久也可进入市场。

思考题

1. 雷先生在西湖公司采用了哪些控制方法？

2. 假设西湖公司原来没有严格的控制系统，雷先生在短期内推行这么多控制措施，其他管理人员会有什么反应？

3. 就西湖公司目前的状况而言，应怎样健全控制系统？

第十章 创 新

学习目标

知识点

- 理解创新与管理创新的含义
- 掌握创新的类别
- 了解管理创新的作用
- 掌握创新的基本内容
- 熟悉管理创新的过程与方法

技能点

- 培养学生的创新意识和创新能力

引例

吉利汽车：为了一个美丽的追求

浙江吉利汽车有限公司历经九年成长，已发展成为中国自主品牌汽车制造基地的典型代表，也是吉利控股集团最核心的集整车、发动机、变速器研发、制造为一体的战略发展基地。

"吉利的成功，就在于创新。"总经理安聪慧介绍说。"吉利"始终有一个美丽的追求，就是打造全世界最好的汽车工厂，造最安全、最环保、最节能的好车，让吉利汽车走遍全世界。但公司起点低，又面对着跨国公司的技术封锁和市场垄断，这就决定了"吉利"必须通过创新，为自己开创出一片新天地。

创新，从何入手？面对国内外汽车制造业的实际情况，"吉利"首先导入卓越绩效管理模式，制定了发展目标：从最简单的技术着手，从人才培养着手，从零部件体系建设着手，从标准、规范着手，先把低端市场做好，再进入中级轿车市场，不断形成核心竞争力，最终实现三分之二的产品外销。

有了切合实际的定位和发展理念，“吉利”开始一步一个脚印朝着这个方向迈进。经过不懈努力和拼搏，“吉利”在科技创新上已经取得了不少成果：自主开发的4G18CVVT发动机，升功率达到57.2kW，处于“世界先进，中国领先”水平；自主研发的Z系列自动变速器，填补了国内汽车领域的空白；自主研发的EPS，开国内汽车电子智能助力转向系统的先河……截至目前，“吉利”已经获得各种专利200项，正在申请的专利有近百项。

汽车是人才密集型和技术密集型的产品，没有一流的人才和技术，造汽车就等于天方夜谭。为此，“吉利”在全世界范围内招贤纳士，并注重培养一线员工素质，为他们提供创业、创新的平台。

安聪慧告诉记者，日本丰田公司有一项著名的“创造性思考制度”，认为好产品来自于好的设想。该企业就一直通过采用合理化建议制度，激发全体员工的创造性思考。“自进入汽车制造领域，我就一直研究丰田公司的成功之道，发现其制胜核心就在于企业文化充分调动了人的积极性，在企业中形成人人都是丰田主人、人人都代表丰田形象的良好氛围。”

体会到了这一点，安聪慧开始潜心研究适合挖掘吉利人潜在创造性的企业文化。2007年，一个独创的具有“吉利”特色的管理方法——“原动力”工程开始实施。所谓“原动力”工程，就是赋予员工充分的话语权、考评权和监督权，通过领导干部为员工服务，职能部门为一线服务，达到解决实际问题、实施好的建议的目的，从而增强员工的主人翁意识，全面激发广大员工的智慧和力量，推动企业持续发展。

“吉利”的“原动力”工程，为企业发展输送着源源不断的动力：企业内部“点子大王”越来越多，从2007年6月到2008年6月，公司收到建议64 735条，累计创造经济效益超过2.5亿元。“现在我们员工年人均有效提案条数已达7.9条。”安聪慧表示。“原动力”工程已成功调动了全体员工创新的积极性和参与性。

第一节　创新概述

一、创新与管理创新的含义

创新作为经济学的概念，是美籍奥地利经济学家熊彼得（J. A. Schumpeter）在他的《经济发展理论》（1912）中提出的。熊彼得认为，创新就是把生产要素和生产条件的新组合引入生产体系，即建立一种新的生产函数。他把创新活动归结为五种形式。

（1）生产新产品或提供一种产品的新质量。

（2）采用一种新的生产方法、新技术或新工艺。

（3）开拓新市场。

（4）获得一种原材料或半成品的新的供给来源。

（5）实行新的企业组织方式或管理方法。

因此，创新是指以新思维、新发明和新描述为特征的一种概念化活动或过程。它有三层含义：第一，更新；第二，创造新的东西；第三，改变。创新是人类特有的认识能力和

实践能力，是人类主观能动性的高级表现形式，是推动民族进步和社会发展的不竭动力。

管理创新（Management Innovation）是指企业把新的管理要素（如新的管理方法、新的管理手段、新的管理模式等）或要素组合引入企业管理系统以更有效地实现组织目标的创新活动。

有三类因素将有利于组织的管理创新，它们是组织的结构、文化和人力资源实践。

从组织结构因素看，有机式结构对创新有正面影响；拥有富足的资源能为创新提供重要保证；单位间密切的沟通有利于克服创新的潜在障碍。

从文化因素看，充满创新精神的组织文化通常有如下特征：接受模棱两可，容忍不切实际，外部控制少，接受风险，容忍冲突，注重结果甚于手段，强调开放系统。

在人力资源这一类因素中，有创造力的组织积极地对其员工开展培训和发展，以使其保持知识的更新；同时，给员工提供高工作保障，以减少他们对因犯错误而遭解雇的顾虑；组织也鼓励员工成为革新能手，一旦产生新思想，革新能手们会主动而热情地将思想予以深化、提供支持并克服阻力。

二、创新的类别

（一）局部创新和整体创新

局部创新是指在系统性质和目标不变的前提下，系统活动的某些内容、某些要素的性质或其相互组合的方式，系统的社会贡献形式或方式等发生变动；整体创新则往往改变系统的目标和使命，涉及系统的目标和运行方式，影响系统的社会贡献的性质。

（二）防御型创新和攻击型创新

防御型创新是指由于外部环境的变化对系统的存在和运行造成了某种程度的威胁，为了避免威胁或由此造成的系统损失扩大，系统在内部展开的局部或全局性调整；攻击型创新是指在观察外部世界运动的过程中，敏锐地预测到未来环境可能提供的某种有利机会，从而主动地调整系统的战略和技术，以积极地开发和利用某种机会，谋求系统的发展。

（三）系统初建期创新和运行中创新

系统的组建本身就是社会的一项创新活动，系统的创建者在一张白纸上绘制系统的目标、结构、运行规则等蓝图，这本身就要求有创新的思想和意识，以创造一个全然不同于现有社会（经济组织）的新系统，寻找最满意的方案，获取最优秀的要素，并以最合理的方式组合，使系统进行活动。但是“创业难，守业更难”，在动荡的环境中“守业”，必然要求积极地以攻为守，不断地创新。可以说，创新活动更大量地存在于系统组建完毕开始运转以后。系统的管理者要不断地在系统运行的过程中寻找、发现和利用新的创业机会，更新系统的活动内容，调整系统的结构，扩展系统的规模。

（四）自发创新和有组织的创新

任何社会经济组织都是在一定环境中运转的开放系统，环境的任何变化都会对系统的存在和存在方式产生一定的影响，系统内部与外部直接联系的各子系统接收到环境变化的信号以后，必然会对其工作内容、工作方式、工作目标进行积极或消极的调整，以应付变化或适应变化的要求。同时，社会经济组织内部的各个组成部分是相互联系、相互依存的，系统的相关性决定了与外部有联系的子系统根据环境变化的要求自发地作了调整后，必然会对那些与外部没有直接联系的子系统产生影响，从而要求后者也作相应调整。系统内部各部分的自发调整可能产生两种结果：一种是各子系统的调整均是正确的，从整体上说是相互协调的，从而给系统带来的总效应是积极的，可使系统各部分的关系实现更高层次的平衡——除非极其偶然，这种情况一般不会出现；另一种是各子系统的调整有的是正确的，而另一些则是错误的——这是通常可能出现的情况，因此，从整体上来说，调整后各部分的关系不一定协调，给组织带来的总效应既可能为正，也可能为负（这取决于调整正确与失误的比例），也就是说，系统各部分自发创新的结果是不确定的。

与自发创新相对应的是有组织的创新。有组织的创新包含两层含义。

（1）系统的管理人员根据创新的客观要求和创新活动本身的客观规律，制度化地检查外部环境状况和内部工作，寻求和利用创新机会，计划和组织创新活动。

（2）系统的管理人员要积极地引导和利用各要素的自发创新，使之相互协调并与系统有计划的创新活动相配合，使整个系统内的创新活动有计划有组织地展开。只有有组织的创新，才能给系统带来预期的、积极的、比较确定的结果。

除此之外，创新还可以分为思维创新、产品（服务）创新、技术创新、组织与制度创新、管理创新、营销创新、知识和文化创新。

三、创新的特征

（一）创新的不确定性

1. 市场的不确定性

市场的不确定性主要是指不易预测市场未来需求的变化，外界因素如经济环境、消费者的偏好都会对市场变化产生影响。当出现根本性创新时，市场方向无从确定，也就无法确定需求。计算机刚出现时，有人估计全美国只有几十台的需求，这显然同实际情况相差甚远。市场不确定性的来源，还可能是不知道如何将潜在的需要融入创新产品中去以及未来产品如何变化以反映用户的需要。当存在创新竞争者时，市场的不确定性还指创新企业能否在市场竞争中战胜对手。

2. 技术的不确定性

技术的不确定性主要表现在如何用技术来体现、表达市场中消费者需要的特征；能否设计并制造出可以满足市场需要的产品和工艺。有不少产品构思，按其设计的产品，要么无法制造，要么制造成本太高，因此，这种构思和产品都没有什么商业价值。新技术与现行技术系统之间的不一致性也是一个重要的不确定性来源。

3. 战略的不确定性

战略的不确定性主要是针对重大技术创新和重大投资项目而言的。它指一种技术创新的出现使已有投资与技能过时的不确定性，即难以判断它对创新竞争基础和性质的影响程度，以及面临新技术潜在的重大变化时组织如何进行适应与投资决策。当重大技术创新出

现时，战略不确定性常常因严重的战略性决策失误导致产业竞争领先地位的交替。

（二）创新的风险性

创新可能成功，也可能失败，这种不确定性就构成了创新的风险。因此，在创新过程中，只准成功、不许失败的要求，实际上是不切实际的。在实践中，只能通过科学的设计与严格的实施，来尽量降低创新的风险。

（三）创新的被排斥性

创新活动常常受到来自各方面的排斥、压力和抵制。习惯于原有生活方式和思维方式的人们往往不欢迎任何改动和变革。形象地说，创新恐惧症已成为现代组织——企业、学校、政府等的一种通病。在一种特定的社会环境中，作为组织的最高管理层，他们往往存在着无数条理由希望这个环境能够延续下去。因为在这种情况下，没有麻烦，没有威胁，也没有紧迫感，一切都显得平平稳稳。不过，这也意味着任何一项新产品的创新就其本质而言，都是一场推进创新力量和排斥、抵制创新力量之间的较量，而管理者所面临的挑战就是如何在这些力量中间保持平衡。另外，人们应该对华而不实的或仅仅是象征意义的新产品的创新以及与新产品战略目标不一致的新产品持抵制态度，这种抵制不应受到阻挠。

（四）创新的复杂性

创新的过程就像一条链条，有人认为只要增加上游基础研究的投入就可以直接增加下游的新技术、新产品的产出。但在实际经济活动中，创新有许多起因和知识来源，可以在研究、开发、市场化和扩散等任何阶段发生。创新是诸多因素之间一系列复杂的、综合的相互渗透而共同作用的结果，创新不是一个独立的事件，而是由许多小事件组成的一个螺旋式上升的轨迹，是一个复杂的系统工程。

（五）创新的时效性

企业创新一般总是从产品创新开始的。一种新的市场需求总是表现为产品需求，因而，在创新初期，企业的创新活动主要是产品创新。一旦新产品被市场接受，随之而来企业将把注意力集中在过程创新上，其目的是降低生产成本、改进品质、提高生产效率。当产品创新和过程创新进行到一定程度时，企业的创新注意力会逐渐转移到市场营销创新上，目的是提高产品的市场占有率。在这些创新重点的不同时间段上，还会伴随着组织创新。当新产品投放市场一定时间后又会被更新的产品所代替，这种替代也使得创新具有时效性。

（六）创新的动态性

事物是发展变化的，由于组织的外部环境和内部环境在不断发生变化，因此，决定创新能力的创新要素也都要进行动态调整，从而使组织的创新能力不断积累、不断提高。从企业间的竞争来看，随着企业创新的扩散，企业竞争优势将会消失，这就要不断推动新的一轮又一轮的创新，以便不断确立企业的竞争优势。因此，创新绝不是静止的，而是动态的。不同时期组织的创新内容、方式、水平是不同的。从组织发展的总趋势看，前一时期低水平的创新，总是要被后一时期高水平的创新所替代。创新活动的不断开发和创新水平的不断提高，正是推动组织发展的动力。

四、创新与维持的关系

作为管理的基本内容，维持与创新对系统的存在非常重要，两者是相互联系、不可或缺的。创新是在维持基础上的发展，而维持则是创新的逻辑延续。维持是保持现状，是创新的基础和载体，是保证系统活动顺利进行的基本手段，也是系统中大部分管理人员，特别是中层和基层的管理人员要花大部分精力从事的工作。创新是管理工作的轴心，是为适应系统内外变化而进行的局部和全局的调整，是全面发展的原动力。创新是对旧事物的否定，要突破原来状况的局部甚至全部；是对新事物的探索，是在不断的尝试中寻找出新程序、新方法、新组合、新布局、新功能、新概念。创新是一种更高层次的维持，是发展了的维持。

五、管理创新的作用

（一）提高企业经济效益

管理创新的目标是提高企业有限资源的配置效率。这一效率虽然可以在众多指标上得到反映，例如，资金周转速度加快，资源消耗系数减小，劳动生产率提高等，但最终还要在经济效益指标上有所体现，即提高了企业的经济效益。提高企业经济效益分为两个方面，一是提高目前的效益，二是提高未来的效益，即企业的长远发展。管理诸多方面的创新；有的是提高前者，如生产组织优化创新；有的是提高后者，如战略创新与安排。无论是提高当前的效益还是未来的效益，都是在增强企业的实力和竞争力，从而推动企业下一轮的发展。

（二）降低交易成本

管理层级制的创新，使得现代企业可以将原本在企业之外的一些营业单位活动内部化，从而节约企业的交易费用。交易费用的节约表现在由于生产单位和采购及分配单位的管理连接在一起，因而获得市场和供应来源信息的成本降低。最重要的是，多单位的内部化使商品从一单位至其他单位的流量得以在管理上进行协调。对商品流量的有效安排，可以使生产和分配过程中使用的设备和人员得到更好的利用，从而得以提高生产率并降低成本。此外，管理上的协调可使现金的流动更为可靠稳定，付款更为迅速。这种协调所产生的节约，要比降低信息和交易的成本所产生的节约大得多。

（三）稳定企业，推动企业发展

管理创新的结果是为企业提供更有效的管理方式、方法和手段。管理创新对稳定企业、推动企业发展的作用可以从诸多方面来看，例如，管理层级制一旦形成并有效地实现了它的协调功能后，层级制本身也就变成了持久性、权力和持续成长的源泉。因为用

来管理新型多单位企业的层级制，具有持久性，它超越了工作期间的个人或集团的限制。当一名经理去世、退休、升职或离职时，另一个人已做好准备，他已受过接管该职位的培训。因而人员虽有进出，其机构和职能却保持不变。管理层级制的这一创新，不但使层级制本身稳定下来，而且使企业发展的支撑架构稳定下来，因而有助于企业的长远发展。

（四）拓展市场，帮助竞争

管理创新若在市场营销方面进行，则将帮助企业有力地拓展市场、展开竞争。企业在进行市场竞争和市场拓展时，将遇到众多竞争对手即厂商和顾客。因此这一竞争过程实为多个博弈对象的动态博弈过程，一个企业如果能在这一过程中最先获得该博弈的均衡解，即管理创新具体方案，便能战胜对手，获得博弈的胜出。这个解无非是在能预见对手们的相应对策条件下寻找出最佳的、新的市场策略和运行方式而已，这就是一种管理的创新。

（五）有助于企业家队伍的形成

职业经理即企业家阶层的形成对组织发展至关重要，因为这一阶层的产生一方面使企业的管理处于专家的手中从而提高资源的配置效率，另一方面使企业的所有权与经营管理权发生分离，推动企业更健康发展。同时，职业经理人由于知道管理创新的功效，因此，他们往往成为管理创新的重要主体。

六、管理创新的基本条件

（一）创新主体（企业家、管理者和企业员工）应具有良好的心智模式

这是实现管理创新的关键。心智模式是指由于过去的经历、习惯、知识素养、价值观等形成的基本固定的思维认识方式和行为习惯。创新主体应具有的心智模式：一是远见卓识；二是具有较好的文化素质和价值观。

（二）创新主体应具有较强的能力结构

管理创新主体必须具备一定的能力才可能完成管理创新，具体而言，创新主体应具备核心能力、必要能力和增效能力。核心能力突出地表现为创新能力；必要能力包括将创新转化为实际操作方案的能力、从事日常管理工作的各项能力；增效能力则是控制协调、加快进展的各项能力。

（三）企业应具备较好的基础管理条件

现代企业中的基础管理主要指一般的最基本的管理工作，如基础数据、技术档案、统计记录、信息收集归档、工作规则、岗位职责标准等。管理创新往往在基础管理较好的基础上才有可能产生，因为基础管理好可提供许多必要的准确的信息、资料、规则，这本身有助于管理创新的顺利进行。

（四）企业应营造一个良好的管理创新氛围

创新主体能有创新意识，能有效发挥其创新能力，与拥有一个良好的创新氛围有关。在良好的工作氛围下，人们思想活跃，新点子产生得多而快，而不好的氛围则可能导致人们思想僵化、思路堵塞、头脑空白。另外，管理创新应结合企业的特点。现代企业之所以要进行管理上的创新，是为了更有效地整合本企业的资源以实现本企业的目标。因此，这样的创新就不可能脱离本企业和本国的特点。在当前的国际市场中，短期内中国大部分企业的实力比西方企业弱，如果“以刚对刚”则会失败，若以太极拳的方式“以柔克刚”，则可能是中国企业走向世界的最佳方略。中国企业应充分发挥“情、理、法”一体的中国式管理制度的优势和特长。

（五）管理创新应有创新目标

管理创新目标比一般目标更难确定，因为创新活动及创新目标具有更大的不确定性。尽管确定创新目标是一件困难的事情，但是如果没有一个恰当的目标则会浪费企业的资源，这本身又与管理的宗旨不符。

会唱歌的醋瓶子

一个公司生产了一种醋，不仅没有什么品质特色，而且还是半瓶子醋，但就是这种醋，比其他品牌的醋都畅销。为什么呢？原来，这种醋的瓶盖有文章，它能在气压的作用下发出悦耳的音乐，而且气压不同，发出的音乐也不同。只要摇动瓶子，瓶子里的液面发生变化，气压也随之发生变化，瓶盖就发出音乐声。一般家庭主妇周末到超市采购，孩子也要跟着妈妈去，孩子一定要这种醋，为的是听音乐。在孩子的“强力”推荐下，妈妈一般都会满足孩子的小小要求。回到家里，孩子吃饭时要做的第一件事就是拿起醋瓶子，摇晃着听音乐，无论吃什么都得放些醋，很快醋用完了，再也晃不出压差了，也就摇不出音乐了，只好再去买一瓶。玩具与醋在一般情况下是两个毫不相关的东西，通过“快乐—消费”的内在关系，将二者组合为一体形成产品后，对于带着孩子采购的家庭主妇来说，玩具给醋增加了精神价值。

半瓶子醋所带来的“精神价值”是由音乐信息产生的，所以，音乐伴吃醋也暗含着信息性切入组合法，两个产品变成一个有机的整体也暗含着物质性切入组合法，是利益性切入为主，信息性和物质性切入为辅。

第二节 创新的基本内容

一、目标创新

企业是在一定的经济环境中从事经营活动的，特定的环境要求企业按照特定的方式提供特定的产品。一旦环境发生变化，则要求企业的生产方向、经营目标以及企业的生产过

程中与其他社会经济组织的关系进行相应的调整。经济体制的改革导致企业同国家和市场的关系发生了变化，企业必须通过其自身的活动来谋求生存和发展。因此，在新的经济背景中，企业的目标必须调整为“通过满足顾客需要来获取利润”。至于企业在各个时期的具体的经营目标，则更需要适时地根据市场环境和消费需求的特点及变化趋势加以整合。可以说，每一次调整都是一次创新。

二、技术创新

（一）技术创新的含义

技术创新（Technology Innovation）是指企业应用创新的知识和新技术、新工艺、新材料，采用新的生产方式和经营管理模式，提高产品质量，开发生产新的产品，提供新的服务，占据市场并实现市场价值的过程。技术创新是发展高科技、实现产业化的重要前提。重大的技术创新会导致社会经济系统的根本性转变。企业是技术创新的主体。

（二）技术创新的类别

企业的技术创新主要表现在要素创新、要素组合方法创新和要素组合结果创新三个方面。

1. 要素创新

企业的生产过程是一定的劳动者利用一定的劳动手段作用于劳动对象使之改变物理、化学形式或性质的过程。参与这个过程的要素包括材料、设备以及企业员工（人事）三类。

（1）材料创新。材料是构成产品的物质基础，材料费用在产品成本中占有很大的比重，材料的性能在很大程度上影响产品的质量。材料创新的内容包括：开辟新的来源，以保证企业扩大再生产的需要；开发和利用大量廉价的普通材料（或寻找普通材料的新用途），替代量少价贵的稀缺材料，以降低产品的生产成本；改造材料的质量和性能，以保证和促进产品质量的提高。现代材料科学的迅速发展，为企业的原材料创新提供了广阔的前景。

（2）设备创新。“工欲善其事，必先利其器”。现代企业在生产过程中广泛地利用了机器和机器设备体系，劳动对象的加工往往由机器设备直接完成，设备是现代企业进行生产的物质技术基础。设备的技术状况是企业生产力水平具有决定性意义的标志。不断进行设备的创新，对于改善企业产品的质量，减少原材料、能源的消耗，节省劳动的使用都有着十分重要的意义。设备创新主要表现在以下几个方面：通过利用新的设备，减少手工劳动的比重，以提高企业生产过程的机械化程度；通过将先进的科学技术成果用于改造和革新原有设备，延长其技术寿命，提高其效能；有计划地进行设备更新，以更先进、更经济的设备来取代陈旧的、过时的老设备，使企业建立在先进的物质技术基础上。

（3）人事创新。企业的人事创新既包括根据企业发展和技术进步的要求不断地从外部取得合格的新的人力资源，更应注重企业内部现有人力资源的继续教育，用新技术、新知识去培训、改造和发展他们，使之适应技术进步的要求。

2. 要素组合方法创新

利用一定的方式将不同的生产要素加以组合，这是形成产品的先决条件。要素的组合包括生产工艺和生产过程的时空组织两个方面。

(1) 生产工艺是劳动者利用劳动手段加工劳动对象的方法，包括工艺过程、工艺配方、工艺参数等内容。工艺创新既要根据新设备的要求，改变原材料、半成品的加工方法，也要求在不改变现有设备的前提下，不断研究和改进操作技术和生产方法，以使现有设备得到更充分的利用，使现有材料得到更合理的加工。工艺创新与设备创新是相互促进的，设备的更新要求工艺方法做出相应的调整，而工艺方法的不断完善又促进设备的改造和更新。

(2) 生产过程的组织包括设备、工艺装备、在制品以及劳动者在空间上的布置和时间上的组合。空间上的布置不仅影响设备、工艺装备和空间的利用效率，而且也影响人机配合，从而直接影响工人的劳动生产率。各生产要素在时空上的组合，不仅影响在制品、设备、工艺装备的占用数量，从而影响生产成本，而且也影响产品的生产周期。因此，企业应不断地研究和采用更合理的空间布置和时间组合方式，以提高劳动生产率，缩短生产周期，从而在不增加要素投入的前提下，提高要素的利用效率。20 世纪最伟大的企业生产组织创新，莫过于福特将泰勒的科学管理原理与汽车生产实践相结合而产生的流水生产线。流水生产线的问世引发了企业生产率的革命。

3. 要素组合结果创新

生产过程中各种要素组合的结果是形成企业向社会贡献的产品。企业是通过生产和提供产品来求得社会承认、证明其存在价值的；也是通过销售产品来补偿生产消耗、取得盈余，实现其社会存在的。产品是企业的生命，企业只有不断地创新产品，才能更好地生存和发展。产品创新包括许多内容，这里主要分析物质产品本身的创新，而关于产品使用价值在实现过程中的创新，我们将在“环境创新”中分析。物质产品创新主要包括品种创新和结构创新。

(1) 品种创新要求企业根据市场需要的变化、消费者偏好的转移，及时地调整企业的生产方向和生产结构，不断开发出用户欢迎的适销对路的产品。

(2) 产品结构创新在于不改变原有品种的基本性能，对现在生产的各种产品进行改进和改造，找出更加合理的产品结构，使其生产成本更低，性能更完善，使用更安全，从而更具市场竞争力。

产品结构创新是企业技术创新的核心内容。它既受制于技术创新的其他方面，又影响其他技术创新效果的发挥：新的产品、新的结构，往往要求企业利用新的机器设备和新的工艺方法；新设备、新工艺的运用又为产品的创新提供了更优越的物质条件。

(三) 技术创新的模式及演化

技术创新分为独立创新、合作创新、引进再创新三种模式。企业技术能力的演化和技术创新模式的升级，是引进、消化、吸收、再创新的重要特征。技术能力按照演化维度可分为技术仿制、创造性模仿和自主创新三个阶段，技术创新模式决定于技术能力，与之相适应才能取得最佳的创新效益，按照技术创新的自主程度，从低到高可分为简单仿制、模

仿创新以及自主创新三种层次。企业引进、消化、吸收、再创新，实质上是技术能力和技术创新模式匹配关系形态不断演进的过程。

三、制度创新

企业制度创新就是指随着生产力的发展，要不断对企业制度进行变革，因而通常可以称之为企业制度再造。企业制度创新对企业来说是极其重要的，因为企业本身就是一种生产要素的组合体，企业对各生产要素的组合，实际上就是依靠企业制度组合起来的。正因为如此，所以很多人在谈到企业的定义的时候，往往都认为企业就是一个将各种生产要素按一定制度组合起来的经营主体。

现代企业制度创新是为了实现管理目的，是将企业的生产方式、经营方式、分配方式、经营观念等规范化设计与安排的创新活动。制度创新把思维创新、技术创新和组织创新活动制度化、规范化，同时又具有引导思维创新、技术创新和组织创新的功效。它是管理创新的最高层次，是管理创新实现的根本保证。

要素组合的创新主要是从技术角度分析人、机、料各种结合方式的改进和更新，而制度创新则需要从社会经济角度来分析企业系统中各成员的正式关系的调整和改革。制度是组织运行方式的原则规定，企业制度主要包括产权制度、经营制度和管理制度三个方面的内容。

(1) 产权制度是决定企业其他制度的根本性制度，它规定着企业最重要的生产要素的所有者对企业的权力、利益和责任。不同时期，企业各种生产要素的相对重要性是不一样的。在主流经济学的分析中，生产资料是企业生产的首要因素，因此，产权制度主要指企业生产资料的所有制。目前存在两大生产资料所有制：私有制和公有制（或更准确地说是社会成员共同所有的“共同制”)，这两种所有制在实践中都不是纯粹的。企业产权制度的创新也许应朝着寻求生产资料的社会成员“个人所有”与“共同所有”的最适度的方向发展。

(2) 经营制度是有关经营权的归属及其行使条件、范围、限制等方面的原则规定。它表明企业的经营方式，确定谁是经营者，谁来行使企业生产资料的占有权、使用权和处置权，谁来确定企业的生产方向、生产内容、生产形式，谁来保证企业生产资料的完整性及其增值，谁来向企业生产资料所有者负责以及负何种责任。经营制度的创新应是不断寻求企业生产资料最有效利用的方式。

(3) 管理制度是行使经营权、组织企业日常经营的各种具体规则的总称，包括对材料、设备、人员及资金等各种要素的取得和使用的规定。在管理制度的众多内容中，分配制度是最重要的内容之一。分配制度设计如何正确地衡量成员对组织的贡献并在此基础上如何提供足以维持这种贡献的报酬。由于劳动者是企业诸要素的利用效率的决定性因素，因此，提供合理报酬以激发劳动者的工作热情对企业的经营就有非常重要的意义。分配制度的创新在于不断地追求和实现报酬与贡献的更高层次上的平衡。

产权制度、经营制度和管理制度三者之间的关系是错综复杂的（实践中相邻的两种制度之间的划分甚至很难界定)。一般来说，一定的产权制度决定相应的经营制度。但是，在产权制度不变的情况下，企业具体的经营方式可以不断进行调整；同样，在经营制度不变时，具体的管理规则和方法也可以不断改进。而管理制度的改进一旦发展到一定程度，则会要求经营制度做相应的调整；经营制度的不断调整，则必然会引起产权制度的革命。即管理制度的变化会影响经营制度，经营制度的变化会反作用于产权制度。

企业制度创新的方向是不断调整和优化企业所有者、经营者、劳动者三者之间的关系，使各个方面的权力和利益得到充分体现，组织成员的作用得到充分发挥。

带橡皮的铅笔

一位画家，一天在用铅笔画画，画错了，去找橡皮，可是，不知把橡皮丢到哪里去了，找了很长时间才找到。为了不再发生找不到橡皮的事，他把铅笔和橡皮用铁丝捆绑在一起。这时，一个创意浮现在脑海——将铅笔和橡皮组合成一个产品！这就是现在的带橡皮铅笔。他将自己的发明申报了专利，将专利出售给了专业制笔公司，获得了数十万美元的转让费！将写字与擦字两个相反相关的功能组合于一体，给使用者带来了极大方便。“相反相关”是内在联系，“极大方便”是增值效应，实现这个组合靠的是用一块铁皮把橡皮和铅笔连接起来。

铅笔连橡皮所带来的“极大方便”增值效果也暗含着利益性切入组合法，是物质性切入为主、利益性切入为辅的案例。

四、组织创新

（一）组织结构创新

任何组织机构，经过合理的设计并实施后，都不是一成不变的。它们就像生物的机体一样，必须随着外部环境和内部条件的变化而不断地进行调整和变革，才能顺利地成长、发展，避免老化和死亡。应用行为科学的知识和方法，把人的成长和发展希望与组织目标结合起来，通过调整和变革组织结构及管理方式，使其能够适应外部环境及组织内部条件的变化，从而提高组织活动效益的过程，就是所谓的组织结构创新。

组织结构创新的内容随着环境因子与组织管理需求发展方向等的变动而各不相同。一般涉及以下方面。

（1）功能体系的变动，即根据新的任务目标来划分组织的功能，对所有管理活动进行重新设计。

（2）管理机构的变动，即对职位和部门设置进行调整，改进工作流程与内部信息的联系。

（3）管理体制的变动，包括管理人员的重新安排、职责权限的重新划分等。

（4）管理行为的变动，包括各种规章制度的变革等。

上述开发工作往往需要经历一定的时间，从旧结构到新结构也不是一个断然切换的简单过程，一般需较长的过渡、转型时期。所以，作为领导者要善于抓住时机，发现组织变革的征兆，及时地进行组织开发工作。以企业为例，企业组织结构老化的主要征兆有：企

业经营业绩下降；企业生产经营缺乏创新；组织机构本身病症显露；职工士气低落，不满情绪增加等。当一个企业出现上述征兆时，应当及时进行组织诊断，以判断企业组织结构是否有开发创新的需要。

（二）组织制度创新

制度是组织运行方式、管理规范等方面的一系列原则和规定，制度创新从社会经济角度来分析企业系统中各成员间的正式关系的调整和变革。企业具有完善的制度创新机制，才能保证技术创新和管理创新的有效进行。如果旧的落后的企业制度不进行创新，就会成为严重制约企业发展的桎梏。企业制度主要包括产权制度、组织制度的管理制度三个方面的内容。企业制度创新就是实现企业制度的变革，通过调整和优化企业所有者、经营者和劳动者三者的关系，使各个方面的权利和利益得到充分体现；不断调整企业的组织结构和修正完善企业内部的各项规章制度，使企业内部各种要素合理配置，并发挥最大限度的效能。

（三）组织文化创新

现代管理十分重视组织文化建设。企业文化通过员工价值观与企业价值观的高度统一，通过企业独特的管理制度体系和行为规范的建立，使得管理效率有了较大提高。如果文化创新成为企业文化的根本特征，那么，创新价值观就得到了企业全体员工的认同，行为规范就会得以建立和完善，企业创新动力机制就会高效运转。文化在交流的过程中传播，在继承的基础上发展，其中都包含着文化创新的意义。文化发展的实质就在于文化创新。文化创新是社会实践发展的必然要求，是文化自身发展的内在动力。文化自身的继承与发展，是一个新陈代谢、不断创新的过程。一方面，社会实践不断出现新情况，提出新问题，需要文化不断创新，以适应新情况，回答新问题；另一方面，社会实践的发展，为文化创新提供了更为丰富的资源，准备了更加充足的条件。所以，社会实践是文化创新的动力和基础，文化创新可以推动社会实践的发展。文化源于社会实践，又引导、制约着社会实践的发展。推动社会实践的发展，促进人的全面发展，是文化创新的根本目的，也是检验文化创新的标准所在。

五、环境创新

环境是企业经营的土壤，同时也制约企业的经营。企业与环境的关系，不是单纯地适应，而是在适应的同时去改造、引导，甚至去创造。环境创新不是指企业为适应外界变化而调整内部机构的活动，而是指企业通过积极的创新活动去改造环境，去引导环境朝着有利于企业经营的方向变化。例如，通过企业的公共活动，影响政府政策的制定；通过企业的技术创新，影响社会技术发展的方向等。就企业来说，环境创新的主要内容是市场创新。

市场创新主要是指通过企业的活动去引导消费，创造需求。成功的企业经营不仅要适应消费者已经意识到的市场需求，而且要去开发和满足消费者自己可能还没有意识到的市场需求。新产品的开发往往被认为是企业创造市场需求的主要途径。其实，市场创新的更多内容是通过企业的营销活动来进行的，即在产品的材料、结构、性能不变的前提下，或通过市场的物理转移，或通过揭示产品新的使用价值，寻找新客户，再或通过广告宣传等促销工作，赋予产品一定的心理使用价值，影响人们对某种消费行为的社会评价，从而诱发和强化消费者的购买动机，增加产品的销售。

小阅读

沙漏是最古老的计时工具，有了时钟之后，沙漏几乎就没有用途了，我们只能在电脑操作“等待”中或在玩具中看到它的踪影。而日本的玩具商竟然把沙漏与电话组合为一体，创造出了新的价值。在日本，电话费用是以3分钟为计价单位的，打电话的人不容易掌握时间，往往因多说一句话而超过了一次计费时间。这个情况在这位商人的脑海中激起了联想：把沙漏与电话组合起来，把沙漏安装在电话机上，沙子每漏完一次正好3分钟，打电话的人看着沙子流淌打电话，不仅心里有数，而且会感到别有一番乐趣。这种款式的电话一上市就深受用户欢迎，电话机新生意也迅速超过了原来的玩具生意。沙漏与电话机组合是物质性切入，古代的沙漏与现代的电话组合产生“奇特感”效果是信息性切入，把沙漏计时与防止通话超时结合起来是利益性切入。

第三节　管理创新的过程与方法

一、管理创新的四个阶段

一般来说，管理创新过程包含四个阶段。

(一) 对现状的不满

在几乎所有的案例中，管理创新的动机都源于对公司现状的不满，或是公司遇到危机，或是商业环境变化以及新竞争者出现而形成战略性威胁，或是某些人对操作性问题产生抱怨。

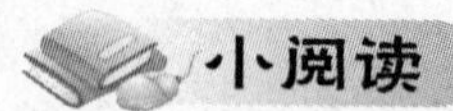

Black 的创新

Litton互联产品公司是一家为计算机组装主板系统的工厂，位于苏格兰的Glenrothes，1991年，George Black受命负责这家工厂的战略转型。他说：“我们曾是一家前途黯淡的公司，与竞争对手相比，我们的组装工作毫无特色。唯一的解决办法就是采取新的工作方式，为客户提供新的服务。这是一种刻意的颠覆，也许有些冒险，但我们别无选择。”

很快，Black推行了新的业务单元架构方案。每个业务单元中的员工都致力于满足某一个客户的所有需要。他们学习制造、销售、服务等一系列技能。这次创新使得客户反响获得极大改善，员工流动率也大大降低。

当然，无论出于哪一种原因，管理创新都是在挑战组织的某种形式。

(二) 从其他来源寻找灵感

管理创新者的灵感可能来自其他社会体系的成功经验，也可能来自那些未经证实却非常有吸引力的新观念。

有些灵感源自管理思想家和管理宗师。1987 年，Murray Wallace 出任了惠灵顿保险公司的 CEO。在惠灵顿保险公司危机四伏的关键时候，Wallace 读到了汤姆·彼得斯的新作《混沌中的繁荣》。他将书中的高度分权原则转化为一个可操作的模式，这就是人们熟知的“惠灵顿革命”。Wallace 的新模式令公司的利润率大幅增长。

还有些灵感来自无关的组织和社会体系。20 世纪 90 年代初，总部位于丹麦哥本哈根的奥迪康助听器公司推行了一种基金的组织模型：没有正式的层级和汇报关系；资源分配围绕项目小组展开；组织完全开放。几年后，奥迪康取得了巨大的利润增长。而这个灵感却来源于公司的 CEO——Lars Kolind 曾经参与过的美国童子军运动。Kolind 说：“童子军有一种很强的志愿性。当他们集合起来，就能有效合作而不存在任何等级关系。这里也没有钩心斗角、尔虞我诈，大家目标一致。这段经历让我重视为员工设定一个明确的‘意义’，这种意义远远超越了养家糊口。同时，建立一个鼓励志愿行为和自我激励的体系。”

此外，有些灵感来自背景非凡的管理创新者，他们通常拥有丰富的工作经验。一个有趣的例子是 ADI 的经理 Art Schneiderman，平衡计分卡的原型就是他的手笔。在斯隆管理学院攻读 MBA 课程时，Schneiderman 深受 Jay Forrester 系统动态观念的影响。加入 ADI 前，他在贝恩咨询公司做了六年的战略咨询顾问，负责贝恩在日本的质量管理项目。Schneiderman 深刻了解日本企业，并用系统的视角看待组织的各项职能。因此当 ADI 的 CEO Ray Stata 请他为公司开发一种生产质量改进流程的时候，他很快就设计出了一整套的矩阵，涵盖了各种财务和非财务指标。

这三个例子说明了一个简单的道理，管理创新的灵感很难从一个公司的内部甚至一个行业内部产生。很多公司盲目观察竞争者的行为，导致整个产业的竞争高度趋同。只有通过从其他来源获得灵感，公司的管理创新者才能开创出真正全新的东西。

(三) 创新

管理创新人员将各种不满的要素、灵感以及解决方案组合在一起，组合方式通常并非一蹴而就，而是重复、渐进的，但多数管理创新者都能找到一个清楚的推动事件。在这一阶段中，创新人员应该迅速行动并且要坚持不懈地努力，才能完成整个创新过程，取得成功。

(四) 争取内部和外部的认可

与其他创新一样，管理创新也有风险大、回报不确定的问题。很多人无法理解创新的潜在收益，或者担心创新失败会对公司产生负面影响，因而会竭力抵制创新。而且，在实施之前，我们很难准确判断创新的收益是否高于成本。因此对于管理创新人员来说，关键就是争取他人对新创意的认可。

在管理创新的最初阶段，获得组织内部的接受比获得外部人士的支持更为关键。这个过程需要明确的拥护者。如果有一个威望高的高管参与创新的发起，就会大有裨益。另外，只有尽快取得成果才能证明创新的有效性，然而，许多管理创新往往在数年后才有结果。因此，创建一个支持同盟并将创新推广到组织中非常重要。管理创新的另一个特征是需要获得外部认可，以说明这项创新获得了独立观察者的印证。在尚且无法通过数据证明管理创新的有效性时，高层管理人员通常会寻求外部认可来促使内部变革，外部认可包括以下四种来源。

（1）商学院的学者。他们密切关注各类管理创新，并整理总结企业碰到的各种问题，以应用于研究或教学。

（2）咨询公司。他们通常对这些创新进行总结和存档，以便用于其他的情况和组织。

（3）媒体机构。他们热衷于向更多的人宣传创新的成功故事。

（4）行业协会。

外部认可具有双重性：一方面，它增加了其他公司复制创新成果的可能性；另一方面，它也增加了公司坚持创新的可能性。

二、创新的过程

总结众多成功企业的经验，成功的创新要经历寻找机会、提出构想、迅速行动、忍耐坚持四个阶段。

（一）寻找机会

创新是对原有秩序的破坏。原有秩序之所以要打破，是因为其内部存在着或出现了某种不协调的现象。这些不协调对系统的发展提供了有利的机会或造成了某种不利的威胁。创新活动正是从发现和利用旧秩序内部的这些不协调现象开始的。不协调为创新提供了契机。

旧秩序中的不协调既可存在于系统的内部，也可产生于对系统有影响的外部。

1. 系统外部

就系统外部来说，有可能成为创新契机的变化主要有以下几个方面。

（1）技术的变化：可能影响企业资源的获取、生产设备和产品的技术水平。

（2）人口的变化：可能影响劳动力市场的供给和产品销售市场的需求。

（3）宏观经济环境的变化：迅速增长的经济的背景可能给企业带来不断扩大的市场，而整个国民经济的萧条则可能降低企业产品需求者的购买能力。

（4）文化与价值观念的转变：可能改变消费者的消费偏好或劳动者对工作及其报酬的态度。

2. 系统内部

就系统内部来说，引发创新的不协调现象主要有以下几个方面。

（1）生产经营中的“瓶颈”：可能影响劳动生产率的提高或劳动积极性的发挥，因而始终困扰着企业的管理人员。这种“卡壳”环节，既可能是某种材料的质地不够理想，且始终找不到替代品，也可能是某种工艺加工方法不完善，或是某种分配政策不合理。

（2）企业以外的成功和失败，如派生产品的销售额的增长，导致其利润贡献不声不响地、出人意料地超过了企业的主营产品；老产品经过精心改进后，结构更加合理、性能更加完善、质量更加优异，但并未得到预期数量的订单等，这些出乎企业意料的成功和失败，往往可以把企业从原来的思维模式中驱赶出来，从而成为企业创新的一个重要源泉。

可以说，企业的创新，往往就是从密切地注视、系统地分析社会经济组织在运行过程中出现的不协调现象开始的。

（二）提出构想

敏锐地观察到了不协调现象的产生以后，还要透过现象分析其原因，并据此预测不协调的未来变化趋势，估计它们可能给组织带来的积极或消极后果，在此基础上，努力利用机会或将威胁转换为机会，如采用头脑风暴法、特尔非法、畅谈会等方法提出多种解决问题的方案以消除不协调，从而形成使系统在更高层次实现平衡的各种创新构想。

（三）迅速行动

创新成功的秘密主要在于迅速行动。提出的构想可能还不完善，甚至可能很不完善，但这种并非十全十美的构想必须立即付诸行动才有意义。“没有行动的思想会自生自灭”，这句话对于创新思想的实践尤为重要，一味追求完美，以减少受讥讽、被攻击的机会，就可能坐失良机，把创新的机会白白地送给自己的竞争对手。T·彼得斯和W·奥斯汀在《志在成功》中介绍了这样一个例子：20世纪70年代，施乐公司为了把产品搞得十全十美，在罗切斯特建造了一座供工商管理硕士使用的29层高楼。这些MBA们在大楼里对每一件可能开发的产品都设计了拥有数百个变量的模型，编写了一份又一份的市场调查报告……然而，当这些人继续不着边际地分析时，当产品研制工作被搞得越来越复杂时，竞争者已把施乐公司50%以上的市场抢走了。创新的构想只有在不断的尝试中才能逐渐完善，企业只有迅速地行动才能有效地利用“不协调”提供的机会。

（四）忍耐坚持

构想经过尝试才能成熟，而尝试是有风险的，是不可能“一击而中”的，是可能失败的。创新的过程是不断尝试、不断失败、不断提高的过程。因此，创新者在开始行动以后，为取得最终的成功，必须坚定不移地继续下去，决不能半途而废，否则便会前功尽弃。要在创新中坚持下去，创新者必须有足够的自信心，有较强的忍耐力，能正确对待尝试过程中出现的失败，既为减少失误或消除失误后的影响采取必要的预防或纠正措施，又不把一次“战役”（尝试）的失利看成整个“战争”的失败，要知道创新的成功只能在多次失败的基础上获得。伟大的发明家爱迪生曾说过：“我的成功乃是从一路失败中取得的。”可见，创新的成功在很大程度上要归因于“最后五分钟”的坚持。

三、管理创新的阻力与技巧

（一）管理创新的阻力及原因

1. 管理创新的阻力

就像任何一个创新与变革一样，管理创新在组织中也可能遇到一些阻力。

（1）不确定性。组织成员对不确定性有一种天生的厌恶感。例如，在制造厂中引入复杂统计模型的质量控制方法，往往意味着许多质量检验员需要学习新的方法。有的检验员可能担心自己学不会，因此对统计控制方法产生敌意的态度，并在要求他们采用这一方法的时候表现出无效的行为。再比如企业要上 ERP 系统，很多难以学会使用该系统的员工就会拼命反对。

（2）习惯势力的支配。和人一样，企业和组织也是受习惯势力支配的。对于企业来说，习惯势力就是现有的成文或不成文的行为规范、规章制度、管理程序。时间一长，这些习惯就嵌进了组织里，就像冰川中的石头一样。

（3）担心失去既得利益。创新会威胁到人们已取得的现有利益。人们对现有体制投入得越多，他们反对变革的阻力就越大。因为他们担心失去现有的地位、收入、权势或其他看重的福利。这也是为什么老年员工比年轻员工更加反对变革。年老的员工一般对现有系统的投资更多，因此组织在实施变革时，他们失去的也越多。所以改革口号不能乱提，搞不好就会涣散人心，模糊目标。改革也要注意会影响哪些人的既得利益。

（4）目光短浅，只考虑眼前。事物的发展是一个不断自我否定的成长过程，如果目光短浅，仅考虑眼前利益，或墨守成规，畏难不前，这样的组织是不可能产生创新火花的。

（5）认为创新不符合组织的目标和最佳利益。

（6）过度的分析论证。创新，就意味着前无古人，总包含着一定的风险因素。挑剔的眼光，过度的分析、论证都可能将创新扼杀在摇篮之中。实质上任何一种行动方案，在实施过程中势必都会随着实际情况的变化而调整，通过多个反馈环路而日趋完善。没有天生完美的方案，这是在实践中被屡屡证明的真理。

2. 管理创新阻力产生的原因

组织成员抵制创新的基本原因有以下几个方面：

（1）个人利益。创新意味着原有的组织结构被打破，工作流程将被重新设计，利益将重新分配。人们害怕失去原有的利益，担心失去工作、薪水减少或者丧失现在的权力和地位。

（2）缺乏了解。不少组织进行创新的方式存在问题，缺乏与组织成员进行事前的有效沟通，创新领导小组闭门造车。组织成员需要知道如何创新，如果出现信息真空，就难免谣言四起，让人们焦躁不安。即使创新的方案能使每个人受益，人们也可能因为缺乏对方案了解而误解它，进而反对它。

（3）评价差异。组织成员间私有信息的差异会导致人们对创新活动有着不同的评价和看法，信息不对称使得组织成员并不像管理者那样看待企业制定的新的战略目标，组织成员怀旧的思想也会导致创新目标认知的差异。这种不同的评价结果产生的抵制力不一定是消极的，因为持有不同意见的双方都可能是正确的。

（4）惰性。人们习惯于原来的工作方式，并不希望打破现状，这使得人们不自觉地对创新产生抵触情绪。

（5）团体心理压力。有些团队不能承受变革的心理压力。如果一个团队的凝聚力强，来自同事的压力就能让其成员反对哪怕是合理的创新。因为创新可能导致变动，从而使活动中的关系发生改变，使成员失去固有的同事网络，打乱原有的工作节奏。所以大家不想打破现状去尝试新路。此外，创新的时机和其出现的突然性也会造成抵触情绪。不少组织的创新阻力就来自缺乏对创新时机的合理把握，缺乏给予人们足够的心理准备时间。

（二）管理创新的技巧

有效的创新工作需要管理者能够为下属的创新提供条件和环境，以有效地组织系统内容的创新。

1. 正确理解和扮演"管理者"的角色

管理人员往往是保守的。他们往往以为组织雇用自己的目的是维持组织的运行，因此自己的职责首先是保证预先制定的规则的执行和计划的实现，"系统的活动不偏离计划的要求"便是优秀管理者的象征。因此，他们往往自觉或不自觉地成为现有规章制度的守护者。为了减少系统运行中的风险，防止失误，他们往往对创新尝试中的失败吹毛求疵，随意惩罚在创新尝试中失败的人，或轻易奖励那些从不创新、从不冒险的人。要使组织的创新能够顺利地进行，管理者必须自觉地带头创新，并努力为组织成员提供和营造一个有利于创新的环境，鼓励、引导、支持组织成员进行创新。

2. 创造促进创新的组织氛围

促进创新的最好方法是大张旗鼓地宣传创新，激发创新，树立"无功便是有过"的新观念，使每个人都奋发向上、努力进取、大胆尝试。营造一种人人讲创新、时时想创新、处处在创新的组织氛围，使那些无创新欲望、无创新行动、无所作为的人感到在组织中无立足之地，认识到工作不是既定作业方式的机械重复，而必须探索新的方式、找出新的程序，只有这样，才能继续留在组织之中。

3. 制定有弹性的计划

程序意味着打破旧的规则，意味着时间和资源的额外占用，因此，创新要求组织的计划必须灵活，有弹性。包括时间和空间两个方面都必须要灵活，留有余地。

在时间上，不能把员工的工作时间安排得太满，过于紧张。因为创新需要思考，思考需要时间。如果对每个人都实行"满负荷或超负荷工作制"，创新的许多机会就不可能出现，创新的构想也无条件产生。许多成功的企业，往往留出一定的时间让员工自由地思考和探索新的设想。

在空间上，计划不能规定得太具体、太僵化，一点活动空间都没有。如果是这样，员工就只能按规定的方法和程序完成工作，而不能尝试采用新的方法、新的程序，组织的创新必然受到抑制。

4. 正确地对待失败

创新的过程是一个充满失败的过程。创新者要认识到这一点，创新管理者更应认识到这一点。只有认识到失败是正常的，甚至是必需的，管理者才可能允许失败，支持失败和鼓励失败。当然，支持尝试、允许失败并不意味着鼓励员工马马虎虎地工作，而是希望创新者在失败中取得有用的教训，学到更多的东西，思路更加清晰，缩短与创新成功的距离。

5. 建立合理的奖酬制度

要进行创新，就必须激发员工的创新热情，这就需要建立合理的评价和奖酬制度。创新的原始动机可能是个人的成就感、自我实现的需要，但是如果创新的努力得不到组织或社会的承认，不能得到公正的评价和合理的奖酬，继续创新的动力就会渐渐失去。促进创新的奖酬制度至少应符合以下条件：

（1）注意物质奖励与精神奖励的结合。

（2）奖励不能视作“不犯错误的报酬”，而应是对特殊贡献，甚至是对希望做出特殊贡献的努力的报酬；奖励对象不仅包括成功以后的创新，也应包括那些成功以前，甚至没有获得成功的努力者。

（3）奖励制度要既能促进内部之间的竞争，又能保证成员之间的合作。

四、领导创新

创新工作的重要内容就是根据创新与变革活动的规律，领导与组织创新与变革活动。管理学家J·科特提出了成功领导变革与创新的八个步骤。

（1）制造紧迫感，认真考察市场和竞争现实，明确并讨论危机，包括前置危机或主要危机，形成一个强有力的领导联盟。

（2）组织一个强有力的领导联盟，鼓励这支队伍协同作战。

（3）制定远景规划，建立远景规划以指导改革措施，形成策略以实现远景规划的目标。

（4）传达这种远景规划，用所有可能的媒介手段把新的远景规划策略传达下去，用领导联盟的亲身实例教育人们养成新的行为习惯，授权他人按远景规划行事。

（5）消除改革的障碍，改革严重损害这种远景规划的机制和结构，鼓励承担风险和非传统的观念、活动和行为。计划并实现近期的成功，计划看得见的业绩改进。

（6）实现那些改进，肯定并奖励参与改进的雇员，巩固改进成果并进行更多的改革，利用提高的信誉来改革那些不适合远景规划的机制、结构和政策。

（7）聘用、提升和培养能够完成远景规划的雇员，用新的工程、主题方向和改革者来重新激励改革进程。

（8）把新的方法制度化，明确新的行为方式和企业成功之间的关系，建立能够确保领导顺利发展和交替的方法和制度。

互动话题

1. 在公司的企业文化中，“创新”无处不在，结合实践谈谈企业基业长青、永葆旺盛生命力的源泉是什么。

2. 创新型的企业具备怎样的特质？企业如何培养创新人才，并通过创新型人才来延续、发展企业的品牌价值？

管理故事

海尔的崛起与发展

从濒临倒闭的集体小厂发展壮大成为知名的跨国企业，创立于1984年，崛起于改革大潮之中的海尔集团，是在引进德国利勃海尔电冰箱生产技术成立的青岛电冰箱总厂基础上发展起来的。在海尔集团首席执行官张瑞敏“名牌战略”思想的引领下，海尔经过十八年的艰苦奋斗和卓越创新，从一个濒临倒闭的集体小厂发展壮大成为在国内外享有较高美誉度的跨国企业。

2002年海尔实现全球营业额711亿元，是1984年的20 000多倍；2002年，海尔跃居中国电子信息百强之首。18年前，工厂职工不足800人；2002年，海尔不仅职工数达到了3万人，而且拉动就业人数30多万人。1984年只有一个型号的冰箱产品，目前已拥有包括白色家电、黑色家电、米色家电、家居集成在内的86大门类13 000多个规格品种的产品群。在全球，很多家庭都是海尔产品的用户。

“名牌战略”：中国第一品牌，用户的忠诚度是与海尔产品的美誉度紧紧联系在一起的，18年间，海尔的无形资产从无到有，2002年海尔品牌价值评估为489亿元，跃居中国第一品牌。海尔产品依靠高质量和个性化设计赢得了越来越多的消费者。2003年，在国内市场，海尔冰箱、冷柜、空调、洗衣机四大主导产品均拥有30%左右的市场份额。在海外市场，据全球权威消费市场调查与分析机构EUROMONITOR最新调查结果显示，海尔集团目前在全球白色电器制造商中排名第五，海尔冰箱在全球冰箱品牌市场占有率排序中跃居第一。其小型冰箱占据了美国40%的市场份额。海尔产品已进入欧洲15家大连锁店的12家、美国10家大连锁店的9家。在美国、欧洲初步实现了设计、制造、营销三位一体的本土化布局。

2002年海尔实现海外营业额10亿美元，是中国家电业出口创汇最多的企业。海尔18年来的高速发展，最主要靠的就是创新。战略创新起着关键作用。海尔发展战略创新的三个阶段。

1. 名牌战略阶段——在1984—1991年名牌战略期间，别的企业上产量，而海尔扑下身子抓质量，7年时间只做一个冰箱产品，磨出了一套海尔管理之剑：“OEC管理法”，为未来的发展奠定了坚实的管理基础。

2. 多元化战略阶段——在1992—1998年的多元化战略期间，别的企业搞“独生子”，海尔走低成本扩张之路，吃“休克鱼”，建海尔园，“东方亮了再亮西方”，以无形资产盘活有形资产，成功地实现了规模的扩张。

3. 国际化战略阶段——在1999年至今的国际化战略阶段，别的企业认为海尔走出去是“不在国内吃肉，偏要到国外喝汤”；而海尔坚持“先难后易”、“出口创牌”的战略，搭建起了一个国际化企业的框架。美国《家电》杂志统计显示海尔是全球增长最快的家电企业，并对美国企业发出了“海尔击败通用电气”这样的警告；英国《金融时报》评选“亚太地区声望最佳企业”，海尔名列第七；美国科尔尼管理顾问公司也将海尔评为“全球最佳运营企业”。同时，张瑞敏也获得了中国企业家目前在全球范围内的最高美誉，1999年12月7日，英国《金融时报》评出“全球30位最受尊重的企业家”，张瑞敏荣居第26位。英国《金融时报》发布的2002年全球最受尊敬企业名单，海尔雄居中国最受尊敬企业第一名。2003年8月美国《财富》杂志分别选出“美国及美国以外全球最具影响力的25名商界领袖”，在“美国以外全球最具影响力的25名商界领袖”中，海尔集团首席执行官张瑞敏排在第19位。近年来，海尔已经有十几个成功的案例进入哈佛大学、洛桑国际管理学院、欧洲工商管理学院、日本神户大学等著名高等学府的案例库，成为全球商学院的通用教材。

管理定律

达维多定律

达维多定律是由曾任职于英特尔公司高级营销主管和副总裁威廉·H·达维多（William H. Davidow）提出并以其名字命名的。达维多认为，任何企业在本产业中必须不断更新自己的产品。一家企业如果要在市场上占据主导地位，就必须第一个开发出新一代产品。如果被动地以第二或者第三家企业将新产品推进市场，那么获得的利益远不如第一家企业作为冒险者获得的利益，因为市场的第一代产品能够自动获得50%的市场份额。尽管可能当时的产品还不尽完善。比如英特尔公司的微处理器并不总是性能最好、速度最快的，但是英特尔公司始终是新一代产品的开发者和倡导者。

知识测试

1. 下列（　　）不属于创新的含义。
   A. 更新　B. 创造新的东西　C. 发明　D. 改变
2. 人事创新属于（　　）。
   A. 要素创新　B. 要素组合方法创新
   C. 管理创新　D. 要素组合结果创新
3. “工欲善其事，必先利其器”，说明（　　）的重要性。
   A. 目标创新　B. 材料创新
   C. 设备创新　D. 环境创新
4. 企业制度创新又被称为（　　）。
   A. 企业制度重演　B. 企业制度重置
   C. 企业制度再造　D. 企业制度制定
5. 下列不属于外部认可的是（　　）。
   A. 咨询公司　B. 部门经理
   C. 媒体结构　D. 行业协会
6. 创新的不确定性有（　　）。
   A. 市场的不确定性　B. 技术的不确定性
   C. 客户的不确定性　D. 战略的不确定性
7. 创新的基本内容包括（　　）。
   A. 目标创新　B. 技术创新　C. 制度创新　D. 环境创新
8. 企业的技术创新主要表现在（　　）。
   A. 要素创新　B. 要素组合方法创新
   C. 管理创新　D. 要素组合结果创新

9. 制度创新主要是（　　）的创新。

A. 产权制度　　B. 经营制度　　C. 技术制度　　D. 管理制度

10. 企业组织创新包括（　　）。

A. 文化创新　　B. 制度创新　　C. 层次创新　　D. 结构创新

11. 什么是创新？创新有哪些形式？

12. 创新与维持的关系是什么？

13. 管理创新的作用和基本条件是什么？

14. 什么是技术创新？技术创新包括哪些内容？

15. 管理创新包括哪四个阶段？

16. 管理创新的阻力有哪些？阻力的产生原因是什么？

素质拓展

拓展项目一：企业管理创新的调研分析

【实训目标】

1. 加深学生对企业创新的理解。

2. 培养学生对管理创新的分析能力。

【实训内容与要求】

1. 学生分组，选择某企业并对该企业进行调研。

2. 调研内容包括：该企业创新的特点和核心要求是什么？企业创新的动因是什么？企业创新的类型有哪些？该企业创新的成功和不足之处在哪里？

3. 写出简要的分析报告，并以小组为单位进行班级交流。

【成果与检测】

1. 各小组成员派代表进行 PPT 讲解。

2. 各小组相互点评。

3. 教师根据各小组表现进行评估打分。

拓展项目二：创建创新小组

【技能培养目标】

1. 增强学生对管理创新的感性认识。

2. 使学生掌握创新的实施要领。

【实训内容与要求】

1. 以小组座谈会的形式组建一个创新小组，5～15 人为一组。

2. 选定主持人及记录人员。

3. 制定组织愿景及组织结构。

4. 根据组织设定的愿景进行管理创新讨论。

5. 主持人要求能够有效激发团体气氛，时间控制在 45 分钟之内。

6. 各组在班级内进行展示交流。

【成果与检测】

1. 每个人都要积极参与讨论。
2. 能制定出明确的有创新性的组织愿景。
3. 对各小组建立的创新性组织进行评估打分。

案例分析

索尼的竞争力

索尼是世界上生产视频设备的著名企业，长期以来，它一直是日本大学毕业生就业的首选企业。索尼之所以能够聚集人气，是因为它在电子产品方面能够形成自己独特的竞争能力，主要反映在以下几个方面：

（1）及时调整发展战略。每当环境发生急剧的变化或企业发展面临新的转折点时，索尼公司的最高管理层就会拿出应变措施，制定新的发展战略，为企业的发展指明方向。公司前总经理盛田在20世纪60年代初期访问荷兰的飞利浦公司，荷兰这么一个小小的农业国能够出现一个世界著名的电子企业飞利浦对他震动很大，从此，盛田把世界市场作为公司的市场目标。20世纪80年代初期，索尼公司出现了首次减少收益的情况，为了打破公司内部的郁闷气氛，公司推出了包括录像机最强、磁产品最强、消费品的强化与生产、销售决策、程序重组六大重点方针。20世纪80年代末，随着索尼国际化的发展，1988年，盛田及时提出了新的发展战略，即“全球地方化战略”，以从根本上改变公司的思维定式，根据全球经济一体化的变化制定自己的发展战略。20世纪90年代初，在新的形势下，盛田又提出了AV&CCC（Computer、Communication、Component）的发展战略，展示了索尼公司面向21世纪的新目标。进入21世纪，随着互联网的发展，索尼公司紧紧抓住消费者需求这个主题，不断调整自己的战略。索尼公司宣布将向“个人宽带网解决方案公司”全面转型，其目的是进一步加深与全球用户的互动关系，并为全球用户提供宽带网产品与服务。

（2）技术引进。盛田说过，在科技快速发展的今天，一个企业要全揽某一方面的技术是不可能的，要尽可能利用各种关系，引进自己所需的技术。在这种思想指导下，根据公司的发展需要，索尼公司不断引进新的技术。如与IBM联合生产计算机用磁带；与飞利浦联合共同开发CD光盘；与微软、苹果公司合作共同开发软件等。

（3）重视独创性。索尼公司在引进技术、开发新产品之际，非常注重培养自己的核心技术。每当出现新的技术，只要与自己的研究、生产活动相关，就马上抓住机会，迅速应用到自己公司的产品中来。有些技术在欧美刚刚出了实验室，索尼就开始考虑购买其专利，实现商品化，新产品不断打破日本或世界纪录，成为日本或世界首创的产品。在索尼发展史上，仅仅在20世纪50—60年代，就成功开发了5个日本首创、16个世界首创的产品。研究员江琦还由于在半导体隧桥技术方面的突破，获得诺贝尔奖。

（4）致力于学习型组织的建立。为了及时收集最新技术的信息和知识，使公司的技术始终保持领先地位，索尼公司内部举行各种技术学术交流活动，参加的成员从公司董事长到一般技术员，也有子公司和分公司的人员，并邀请学者参加，其目的是加强相关技术的交流，促进组织学习。通过各种不同人员的知识碰撞，产生新的知识和灵感，有利于组织的研究开发。通过举办各种各样的交流会和演讲会，索尼公司已成为一个真正的跨部门、跨专业的学习型组织。

思考题

1. 索尼公司在短短的30年时间里发展为国际化大企业，其依赖的基础和动力是什么？公司在创新方面表现出什么特点？有哪些积极的创新机制？

2. 信息时代，公司要保持未来的高速发展，应如何看待创新技术的引进和原创问题？

附　录

建议课外阅读书目

管理学经典

1.《企业的性质》——［美］科斯
2.《科学管理原理》——［美］弗雷德里克·泰勒
3.《工业管理与一般管理》——［法］亨利·法约尔
4.《经理人员的职能》——［美］切斯特·巴纳德
5.《组织与管理》——［美］切斯特·巴纳德
6.《Z理论——美国企业界如何迎接日本的挑战》——［美］威廉·大内
7.《第五项修炼——学习型组织的艺术与实践》——［美］彼得·圣吉
8.《经济与社会》——［德］马克斯·韦伯
9.《工业文明的社会问题》——［美］乔治·埃尔顿·梅奥
10.《经理工作的性质》——［加］亨利·明茨伯格
11.《再论管理理论的丛林》——［美］哈罗德·孔茨
12.《管理决策的新科学》——［美］赫伯特·西蒙
13.《管理实践》——［美］彼得·德鲁克
14.《公司的概念》——［美］彼得·德鲁克
15.《卓有成效的管理者》——［美］彼得·德鲁克
16.《营销管理》——［美］菲利普·科特勒
17.《竞争战略》——［美］迈克尔·波特
18.《管理思想的演变》——［美］雷恩

商业兴衰

19.《1929年大崩盘》——加尔布雷思（John Kenneth Galbraith）
20.《非同寻常的大众幻想与群众性癫狂》—— 查理斯·麦基（Charles Mackay）
21.《有趣的钱财》—— 马克·辛格（Mark Singer）
22.《沸腾岁月：华尔街60年代牛市兴衰记》——约翰·布鲁克斯（John Brooks）
23.《门口的野蛮人》——布赖恩·伯勒（Bryan Burrough）和约翰·黑利亚尔（John Helyar）

24.《激荡三十年》——吴晓波
25.《链锯》——约翰·拜恩（John Byrne）
26.《谁说大象不会跳舞?》——郭士纳（Louis V. Gerstner）

决策

27.《安那普尔那：女人的地方》——阿琳·布鲁姆（Arlene Blum）
28.《出类拔萃之辈》——戴维·哈尔伯斯坦（David Halberstam）
29.《大洋深处：埃塞克斯捕鲸船的悲剧》——纳撒尼尔·菲尔布里克（Nathaniel Philbrick）
30.《杀手天使》——迈克尔·沙拉（Michael Shaara）
31.《十三天：古巴导弹危机回忆录》——罗伯特·肯尼迪（Robert F. Kennedy）

经济学

32.《资本主义、社会主义和民主》——约瑟夫·熊彼特（Joseph A. Schumpeter）
33.《一切待售：市场的好处和限度》——罗伯特·库特纳（Robert Kuttner）
34.《就业、利息和货币通论》——凯恩斯（John Maynard Keynes）
35.《流行的国际主义》——保罗·克鲁格曼（Paul Krugman）
36.《国富论》——亚当·斯密（Adam Smith）

道德

37.《贼巢》——詹姆斯·斯图亚特
38.《告密者》——库尔特·埃痕瓦尔特（Kurt Eichenwald）
39.《沉静领导》——约瑟夫·L·巴达拉科（Joseph L. Badaracco）
40.《房间里最精明的人》——贝萨尼·麦克林（Bethany McLean）和彼得·艾尔金德（Peter Elkind）
41.《我们现在的生活方式》——安东尼·脱勒洛普（Anthony Trollope）

全球化

42.《北京吉普：美国企业在中国的短暂而不幸的婚姻》——吉姆·曼（Jim Mann）
43.《自由：发展的目的和手段》——阿玛蒂亚·森（Amartya Sen）
44.《资本的神秘性：为何资本主义在西方胜利，在其他地方却失败》——赫尔南多·德·索托（Hernando de Soto）
45.《非零时代：人类命运的逻辑》——罗伯特 莱特（Robert Wright）
46.《石油·金钱·权力》——丹尼尔·耶金（Daniel Yergin）
47.《工人：工业时代考古学》——塞巴斯蒂奥·萨尔加多（Sebastiao Salgado）

投资

48.《巴菲特致股东的信》——劳伦斯·卡宁汉（Lawrence Cunningham）
49.《随机漫步的傻瓜——机遇在市场及人生中的隐蔽角色》——纳西姆·尼古拉斯·塔勒布（Nassim Nicholas Taleb）
50.《聪明的投资者》——本杰明·格雷厄姆（Benjamin Graham）
51.《钱与球：在不公平比赛中获胜的艺术》——迈克尔·刘易斯（Michael Lewis）

领导力

52.《永不退缩：温斯顿·丘吉尔讲演精选》—— Winston S. Churchill

53.《论领导力》——约翰·加德纳（John Gardner）
54.《马丁·路德·金时代的美国（1954—1963）》——泰勒·布兰奇（Taylor Branch）
55.《个人历史》——凯瑟琳·格雷厄姆（Katharine Graham）
56.《工商巨子》——荣·切尔诺（Ron Chernow）

谈判和管理

57.《漫长的诉讼》——乔纳森·哈尔（Jonathan Harr）
58.《有效的管理者》——彼得·德鲁克（Peter Drucker）
59.《你还记得我吗?》——本杰明·莱维（Benjamin Levy）
60.《久分必合：戴姆勒—奔驰与克莱斯勒合并内幕》——比尔·弗拉西克（Bill Vlasic）和布雷德利·斯特尔茨（Bradley A. Stertz）
61.《好女不过问：谈判和性别鸿沟》——林达·巴布考克（Linda Babcock）和萨拉·拉谢佛（Sara Laschever）

办公室政治

62.《来自纽约现场：周六晚间直播节目野史》——汤姆·希尔斯（Tom Shales）和詹姆斯·安德鲁·米勒（James Andrew Miller）
63.《忠诚的代价》——罗恩·苏斯金德（Ron Suskind）
64.《君主论》——尼科洛·马基雅维利（Niccolò Machiavelli）
65.《烦恼无穷》——约瑟夫·海勒（Joseph Heller）

权力

66.《小沃森自传》——小托马斯·沃森（Thomas Watson Jr.）和彼得·皮特（Peter Petre）
67.《权力的48条法则》——罗伯特·凯斯特（Robert Keister）
68.《大曝光：好莱坞与华尔街之间的斗争》——戴维·麦克林蒂克（David McClintick）
69.《影响力：你为什么会说“是”?》——罗伯特·恰尔蒂尼（Robert Cialdini）
70.《权力掮客：罗伯特·摩西斯和纽约的衰败》——罗伯特·卡洛（Robert Caro）

项目管理

71.《美国钢铁：钢铁工人和传统制造业地区的复兴》——理查德·普雷斯顿（Richard Preston）
72.《价值连城的分子：制药艰辛录》——巴里·沃斯（Barry Werth）
73.《卡迪拉克沙漠》——马克·莱斯纳（Marc Reisner）
74.《原子弹诞生记》——理查德·罗兹（Richard Rhodes）

战略

75.《孙子兵法》
76.《黑鹰坠落》——马克·博登（Mark Bowden）
77.《信息规则：网络经济的策略指导》——卡尔·沙皮罗（Carl Shapiro）和哈尔·瓦里安（Hal Varian）
78.《只有偏执狂才能生存》——安迪·格鲁夫（Andrew S. Grove）
79.《引爆流行》——马尔科姆·格莱德威尔（Malcolm Gladwell）

技术和创新

80.《最后的孤独发明家》——埃文·I·施瓦茨（Evan I. Schwartz）
81.《美国大众营销史话》——理查德·泰德洛（Richard Tedlow）
82.《他们造就了美国》——哈罗德·埃文斯（Harold Evans）
83.《富甲美国》——萨姆·沃尔顿（Sam Walton）与约翰·休伊（John Huey）
84.《维多利亚时代的互联网》——汤姆·斯丹迪奇（Tom Standage）

工作与生活

85.《美国生存体验实录》——巴巴拉·厄莱雷奇（Barbara Ehrenreich）
86.《成功人士战胜疲劳的秘密》——史蒂文·贝格拉斯（Steven Berglass）
87.《时间困扰：工作家庭一锅粥》——阿利·罗素·霍奇柴尔德（Arlie Russell Hochschild）
88.《美国人谈美国》——斯塔兹·特克尔（Studs Terkel）

管理学

89.《管理学》（第 11 版）——斯蒂芬·P·罗宾斯
90.《从优秀到卓越》——詹姆斯·C·柯林斯
91.《看得见的手：美国企业的管理革命》——艾尔弗雷德·D·钱德勒
92.《高效能人士的七个习惯》——史蒂芬·柯维
93.《杰克·韦尔奇自传》——杰克·韦尔奇，约翰·拜恩
94.《大败局》——吴晓波
95.《大变局：中国民间企业的崛起与变革》——秦朔
96.《追求卓越：美国优秀企业的管理圣经》——托马斯·彼得斯，罗伯特·沃特曼
97.《长寿公司：商业“竞争风暴”中的生存方式》——阿里·德赫斯
98.《再造宏基》——施振荣
99.《经营管理全集》——松下幸之助
100.《基业长青》——吉姆·科林斯，杰瑞·波拉斯

参考文献

1. ［美］斯蒂芬·P·罗宾斯，玛丽·库尔特．管理学（第十一版）．北京：中国人民大学出版社，2012.
2. 周三多．管理学：原理与方法学习指导（第五版）．上海：复旦大学出版社，2010.
3. 杨文士．管理学（第三版）．北京：中国人民大学出版社，2009.
4. 邢以群．管理学（第三版）．杭州：浙江大学出版社，2013.
5. 孙元欣．管理学：原理·方法·案例（第二版）．北京：科学出版社，2011.
6. 金泽龙．管理学实务．北京：人民邮电出版社，2011.
7. 杨清华．管理学实务教程．北京：北京大学出版社，2013.
8. 史秀云．管理学原理与实务．北京：中国金融出版社，2012.
9. 刘雪梅，胡建宏．管理学原理与实务．北京：清华大学出版社，2011.
10. 陈嘉莉．管理学原理与实务（第二版）．北京：北京大学出版社，2012.
11. 王明东．管理学——理论与实务．北京：清华大学出版社，2012.
12. 陈传明，周小虎．管理学原理．北京：机械工业出版社，2012.
13. 暴丽艳，林冬辉．管理学原理（第三版）．北京：清华大学出版社，2010.
14. 林志扬．管理学原理．厦门：厦门大学出版社，2011.
15. 单凤儒．管理学．北京：科学出版社，2009.
16. 陈文汉．管理学原理．北京：机械工业出版社，2011.
17. 罗珉．管理学原理．北京：科学出版社，2009.
18. 安维，白静，赵炜．管理学原理．北京：中国人民大学出版社，2011.
19. 马义飞，翁文先．管理学．北京：石油工业出版社，2009.
20. 李加棋．管理学基础．北京：北京理工大学出版社，2011.
21. 高立军．管理学基础．天津：天津大学出版社，2012.
22. 戴淑芬．管理学教程．北京：北京大学出版社，2000.
23. 王鑫祝，开平．管理学实务．北京：北京工业大学出版社，2010.

24. 史秀云. 管理学基础与实务. 北京：清华大学出版社，2010.
25. 张一弛. 人力资源管理教程. 北京：北京大学出版社，1999.
26. 许庆瑞. 管理学. 北京：高等教育出版社，2001.
27. 杨杜. 现代管理理论. 北京：中国人民大学出版社，2001.
28. 陈忠卫，王晶晶. 企业战略管理. 北京：中国统计出版社，2001.
29. 刘金胜. 薪酬管理实务手册. 北京：机械工业出版社，2002.
30. 郑晓明. 现代人力资源管理导论. 北京：机械工业出版社，2002.
31. 郭克沙. 人力资源. 北京：商务印书馆，2003.
32. 陈荣秋. 生产与运作管理. 北京：高等教育出版社，1999.
33. 张玉利 . 管理学 . 天津：南开大学出版社，2004.